Dorothée Baganz / Michael Imhof

Die schönsten Schlossrestaurants

Zu Gast beim deutschen Adel

Glanzvolle Architektur, glorreiche Geschichte, ausgewählte Rezepte

MICHAEL IMHOF VERLAG

Die Nr. 1 in Adel
Neue Post
Edition

Stralsund
Rostock
Lübeck
Wismar
Schwerin
Hamburg
Bremen
Elbe
Havel
Berlin
Potsdam
Weser
Hannover
Braunschweig
Hameln
Hildesheim
Magdeburg
Münster
Bielefeld
Spree
Cottbus
Dortmund
Essen
Düsseldorf
Halle
Leipzig
Kassel
Fulda
Dresden
Köln
Marburg
Erfurt
Rhein
Werra
Gießen
Fulda
Koblenz
Frankfurt/M.
Coburg
Main
Bayreuth
Mainz
Darmstadt
Bamberg
Mannheim
Würzburg
Nürnberg
Heidelberg
Neckar
Regensburg
Rhein
Stuttgart
Ingolstadt
Donau
Tübingen
Isar
Lech
Augsburg
München
Freiburg
Garmisch-Partenkirchen
Konstanz

INHALT

1775

VORWORT

Fürstlich speisen und das in herrschaftlichem Ambiente!

Mit diesem Buch halten Sie ein ganz besonderes Werk in den Händen. Es ist Geschichtsführer, Reisebegleiter und Kochbuch in einem.

Genießen Sie die Pracht kulturhistorischer Bauwerke mit oft glorreicher Vergangenheit und manchmal schicksalhaften Geschichten – wundervolle Orte, an denen diese Historie lebendig erscheint. Ziele, die aber nicht nur für Geschichtsfreunde eine Reise wert sind. Heute haben die hier vorgestellten alten Gemäuer noch mehr zu bieten. Tolle Restaurants, von ausgezeichneten Köchen betrieben, laden Sie ein, dort auch wahrhaft fürstlich zu speisen.

In keinem Land der Welt habe ich so viele wunderschöne Schlösser und Anwesen wie in Deutschland entdecken können. Unter den rund 10 000 kulturhistorischen Stätten sind viele hundert fantastische Schlösser und Burgen. Einige davon sind weltberühmt; doch etliche unbekannte Perlen aus dem 17. bis 19. Jahrhundert kennen oft nur die dort in der Nähe lebenden Menschen.

Mit diesem wundervollen Buch entführen wir Sie in die Welt des Adels, eine Welt zwischen Tradition und Moderne. Wir stellen Ihnen Juwelen der Architektur vor und geben jede Menge Tipps für erlesene Gaumenfreuden. Und wem die Reise in das ein oder andere Schlossrestaurant zu weit ist, der kann die fürstlichen Speisen auch daheim genießen: Die besten Rezepte aus den Schlossküchen finden Sie gleich dabei.

Ich wünsche Ihnen einen wahrhaft königlichen Hochgenuss!

Roland Hag
Chefredakteur
NEUE POST

KD Köln-Düsseldorfer

EINLEITUNG

Schlösser und Burgen sind eindrucksvolle Zeugnisse der Geschichte, geprägt von Kriegen und Belagerungen, aber auch von glanzvollen Zeiten wirtschaftlicher Blüte. Sie sind gleichermaßen gezeichnet von Aufschwung und Niedergang, von Familienfehden und Verfall, aber auch vom überschwänglichen Bau- und Repräsentationswillen ihrer adligen Eigentümer, die sie zum Zwecke der Verteidigung sowie im Sinne politischer Machtdemonstration als stattliche Festungen und prachtvolle Residenzen errichten ließen. Aufgrund der meist über Jahrhunderte andauernden Baugeschichte spiegelt ihre Architektur das Fortbestehen dieser Anlagen über viele Epochen wider. Im Zuge wiederholter Besitzerwechsel wurden sie mehrfachen baulichen Veränderungen unterzogen, die den jeweiligen Zeitgeschmack verdeutlichen, oder mussten kriegerischen Auseinandersetzungen standhalten und dadurch Schäden und Zerstörungen hinnehmen. Im Laufe ihrer Jahrhunderte währenden Historie vollzog sich bei vielen der im vorliegenden Buch vorgestellten Objekte ein – auch architektonisch ablesbarer – Funktionswandel von der mittelalterlichen Ritterburg als Bollwerk zum Schutz umliegender Besitzungen oder Handelswege hin zur adligen Residenz, die als repräsentativer Stammsitz den geeigneten Rahmen für die rauschenden Feste und pompösen Empfänge der Grafen, Fürsten und anderen hohen Herrschaften bot. Der Zweite Weltkrieg fügte auch Burgen und Schlössern letztlich erhebliche Schäden zu und sorgte in vielen Fällen für das völlige Auslöschen der baulichen Zeugnisse vergangener Jahrhunderte. Während einige Bauwerke nurmehr als Ruine die Zeit überdauerten, gingen manche Objekte nur mit leichten bis mäßigen Zerstörungen aus diesem Inferno hervor; die oft unsachgemäße Nutzung der Bauwerke in den Folgejahren, unterbliebene Sanierungen und Instandsetzungsmaßnahmen führten jedoch auch in diesen Fällen meist zu gravierenden Verfallserscheinungen. Seit der zweiten Hälfte des 20. Jahrhunderts erfolgte eine Rückbesinnung auf diese Objekte, die nach der Übernahme durch Stiftungen, den Staat oder Gemeinden bzw. Städte oder auch den Kauf durch Privatleute im Sinne einer modernen Umnutzung dankenswerterweise jahrelangen Restaurierungen und denkmalgerechten Renovierungen unterzogen wurden. So werden viele der Schlösser und Burgen seither zu kulturellen und musealen Zwecken genutzt und einige auch als Hotels mit Gastronomie betrieben. Der Besucher dieser Anlagen hat in diesen Fällen die Möglichkeit, sich vor Ort ein Bild von der Architektur und Geschichte dieser faszinierenden Objekte zu machen und zusätzlich eine gehobene Küche in einzigartigem Ambiente zu genießen. Von der Vielzahl der noch vorhandenen Schlösser und Burgen in Deutschland werden im vorliegenden Buch 50 ausgewählte Objekte vorgestellt, auf die genau das zutrifft. Bemerkenswerte Fotos und informative Texte beleuchten Baugeschichte und Architektur sowie die erstklassige Gastronomie der Häuser. Überwiegend handelt es sich dabei um Objekte mit jahrhundertelanger Historie, die durch diverse Adelsfamilien geprägt wurde, die im Zuge der Erläuterungen besonders im Fokus stehen; aber auch Objekte mit jüngerer Geschichte haben Eingang in das Buch gefunden, um deren adligen Hintergrund und exzellente Gourmetküche vorzustellen. Beigefügte Rezepte aus der Schloss- bzw. Burgküche bieten darüber hinaus einen einzigartigen Blick hinter die kulinarischen Kulissen der einzelnen Häuser und werden dem Leser den Besuch besonders schmackhaft machen. Wir danken an dieser Stelle allen beteiligten Pächtern, Besitzern, Stiftungen und Fotografen für das ausnahmslos einvernehmliche, positive und begeisterte Mitwirken an dieser Publikation, die ohne deren Zutun so nicht realisierbar gewesen wäre. Und wir wünschen allen Lesern dieses Buches eine genussvolle Lektüre.

Dorothée Baganz

SCHLOSS BASTHORST

Das östlich von Schwerin am Glambecksee liegende Schloss Basthorst mit seinem englischen Landschaftspark entstand 1823/24 als Herrenhaus im klassizistischen Stil. Ernst Johann Wilhelm von Schack (1785–1828) – Regierungsrat aus Schwerin und Angehöriger eines alten niedersächsischen Adelsgeschlechtes – hatte im Umkreis Teile diverser Güter erworben und ließ zwischen diesen Dorf und Gut Basthorst anlegen.

Der Ortsname, den auch das Schloss trägt, leitet sich von einem gleichnamigen Gut bzw. Dorf in Schleswig-Holstein ab, das sich 40 Kilometer östlich von Hamburg und unweit des hier behandelten Schlosses befindet. Von Schack verortete hier den Ursprung seiner Familie, was die Wiederverwendung des Namens für „sein" Dorf bzw. Gut erklärt. Unweit des Herrenhauses, das als unverputzter, relativ schmuckloser zweigeschossiger Backsteinbau mit hohem Krüppelwalmdach errichtet wurde und in das die Eigentümer 1825 einzogen, entstanden mehrere Wirtschafts- und Wohngebäude für die Landarbeiter, einige davon auch unter Albrecht von Schack, dem Sohn des ersten Schlossbesitzers. Neben den bereits existierenden Stallungen, einer Scheune und anderen Nutzbauten gehörten seinerzeit auch ein Brunnenhaus und eine Schänke zum Ensemble. Der Zweitbesitzer ergänzte auch das Herrenhaus um einen ebenso zweigeschossigen, aber etwas niedrigeren Anbau. Um 1870 entstand das bis heute existierende sogenannte Turmhaus, ein prächtiger Verwaltungsbau nahe dem Haupthaus. Karl Tust – Besitzer des Gutes seit 1900 – ließ das

▲ *Turmhaus* *Herrenhaus* ▶

Hauptgebäude zum repräsentativen Schloss erweitern. Auf ihn sind v. a. die neuen Anbauten (Vorhalle des Haupteingangs, Wintergarten und eingeschossiger Anbau im Nordwesten) bzw. die Umgestaltung des bestehenden zweigeschossigen Anbaus im Südosten sowie des Daches – das er mit Fensteröffnungen und einem Dreiecksgiebel über dem Mittelrisalit versehen ließ – zurückzuführen. 1914 erwarb ein Unternehmer aus Berlin das Schloss, 15 Jahre später kaufte Walter Rau – Inhaber einer niedersächsischen Lebensmittelwerke GmbH – das Anwesen und nutzte es als Familienwohnsitz. Wie für die meisten dieser Objekte bedeutete der Zweite Weltkrieg auch für Schloss Basthorst das Ende seiner Zeit als repräsentatives Wohnschloss für Familien aus gehobenen Kreisen. Nach Plünderungen und Beschlagnahmung von Inventar diente es als Flüchtlingsunterkunft, anschließend als Heilanstalt für Tuberkulosekranke und ab 1970 als ambulante Behandlungseinrichtung des Ministeriums für Gesundheitswesen der DDR. Zumindest entging das Schloss dadurch dem Abriss. In den 80er Jahren wurde es zur Weiterbildungsstätte der Bezirksakademie des Gesundheitswesens umgebaut bzw. als solche eingerichtet. Es erfolgten zudem erste Sanierungsmaßnahmen, die auch zur Vereinfachung des Daches und Entfernung des Dachreiters führten. Nachdem 1994 Gustav Graf von Westarp das Schloss erworben hatte, wurden diese den Bau verändernden Maßnahmen wieder rückgängig gemacht. Allerdings ließ er aus Brandschutzgründen den Treppenturm hinzufügen und das Anwesen zum Tagungshotel mit Res-

◂ *Blick auf Herrenhaus (Mitte) und Waldresidenz (rechts) sowie das Turmhaus (links)*

taurant ausbauen, das 1998 eröffnet wurde. Seit 2003 wird dieses durch die Servaas Schlosshotel GmbH betrieben. Zum historischen Bestand der Anlage gehören Herren- und Turmhaus sowie die ehemaligen Stallungen, in denen heute das Appartementhaus untergebracht ist. Wegen steigender Nachfrage hat man dem Ensemble noch einen 2011 eröffneten Neubau hinzugefügt – die Waldresidenz. Dadurch verfügt die Hotelanlage über zusätzliche Zimmer, Suiten, Tagungsräume und Fest- bzw. Bankettsäle sowie ein zweites Restaurant und eine umfangreiche Spa- und Wellnesslandschaft auf 1300 Quadratmeter. Insgesamt verteilen sich auf Schloss und Turmhaus sowie die Waldresidenz 101 Zimmer (bzw. Suiten oder Appartements). Gastronomisch wird mit dem Schlossrestaurant „De Blauwe Kroon“, dem Restaurant „Wilhelmina Helena“ in der Waldresidenz, Hotel- und Kellerbar sowie Schloss-Lounge einiges geboten. Die interessante Namensgebung der Restaurants ist auf die Herkunft der Gastgeber zurückzuführen. So ist das Restaurant „Wilhelmina Helena“ als Hinweis auf die Wurzeln des aus Holland stammenden Paares Marjon Hopman-Wolthuis und Mark Hopman – Geschäftsführer der Servaas Schlosshotel GmbH – nach der 1962 verstorbenen niederländischen Monarchin benannt. Neben dem täglichen Frühstücksbuffet findet der Gast hier ein À-la-carte-Restaurant vor, das französische Kochkunst und mecklenburgische Traditionsküche miteinander vereint. Fine Dining wird im Schlossrestaurant „De Blauwe Kroon“ geboten. Hier erwarten die Gäste variantenreiche, anspruchsvolle Menüs und Speisenkunstwerke auf Basis der mecklenburgischen Küche. Und bei der Namenswahl des Restaurants spielt wieder der holländische Bezug eine Rolle, auch hier in royalem Sinne, dem Anspruch des Hauses und seiner Küche angemes-

▼ *Schlossrestaurant „De Blauwe Kroon“*

REZEPT
aus der Schlossküche

CEVICHE *vom* OSTSEESTEINBUTT *mit* BORRETSCHKRESSE *und* SÜSSKARTOFFELCHIPS

für 4 Personen

300 g Ostseesteinbuttfilet ohne Haut
2 rote Zwiebeln
50 ml Zitronensaft
20 ml Limettensaft
200 ml Orangensaft
75 ml Sojasoße (kikkoman)
1/2 Knoblauchzehe
1/2 rote Thaichilischote
Ca. 10 g Korianderblätter
Zeste von einer 1/2 Limette und 1/2 Orange
Pfeffer
2 Schalen Borretschkresse
200 g Gurke (entkernt und gewürfelt)
2 Süßkartoffeln
Olivenöl, Meersalz

Den Steinbutt in dünne Scheiben schneiden und abgedeckt im Kühlschrank aufbewahren. Die Kresse mit einer Schere schneiden und mit den Gurkenwürfeln ebenfalls kühl lagern. Die **Süßkartoffeln** schälen und auf einer Küchenmandoline oder Ähnlichem in feine Scheiben schneiden. Diese müssen trocken sein, ggf. mit Küchenpapier abtupfen. Süßkartoffelscheiben mit Olivenöl beträufeln und auf Backpapier im Ofen bei 180 °C knusprig ausbacken, zwischendurch wenden. Die fertigen Chips auf Küchenpapier legen und mit Meersalz würzen. Die roten Zwiebeln schälen und in kleine Würfel schneiden, diese dann in einer Pfanne mit wenig Öl glasig dünsten. Die Zwiebeln auskühlen lassen. Die Zwiebelwürfel mit den restlichen Zutaten mixen und eine Marinade herstellen. Den **Steinbutt** in einer Schüssel mit der Marinade übergießen und ihn dann auf vier Teller aufteilen.
Kurz vor dem Servieren die Ceviche mit der **Borretschkresse** und den Gurkenwürfeln ausgarnieren und separat die Süßkartoffelchips dazu reichen.

▲▲ *Bibliothek des Herrenhauses*

▲ *Waldresidenz, Restaurant „Wilhelmina Helena"*

sen. Die für das Restaurant vorgesehenen Schlossräume wurden komplett neu in traditionellem Delfter Blau gestaltet, als Anklang an die bekannte niederländische Keramik der Königlichen Porzellanmanufaktur in Delft. Für Hochzeiten und andere Feierlichkeiten stehen im Schloss selbst und auch im Neubau der Waldresidenz verschiedene Salons und Säle sowie natürlich die beiden Restaurants zur Verfügung. Ein besonderes Schmuckstück ist die geschichtsträchtige Bibliothek des Herrenhauses, die ebenso für Feierlichkeiten verwendet werden kann. Der ursprünglich als Speisesaal genutzte Raum befindet sich im nordwestlichen Anbau des Schlosses und bietet mit dem Deckengewölbe, der Holzvertäfelung, den Kronleuchtern und der Verbindung zum Wintergarten ein prachtvoll-herrschaftliches Ambiente. Ob bei den Räumlichkeiten, der Küche, dem Ambiente oder den vielen Möglichkeiten, die das Anwesen bezüglich Übernachtung, Festlichkeiten, Tagungen oder Events bietet – überall wird der Anspruch des Hauses an Qualität und Stil deutlich.

SCHLOSS BORBECK

Das Wasserschloss Borbeck – umgeben von einem 42 Hektar großen Landschaftspark im englischen Stil – befindet sich im gleichnamigen Stadtteil in Essen und wird heute zu verschiedenen Zwecken genutzt: für Kulturveranstaltungen und Ausstellungen, als Weiterbildungsstätte oder für Trauungen.

Der Vorgängerbau an der Stelle des heutigen Barockschlosses entstand nach 1288, dem Jahr, in dem die Äbtissin Berta von Arnsberg († 1292) den Oberhof Borbeck erworben hatte, um dort eine Burg errichten zu lassen. Diese war in der Folgezeit die Residenz der Fürstäbtissinnen bzw. der Zufluchtsort der Essener Stiftsdamen bei stiftsinternen Konflikten. Im 15. Jahrhundert hatte Äbtissin Sophia von Gleichen das Prägen von Münzen – den Borbecker Gulden und den Borbecker Groschen – auf der Burg veranlasst, was den Namen des heutigen Schlossrestaurants „Zur Münze" erklärt. Im 15. und 16. Jahrhundert war die Anlage durch Überfall, Brand und Krieg zerstört worden; Fürstäbtissin Elisabeth von Manderscheid-Blankenheim ließ sie jedoch wiederherstellen, zur Sommerresidenz ausbauen und sogar einen Park anlegen. Unter Äbtissin Anna Salome von Salm-Reifferscheidt (1622–1688) wurde 1650 das Hauptgebäude auf den alten Mauern im Renaissancestil neu errichtet und ein teilweise terrassenförmiger Garten mit Spazierwegen und Obstbäumen realisiert; anschließend verlegte sie sogar ihren Wohnsitz von Essen hierher. Das Erscheinungsbild des heutigen Schlosses geht allerdings auf Äbtissin Franziska Christine von Pfalz-Sulzbach (1696–1776) zurück, die das Anwesen – das

Gebäude und auch den Schlosspark – 1744 bis 1762 in barockem Sinne umgestalten ließ. Ihr Wappen befindet sich – gehalten von zwei Löwen – bis heute über dem Eingang des Schlossgebäudes. Der Schlossbau wurde nach Süden verlängert und der Park erhielt ganz im Sinne des Barock streng symmetrisch angelegte Beete und Wasserspiele. Das hell verputzte Hauptgebäude ist dreigeschossig über rechteckigem Grundriss ausgeführt und wird von einem bis zu neun Meter breiten Wassergraben umgeben. Die noch im Stil der Renaissance errichtete und später in barocken Formen veränderte Nordseite des Gebäudes verfügt über zwei quadratische viergeschossige Ecktürme, die jeweils mit einer geschweiften Haube und einer achteckigen Laterne versehen sind; zwischen diesen erhebt sich ein geschweifter Gie-

▲ *Blick über den See in Richtung Schloss (links) und ehemaliges Wirtschaftsgebäude (rechts)*

▼ *Seitenansicht des Schlosses*

▲ *Schloss (links) und ehemaliges Wirtschaftsgebäude (rechts), Abendstimmung*

bel. Die in den Jahren nach 1744 entstandene Erweiterung nach Süd zeigt ein Satteldach mit Gauben und Dachreiter. Maria Kunigunde von Sachsen (1740–1826) – letzte Essener Fürstäbtissin – hatte einen vollständigen Neubau des Schlosses vorgesehen, der jedoch nicht mehr realisiert wurde. Allerdings stammt der im englischen Stil umgestaltete Landschaftsgarten aus dieser Zeit, wobei er damals noch über Wasserspiele und andere für englische Gärten typische Merkmale wie eine künstliche Ruine und anderes verfügte. Nach der Säkularisation im Jahre 1803 ging das Schloss zunächst an die preußische Staats- und Domänenkammer, die es im Folgejahr an die Grafen von der Recke-Volmarstein – Angehörige des westfälischen Uradels – verkaufte. Der langgestreckte klassizistische Bau unweit des Schlosses – ein ehemaliges Wirtschaftsgebäude, das heute Ausstellungszwecken dient – entstand in den Jahren von 1839 bis 1842. Reichsfreiherr Clemens von Fürstenberg hatte 1826 das Anwesen erworben, die Vorburg inklusive der alten Wirtschaftsbauten abreißen und durch den Essener Architekten Heinrich Theodor Freyse den Neubau errichten lassen. Ein Turm der Vorburg wurde dabei in das neue Gebäude miteinbezogen. Es verfügt über einen dreigeschossigen Mittelbau, der durch einen Dreiecksgiebel akzentuiert ist und beidseitig von zweigeschossigen Seitenflügeln flankiert wird. Nach 1831 blieb das Schloss unbewohnt, da die Familie von Fürstenberg ihren Wohnsitz auf Schloss Hugenpoet verlegt hatte. 1941 kaufte die Stadt Essen das Gebäude, das den Zweiten Weltkrieg unbeschadet überstand, und richtete nach den bis in die 60er Jahre andauernden Umbau- und Restaurierungsmaßnahmen zunächst Büroräume für die Stadtverwaltung im Schloss ein. Im Zuge dessen ging – zumindest was das Innenleben des Gebäudes anbelangt – die historische Bausubstanz weitestgehend verloren. Eine Ausnahme bildet hier der Gewölbekeller, in dem heute das Restaurant „Zur Münze“ untergebracht ist. Nachdem die Stadt Essen ihre Büroräume in den 70er Jahren in ein neues Verwaltungsgebäude verlegt hatte, standen die Räumlichkeiten und auch das angrenzende Wirtschaftsgebäude zeitweise leer. Seither entwickelte die Stadt verschiedene Konzepte zur Nutzung des seit 1985 unter Denkmalschutz stehenden Ensembles, das heute als Kultur- und Begegnungsstätte dient. So sind hier unter anderem das Borbecker Standesamt mit Trauzimmer und die Folkwang-Musikschule unter-

◄ *Seitenansicht des Schlosses*

REZEPT
aus der Schlossküche

GESCHMORTE OCHSENBACKE *mit* VICHYKAROTTEN *und* KARTOFFELPÜREE

für 4 Personen

Geschmorte Ochsenbacke
2 Ochsenbacken (ca. 800 g)
1 Zwiebel
2 Möhren
½ Knolle Sellerie
½ l Rinderfond
½ l Rotwein (trocken)
3 Lorbeerblätter
Salz, Pfeffer
Öl zum Braten

Vichykarotten
1 große Zwiebel
4 Karotten
200 ml Mineralwasser
50 g Butter
Salz, Zucker

Kartoffelpüree
800 g mehlig kochende Kartoffeln
75 ml Sahne
75 ml Milch
50 g Butter
Salz, Muskat

Die **Ochsenbacken** parieren und scharf von beiden Seiten in Öl anbraten, aus der Pfanne nehmen und die gewürfelten Zwiebeln, die Möhren und den Sellerie anrösten. Mit Portwein und Rotwein ablöschen. Ochsenbacken dazugeben, mit Rinderfond aufgießen. Lorbeerblätter dazugeben. Im Ofen bei 150 °C Ober- und Unterhitze 2 Stunden garen. Die Ochsenbacken umdrehen und weitere 60 Minuten garen. Sie sind fertig, wenn man mit einem Holzlöffelstiel ganz einfach durchstechen kann. Den Sud abpassieren und soweit reduzieren, bis er schmeckt. Anschließend mit Speisestärke abbinden. **Vichykarotten:** Zwiebel in feine Würfel schneiden, Karotten schälen und in Scheiben schneiden. Zwiebelwürfel in Butter anschwitzen. Karottenscheiben dazugeben und gleich mit Salz und Zucker würzen. Nach und nach mit Mineralwasser ablöschen und reduzieren lassen, bis die Karotten gar sind. Mit Salz und Zucker abschmecken. **Kartoffeln** schälen, grob kleinschneiden und in gut gesalzenem Wasser weichkochen. Nebenbei Sahne, Milch und Butter einmal aufkochen lassen. Weichgekochte Kartoffeln in einem Sieb abtropfen lassen und heiß durch die Kartoffelpresse drücken. Die noch heiße Sahne-Milch-Butter-Mischung zu der Kartoffelmasse geben. Durchrühren und mit Salz und Muskat abschmecken.

gebracht, und es werden Konzerte und Vorträge veranstaltet. Des Weiteren nutzt die Essener Volkshochschule die Räumlichkeiten des Schlosses und des angrenzenden Wirtschaftsgebäudes, in dem auch wechselnde Ausstellungen stattfinden. Erst 2004–06 erfolgten umfangreiche Renovierungen, nach deren Ende im Schloss die Dauerausstellung zur Schlossgeschichte eröffnet wurde, die sich v. a. mit den Fürstäbtissinnen, d. h. mit der Geschichte des Essener Frauenstiftes, beschäftigt. Durch die gastronomische Nutzung des Hauses besteht auch die Möglichkeit, Feierlichkeiten im edlen Fürstäbtissinnenzimmer zu veranstalten und an der gedeckten Tafel unter dem prächtigen Kronleuchter zu speisen. Darüber hinaus kann auch der große Schlosssaal für Hochzeiten oder andere Festivitäten genutzt werden. Das Restaurant im restaurierten Gewölbekeller – in dem zu Zeiten der Fürstäbtissinnen Münzen geprägt wurden – besteht aus zwei ineinander übergehenden Räumlichkeiten, dem Kaminzimmer und dem Kreuzgewölbe. Die Speisekarte präsentiert eine modern interpretierte traditionelle deutsche Küche, kombiniert mit mediterranen Elementen. Rinderfiletspitzen mit Limonensaitlingen und Selleriecreme oder Filet vom Lachs mit Rieslingsoße und Gurken-Chili-Gemüse sowie Schweinefiletmedaillons mit Kohlrabi à la crème und hausgemachten Kartoffelkrapfen deuten auf eine kreative Küche, die auf ein individuelles Geschmackserlebnis abzielt.

◂ *Restaurant „Zur Münze“*

DRESDNER ELBSCHLÖSSER

Zuvor als kurfürstliches Jagdrevier dienend, sollen die Dresdner Elbhänge bereits seit der zweiten Hälfte des 17. Jahrhunderts für Weinanbau genutzt worden sein, nachdem Kurfürst Johann Georg II. das Gelände an verdienstvolle Amtsinhaber vermacht hatte und das Gebiet in mehrere Weinberge unterteilt worden war.

Um 1800 kaufte der vermögende schottische Adlige James Ogilvy, 7. Earl of Findlater – wegen seiner homosexuellen Neigung seines Heimatlandes verwiesen –, hier ein großes, aus mehreren Weinbergen bestehendes Areal und ließ sich ein Landhaus errichten, das seit 1821 – nach dem Tod Graf Findlaters – als Gaststätte genutzt wurde und so bereits zu dieser Zeit zu einem beliebten Ausflugsziel mit Einkehr-

Schloss Albrechtsberg (links), Lingnerschloss (Mitte) und Schloss Eckberg (rechts)

möglichkeit avancierte. Seit der Mitte des 19. Jahrhunderts befand sich das Gelände schließlich im Besitz des Prinzen Albrecht von Preußen (1809–1872), Bruder des späteren deutschen Kaisers Wilhelm I., der aufgrund seiner Scheidung von Marianne von Oranien-Nassau und der nicht standesgemäßen zweiten Ehe mit der Hofdame Rosalie von Rauch (die spätere Gräfin von Hohenau) den preußischen Hof hatte verlassen müssen und sich (und ihr) nun in privilegierter Lage einen angemessenen Wohnsitz errichten wollte. Unter Einbeziehung des Findlaterschen Palais ließ er das erste der drei Elbschlösser – Schloss Albrechtsberg – erbauen. Es entstand in den Jahren zwischen 1850 und 1854 nach Plänen von Adolf Lohse, einem Schüler Schinkels, in klassizistischem Baustil. Nach dem Tod des Prinzen (1872) und seiner Frau (1879) bewohnte Sohn Friedrich bis zu seinem Ableben im Jahre 1914 das Schloss, anschließend dessen Bruder Wilhelm, der es wegen Verschuldung 1925 an die Stadt Dresden verkaufte. Nach erster Instandsetzung bzw. Renovierung und unterschiedlichen Nutzungen als Hotel, Freizeitzentrum („Pionierpalast") und Jugendkunstschule (die dort bis heute ansässig ist) wird es nach der in den 70er Jahren begonnenen und

bis heute andauernden Sanierung inzwischen von der MESSE DRESDEN GmbH betrieben und für festliche Veranstaltungen (Hochzeiten, Konzerte der Dresdner Philharmonie) genutzt. Im Rahmen von Führungen kann das Schloss besichtigt werden.

LINGNERSCHLOSS

Lohse errichtete nicht nur das Schloss für den Prinzen Albrecht von Preußen, sondern in dessen Auftrag auf dem Nachbargrundstück zeitgleich noch eine Villa, die als Wohnsitz für dessen Kammerherrn, den Baron von Stockhausen, vorgesehen war. Dessen Frau, Freifrau Ernestine von Stockhausen, hatte ursprünglich den Ankauf des Findlaterschen Anwesens angeregt. Als Vorbild für beide Bauwerke dienten die Renaissancepaläste des italienischen Hochadels. Bis zur Fertigstellung seines eigenen Schlosses wohnte Prinz Albrecht mit seiner Gemahlin für ein Jahr allerdings zunächst selbst in der benachbarten Villa, bis sie 1854 auf Schloss Albrechtsberg einziehen konnten. Ende des 19. Jahrhunderts war diese von dem Nähmaschinenfabrikanten Bruno Naumann erworben und umgebaut worden. Heute ist das Bauwerk eher als **Lingnerschloss** bekannt, da die Villa 1906 von dem Industriellen Karl August Ferdinand Lingner (1861–1916) – zunächst Angestellter bei der Nähmaschinenfabrik Seidel & Naumann, später selbst Unternehmer, Odol-Fabrikant und Begründer des Hygienemuseums – erworben wurde, der Schloss und Park in seinem Sinne umgestalten und sogar einen kleinen Zoo anlegen ließ. Lingner veranlasste zum Beispiel die Erweiterung der östlichen Kolonnade und deren Umbau zum Wintergarten. Im Zuge der Umgestaltung veränderte er mithilfe des Architekten Wilhelm Kreis

◄◄ Schloss Albrechtsberg

◄ Lingnerschloss (links) und Schloss Eckberg (rechts)

▼ Lingnerschloss

▲ *Restaurant „Lingnerterrassen"*

▼ *Lingnerschloss, Ostflügel*

und des Malers Franz von Stuck v. a. auch das Innere des Schlosses. Darüber hinaus entstand derzeit eine Standseilbahn vom Schloss ins Elbtal, von der heute aber nur noch Bergstation und Trassenführung existieren. Unterhalb dieser steht bis heute das Mausoleum, das auf seinen Wunsch hin als letzte Ruhestätte des Unternehmers errichtet wurde. Lingner erwirtschaftete innerhalb nur weniger Jahre durch den Verkauf seines Odol-Mundwassers ein Vermögen in zweistelliger Millionenhöhe, das ihm einen geradezu fürstlichen Lebensstil ermöglichte, bei dem – wie es heißt – selbst die meisten Adligen kaum mithalten konnten, auch wenn es ihm zeitlebens nicht gelang, sich seinen Wunsch, in den Adelsstand erhoben zu werden, zu erfüllen. Neben der Villa Stockhausen zählte unter anderem das Schloss Tarasp in der Schweiz zu seinem Immobilienbesitz. Er war Mitglied des kaiserlichen Motorjachtklubs und erreichte im wilhelminischen Ehrsystem zumindest den Rang einer „Excellenz". Trotz eines ausschweifenden Lebensstils setzte er sein Vermögen jedoch auch für gemeinnützige Zwecke (v. a. in den Bereichen Hygiene und Gesundheit) ein. Wie in seinem Testament vom 22. Mai 1916 festgehalten, wurde die Anlage nach dem Tod Lingners der Stadt Dresden gestiftet. Er verband damit jedoch die Auflagen, Schloss und Park der Öffentlichkeit zugänglich zu machen sowie im Hauptgebäude ein Café oder Restaurant mit niedrigem Preisniveau einzurichten. Es folgte allerdings zunächst die Nutzung durch diverse Privatpersonen, als Kinderheim oder Bildungsstätte. Die Bombenangriffe auf die Stadt im Februar 1945 überstand das Schloss unbeschadet und diente in den folgenden Jahren als Lazarett, Kommandantur und Wohnheim sowie ab 1957 als exklusiver Treffpunkt von Künstlern und Wissenschaftlern („Klub der Intelligenz“). Als Begegnungsstätte namhafter Intellektueller (Ingenieure, Ärzte und Kulturschaffende) soll es sich in diesen Jahren bei den Klubmitgliedern und ihren Gästen – wohl auch wegen seines herausragenden Restaurantbetriebes – großer Beliebtheit erfreut haben. Beim Umbau 1956/57 (und schon in den Jahren zuvor) war ein großer Teil der historischen Ausstattung verloren gegangen und das Schloss bis zur Unkenntlichkeit verändert worden, bis es durch den Leerstand nach 1993 schließlich zusehends dem Verfall preisgegeben war. 2002 bildete sich auf Initiative des Unternehmens VON ARDENNE Anlagentechnik GmbH der Förderverein Lingnerschloss e. V., deren Mitglieder und ehrenamtliche Mitarbeiter sich für die Erhaltung des Objektes nach denkmalpflegerischen Gesichtspunkten und dessen erneute Nutzung stark gemacht haben. Gemäß dem Testament Lingners sollte das Schloss nun endlich der Öffentlichkeit zugänglich gemacht werden. Nachdem 5 Millionen Euro (unter anderem aus öffentlichen Förderprogrammen und Zuwendungen der Deutschen Stiftung Denkmalschutz, überwiegend jedoch aus Spendengeldern) eingeworben werden konnten, begann 2004 die Sanierung des Schlosses, wobei erste Maßnahmen bereits seit 2002 erfolgten. Seither nutzte man das Schloss für diverse Kulturveranstaltungen (zum Beispiel Lesungen). Der Betrag der Gesamtkosten für die Restaurierung des Objektes wurde seinerzeit jedoch auf ca. 11 Millionen Euro geschätzt, was die Einwerbung weiterer Gelder erforderlich machte.

Im Mai 2011 konnte im originalgetreu rekonstruierten ehemaligen Speisezimmer die Dauerausstellung über Leben und Werk Lingners eröffnet werden. Ende des Jahres 2011 ging von GlaxoSmithKline Biologicals eine Spende in Höhe von 5 Millionen Euro an den Förderverein, was die weitere denkmalgerechte Sanierung von Westflügel, Hauptbau usw. ermöglichte, die bis heute aber noch nicht abgeschlossen ist und die Zuwendung weiterer Spenden nötig macht.

Seit 2008 wird auf der Terrasse des Lingnerschlosses bereits ein Biergarten-Café betrieben. Mit einer Verzögerung von zwei Jahren eröffneten im Juni 2010 im Ostflügel des Schlosses – der für 2,7 Millionen Euro innerhalb von drei Jahren saniert wurde –, basierend auf dem baulichen Zustand zu Lingners Zeiten, schließlich die „Lingnerterrassen“, ein Restaurant gehobenen Niveaus. Die originalen Farbreste waren freigelegt worden, auf die man dann die Innenraumgestaltung abgestimmt hat. Die Gastronomiebetreiber

Oliver Schlupp und Michael Grabowski zahlten die Pacht für die folgenden zehn Jahre bereits im Voraus, um dem Förderverein Geld für die Sanierung zur Verfügung zu stellen. Nur ein geringer Prozentsatz der Sanierungskosten konnte mittels Fördergeldern abgedeckt werden, der Großteil wurde aus Spenden finanziert. Im Gedenken an die Auflage in Lingners Testament wird ein wechselndes alkoholfreies Getränk zum Preis von 0,75 Euro angeboten. Dies folgt dem Anliegen Lingners, das Schloss und dessen Gastronomie einer breiteren Öffentlichkeit zugänglich zu machen und nicht nur eine Einrichtung für wohlhabende Leute zu schaffen. Sein 1916 testamentarisch geäußerter Wunsch, dem Gast den Besuch mit einer Ausgabe von lediglich 20 bis 30 Pfennigen zu ermöglichen, ist heute zwar nicht mehr ganz zeitgemäß, entspricht umgerechnet aber zumindest den 75 Cent für ein aktuell auf der Karte angebotenes Getränk. Entsprechend der Historie des Objektes fühlt man sich also dem Erbe Lingners verpflichtet und nimmt dieses ernst, sodass das gastronomische Konzept der Lingnerterrassen das Ziel verfolgt, einer breiten Öffentlichkeit offenzustehen. Darüber hinaus verfolgt man das Ziel einer kreativ-bürgerlichen Küche mit regionalen, saisonalen und ökologisch angebauten Produkten. Der Blick auf die Speisekarte, die ausgewählte Gerichte präsentiert, verrät, dass zu moderaten Preisen eine kreative frische Küche aus zumeist bodenständigen, aber exzellenten Komponenten geboten wird, die anhand ihrer Kombination und Abwandlung einen Vergleich mit der Sterneküche nicht zu scheuen braucht. Maronencrèmesuppe, geschmorte Ochsenbäckchen und getrüffeltes Orangen-Pannacotta mit Himbeer-Wodka-Sorbet sprechen einen erlesenen Gaumen an, ohne den Sinn für das Wesentliche zu verlieren. Ergänzend dazu beweist das saisonal wechselnde Speisenangebot den Ideenreichtum des Küchenchefs und den Wunsch, dem Gast etwas Besonderes bieten zu wollen, was mit gebeiztem Lachs auf Rote-Bete-Carpaccio mit Safranjoghurt oder cremiger Bärlauchsuppe mit pochiertem Wachtelei und Essenz vom Skrei mit Wakame-Algen durchaus gelingen sollte.

SCHLOSS ECKBERG

Elbaufwärts folgt auf das in der Mitte gelegene Lingnerschloss das Gelände um Schloss Eckberg, das bereits 1832 aus dem Besitz Findlaters herausgelöst wurde. Eckberg ist ein geradezu märchenhaft anmutendes verwinkeltes Ensemble aus Türmen und Erkern. Die malerische Lage hoch über dem Fluss, inmitten einer Parklandschaft im englischen Tudorstil, unterstreicht die romantische Ausstrahlung dieser im Stil der Neugotik erbauten Schlossanlage. Sie entstand in den Jahren 1859–61 im Auftrag des Großkaufmanns Johann Daniel Souchay nach Plänen des Semper-Schülers Christian Friedrich Arnold – Professor der Baukunst an der Dresdner Kunst-Akademie –, der nach längeren Studienreisen durch Europa vor allem englische Landsitze zum Vor-

Schloss Eckberg ▸

bild nahm. Mit der Gestaltung des Landschaftsgartens betraute Souchay den preußischen Obergärtner Hermann Sigismund Neumann, den man bereits für die Anlage der Gärten der beiden Nachbarschlösser nach Dresden geholt hatte.

Wie bei den anderen Elbschlössern ist auch hier die Hauptschauseite parallel zum Fluss hin ausgerichtet. Wie man jedoch unschwer erkennen kann, wurde bei Schloss Eckberg im Gegensatz zu Schloss Albrechtsberg und dem Lingnerschloss allerdings bewusst auf Symmetrie verzichtet und das Gebäude durch Ecken und Winkel, Türme und Erker stark gegliedert. Im Inneren betritt man eine Vorhalle und gelangt über eine weiträumige Treppe zu den Zimmern des Obergeschosses, die als Wohnräume dienten, während die

▲ *Schloss Eckberg, Luftaufnahme*

Schloss Eckberg, Treppenaufgang ►

◄ *Schloss Eckberg, Ausschnitt mit Turmansicht und Terrasse des Festsaals*

Räumlichkeiten des Erdgeschosses gesellschaftlichen Zwecken vorbehalten waren. Kellergeschoss und weitere Teile des Hauses bzw. Nebengebäude (Pferdeställe, Remise, Kavaliers- und Gärtnerhaus) nutzte man als Wirtschaftsräume oder für die Dienerschaft. Heute stehen diese Räumlichkeiten als Hotelzimmer, für Tagungen oder andere Veranstaltungen und Feierlichkeiten zur Verfügung. Die Innenausstattung des Schlosses, d. h. Böden, Wandverkleidungen, Türen, entsprechen dem Baustil des Hauses, selbst die Möbel entstanden nach Entwürfen Arnolds und rezipieren mittelalterliche Stilmotive.

Nach dem Tode von Souchay 1871 folgten mehrfache Besitzerwechsel. So gehörte das Schloss ab 1883 zeitweise dem Kaufmann und persischen Generalkonsul Arthur Bruno Wunderlich; nach weiteren Eigentümerwechseln bewohnte ab 1926 der Unternehmer Ottomar Heinsius von Mayenburg (1865–1932) das Gebäude. Dieser entstammte einem alten Adelsgeschlecht, dessen Name sich von der Ruine Mayenburg in Südtirol ableitet, und ist als der Erfinder der Chlorodont-Zahnpasta – die ihm zu großem Wohlstand verholfen hatte – und Gründer der Dresdner Leo-Werke in die Geschichte eingegangen. Zu DDR-Zeiten nutzte man das Gebäude unter anderem als Gewerkschaftsschule und nach erster Sanierung als Jugendtouristhotel. Nach der Wende hatten die Erben des 1952 enteigneten Schlossbesitzers per Antrag Anspruch auf die Rückgabe des Eigentums erhoben und bewirkt, dass das Schloss wieder in den Besitz der von Mayenburg rückgeführt wurde. Ende der 1990er Jahre ist das Anwesen, das 1994 die ARGENTA-Unternehmergruppe München erwarb, grundlegend renoviert und als Fünf-Sterne-Luxusho-

◂ *Schloss Eckberg, Festsaal*

REZEPT
aus der Schlossküche

KUBANISCHE LANGUSTE *mit* ORANGEN-TAPIOKA *und* GEGRILLTER ANANAS, *dazu* GEBACKENE SÜSSKARTOFFELKRAPFEN

für 2 Personen

1 Langusten-Schwanz
50 g Tapiokaperlen (klein)
½ l Orangensaft
100 g Zucker
100 ml Port
1 Lorbeerblatt
2 Nelken
¼ Ananas
1 Prise Ras el-Hanout
½ kg Süßkartoffeln
2 Eier
150 g Mehl
50 g Stärke
Salz, Pfeffer, Curry

Languste längs halbieren, Fleisch in Butter confieren. **Tapiokaperlen** in Salzwasser abkochen, danach mit Orangenreduktion abschmecken. **Ananasstücke** scharf angrillen und mit Ras el-Hanout abschmecken.
Für die **Krapfen** Süßkartoffeln weich dämpfen, auskratzen und die Masse zwölf Stunden abhängen lassen. Dann Eier, Mehl und Stärke dazugeben, mit Salz, Pfeffer und etwas Curry abschmecken. In Kokosöl goldbraun backen.

▲ *Schloss Eckberg, Restaurant, Wintergarten*

tel hergerichtet worden, das vom erfahrenen Hoteliersehepaar Thomas und Odett Gaier betrieben wird.

In jüngster Vergangenheit (2015) hat die Hoteldirektion mit neuer Bestuhlung und anderen Renovierungsmaßnahmen das Restaurant in neuem Glanz erstrahlen lassen. Dieses nutzt die Räumlichkeiten des historischen holzvertäfelten Gartensaals bzw. den Wintergarten mit seinen raumhohen gotischen Fenstern und bietet beim Verzehr von Kalbsbäckchen, Kaviar oder Jakobsmuscheln einen unvergesslichen Blick hinab auf die Elbe bis hin zur Dresdner Altstadt. Trotz der dem Schlossambiente entsprechenden gehobenen Küche – die sich bereits beim ersten Blick auf die Speisekarte zeigt – und der am Gast orientierten Betreuung auf höchstem Niveau, legt man auf Eckberg Wert darauf, keine übertriebene Etikette mit steifen Umgangsformen an den Tag zu legen, sondern eine Wohlfühlatmosphäre der ganz besonderen Art zu schaffen. Daher ist man zu Recht stolz darauf, heutzutage eines der wenigen Restaurants zu sein, in dem der Küchenchef spontan am Tisch für den Gast tranchiert, flambiert oder filetiert oder andere individuelle Gästewünsche erfüllt. Für Feierlichkeiten wie Hochzeiten steht unter anderem der prächtige Festsaal des Schlosses mit seiner imposanten Stuckdecke zur Verfügung. Die passenden Weine werden im schlosseigenen Weinkeller – der jedoch auch für geschlossene Veranstaltungen genutzt wird – bereitgehalten. Ob à la carte im Restaurant oder beim Bankett für 20 bis 140 Personen, durchweg hohes Niveau der Küche und der Gästebetreuung ist oberste Priorität. Individualität wird dabei groß geschrieben, was sich bereits in der Lobby mit Kamin und neu eingerichteter Bar zeigt, in der Teezeremonien (Eckberg's Teatime) mit englischen Köstlichkeiten wie Sandwiches oder anderen Snacks zelebriert werden können, die dem Gast eine unvergleichliche Atmosphäre bieten und einem Schloss im Stil englischer Tudorgotik würdig sind.

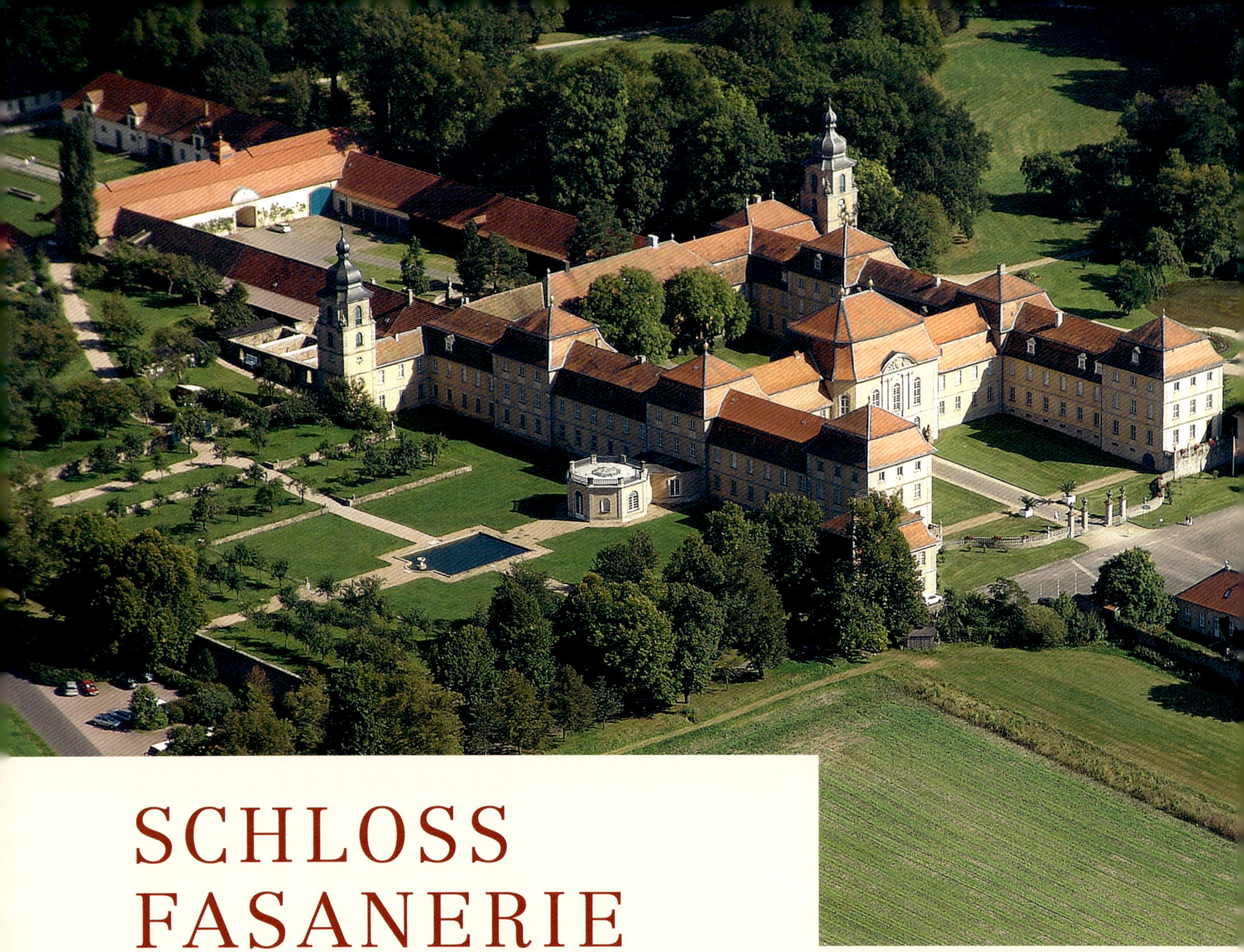

SCHLOSS FASANERIE

Das Schloss Fasanerie in Eichenzell bei Fulda gilt zusammen mit seinem weitläufigen Park als schönste barocke Schlossanlage in Hessen. Es beherbergt neben den historischen Räumen, der Kunstsammlung und den Pferdestallungen im Südflügel auch ein Restaurant mit herrlicher Gartenterrasse.

Entgegen früherer Meinung beginnt die Geschichte des Schlosses – wie Markus Miller (in: Fulda in den Künsten, 2015) gezeigt hat – erst 1735 mit der Errichtung des „Alten Schlosses" („Adolphshof") unter dem bedeutenden Fuldaer Fürstabt Adolph von Dalberg (1678–1737), der 1734 die Fuldaer Universität gründete. Diesen ältesten Bauteil integrierte dessen Hofbaumeister, der in Lugano geborene Andreas Gallasini (1681–1766), als Querbau zwischen dem heutigen Innen- und dem Marstallhof. Gallasini fiel es also zu, ab 1739/40 unter Beibehaltung des schlichten Jagdschlosses für den neuen Fuldaer Fürstabt Amand von Buseck (1685–1756) ein großzügiges Sommerschloss mit Ehren- und Innenhof sowie Gartenanlage zu entwerfen. Von Buseck war ein weitgereister, gebildeter Mann, der sich intensiv mit der Architektur, Gartenkunst und Genealogie (vor allem der Adelsgeschlechter) auseinandersetzte. Er förderte das Handwerk und die Manufakturen, insbesondere die Fayence-Manufaktur in Fulda, die Weltruhm erlangte.* Zudem wurde Amand von Buseck 1752 zum Fürstbi-

▲ *Luftbild von Nordwesten*

schof ernannt, nachdem die Abtei Fulda durch den Papst zum Bistum Fulda erhoben worden war. Das Territorium des Fuldaer Bistums umfasste große Teile des heutigen Landkreises Fulda sowie unter anderem Salmünster und die Ämter Dermbach und Geisa in Thüringen sowie Brückenau und Hammelburg in Franken.

Das Schloss Fasanerie wurde erst unmittelbar nach dem Tod von Busecks im Jahr 1757 vollendet. Die symmetrische Anlage besteht aus zwei langgestreckten Flügeln, die mithilfe von zwei Querbauten einen allseits umschlossenen Hof und einen dreiseitigen Ehrenhof formen. Die zweigeschossigen Flügelbauten sind durch dreigeschossige Pavillonbauten akzentuiert. Besonders hervorgehoben ist der Mittelteil des Komplexes mit der großen Tordurchfahrt, den hohen Rundbogenfenstern, Lisenen und bekrönendem Rundbogengiebel. Hat man die beiden Gittertore mit den steinernen Büsten und Vasen passiert, bewegt man sich direkt auf

* G. Stasch: Spitzentechnologie aus der Fuldaer Fayence-Manufaktur (1741–1769), Petersberg 2015

▲▲ *Südflügel mit Parkterrasse*

▲ *Hauptansicht mit Blick zu den Wachhäusern, dem Westflügel mit großem Festsaal sowie dem Eckpavillon des Nord- bzw. Südflügels*

diesen prächtigen Mittelbau zu, um über ihn in den Innenhof der Anlage zu gelangen. Im Tordurchgang befindet sich linker Hand der Eingang zum Schlossmuseum, während direkt gegenüber der Eingang zum Restaurant – das man natürlich auch über die Terrasse betreten kann – liegt. In gerader Achse, um den mittigen Brunnen herum, kann man den Innenhof über einen weiteren Torbau wieder verlassen und gelangt auf diesem Weg zu den Stallungen. Kavalierhäuser, Gittersperren und vorgelagerte Wacht- und Wirtschaftsgebäude ergänzen bis heute den Hauptbau und bilden so eine hochherrschaftliche Anlage.

Infolge der Säkularisation 1803 verlor die Schlossanlage ihre Funktion und wurde ab 1813 unter anderem als Lazarett genutzt. 1816 fiel die Herrschaft Fulda an das Kurfürstentum Hessen. Von 1825 bis 1827 stellte der kurhessische Hofbaumeister Johann Conrad Bromeis (1788–1855) im Auftrag seines Landesherrn, Kurfürst Wilhelm II. von Hessen (1777–1847), Schloss Fasanerie als Sommerresidenz wieder her und ließ einige stark beschädigte Repräsentationsräume nach seinen Entwürfen umbauen und neu ausgestalten.

Nachdem Preußen 1866 Kurhessen annektierte, erfolgte die Enteignung des Schlosses. 1878 erhielt jedoch der kurfürstliche Thronfolger, Landgraf Friedrich Wilhelm von Hessen, nach zähen Verhandlungen mit der Krone Preußens Schloss Fasanerie und das Fuldaer Stadtschloss zurück. Schloss Fasanerie diente danach dem Landgrafenehepaar als Sommerresidenz. Auch nach dem Tod Friedrich Wilhelms im Jahr 1884 nutzte seine Witwe, Landgräfin Anna, die durch das bezaubernde Porträt von Franz Xaver Winterhalter berühmt ist, das Schloss in den Sommermonaten. Sie verstarb 1918 und wurde im Fuldaer Dom beigesetzt. 1928 wurde Schloss

► *Philippsruher Zimmer im Museum Schloss Fasanerie mit dem Porträt der Landgräfin Anna als Prinzessin von Hessen von Franz Xaver Winterhalter (1858)*

Fasanerie von den Erben Landgraf Friedrich Wilhelms auf die Familienstiftung des Hauses Hessen, die Hessische Hausstiftung, übertragen.

Heute präsentiert sich das Schloss trotz seiner Beschädigungen im Zweiten Weltkrieg, die durch Landgraf Philipp beseitigt wurden, als von diesem persönlich geschaffenes Museum in neuem Glanz. Die 60 historischen Schauräume mit der wertvollen Porzellan- und Bildersammlung, einschließlich Philipps bedeutender Antikensammlung, sind ebenso zu besichtigen wie die hochwertigen Sonderausstellungen im ehemaligen Badehaus. Darüber hinaus gibt es viele Sonderveranstaltungen, die zehntausende von Besuchern anziehen – vor allem zum „Fürstlichen Gartenfest", zu Konzerten und zur „Zeitreise ins 18. Jahrhundert", bei denen Laiendarsteller in historischen Kostümen das Leben des 18. Jahrhunderts nachbilden, kommen heimische Gäste und Touristen in großer Zahl.

▲ Speisen im Pferdezimmer des Schlossrestaurants

◄ Sonntagsbrunch im Gang des Schlossrestaurants

Beliebt ist Schloss Fasanerie auch aufgrund seines herrlichen Parks, der Teile der Barockanlage mit dem Englischen Garten und wild gewachsener Natur verbindet. Bemerkenswert sind vor allem der Chinesische und der Japanische Pavillon, die noch von der Bedeutung des Barockgartens unter dem Fürstbischof Amand von Buseck künden. Seit 2013 gehören Schloss und Park zur gemeinnützigen Kulturstiftung des Hauses Hessen. Schlossrestaurant

REZEPT
aus der Schlossküche

GEBRATENE ENTENBRUST *auf* RAHMWIRSING *und* KÜRBIS-GNOCCHI

für 4 Personen

Entenbrüste
4 Entenbrüste zu je ca. 300 g
125 ml Rotwein
250 ml Kalbsfond
40 g Butter

Rahmwirsing
800 g Wirsing
400 g Sahne
Salz, Pfeffer

Kürbis-Gnocchi
800 g Kürbis (Hokkaido- oder Muskatkürbis)
200 g mehlig kochende Kartoffeln
100 g frisch geriebenen Parmesan
3 EL Olivenöl
75 g Paniermehl
100 g Mehl
2 Eigelb
Salz, Cayennepfeffer
Frisch geriebene Muskatnuss

Entenbrüste waschen und abtrocknen, die Haut rautenförmig einschneiden und mit Salz und Pfeffer aus der Mühle würzen. In wenig Öl auf der Hautseite anbraten, bis sie schön braun sind, dann auf der anderen Seite anbraten. Im Ofen auf ein Gitter setzen, bei 185 °C ca. 8–9 Minuten garen, anschließend 10 Minuten in Alufolie ruhen lassen. Öl aus der Pfanne gießen und den Bratansatz mit 125 ml Rotwein ablöschen – reduzieren lassen; 250 ml Kalbsfond zugeben, aufkochen und die eiskalte Butter zum Abbinden der Soße schnell einrühren.
Die äußeren festen Blätter des **Wirsings** entfernen. Den Wirsing vierteln und in Streifen schneiden, dabei den festen Strunk entfernen.

In Salzwasser bissfest blanchieren und kurz in Eiswasser geben, abtropfen lassen.
400 g Sahne um ein Drittel reduzieren, dann salzen und pfeffern und den Wirsing darin erwärmen.

Den Backofen auf 185 °C vorheizen. Den **Kürbis** schälen und in Scheiben schneiden, auf ein Backblech geben und mit Olivenöl beträufeln – mit Alufolie abgedeckt ca. 30 Minuten garen.
Die **Kartoffeln** schälen und in Salzwasser gar kochen, abgießen und im Ofen ca. 10 Minuten ausdampfen lassen. Dann den Kürbis und die Kartoffeln durch die Presse drücken, mit den restlichen Zutaten zu einem Teig verkneten. Den Teig vierteln und auf der bemehlten Arbeitsfläche zu Rollen formen. Die Rollen in ca. zwei Zentimeter lange Stücke schneiden, diese zu Kugeln formen und mit einer Gabel ein Rillenmuster hineindrücken. Gnocchi in leicht kochendem Salzwasser etwa 5 Minuten garen. Herausnehmen, abtropfen lassen und in zerlassener Butter durchschwenken.

Den Wirsing in der Mitte des Tellers anrichten, Soße außenherum geben und die aufgeschnittene Entenbrust auf dem Wirsing anrichten; die Kürbis-Gnocchi rundherum legen.

und Café nehmen den Südflügel mit seiner großzügigen Terrasse ein, von der aus man den Blick in den denkmalgeschützten Schlosspark mit dem großen Gartenteich genießen kann. Köstliche Kuchen, stilvolle Mittag- und Abendessen oder der Brunch am Sonntag runden einen Besuch der großartigen Schlossanlage ab. Die stilvollen Räumlichkeiten mit ihren Lithografien und Gemälden in klassizistischen Bilderrahmen lohnen jedenfalls immer, aufgesucht zu werden. Die vier Räume des Restaurantcafés bieten Raum für bis zu

▲ *Hauptsaal und Gang des Schlossrestaurants*

140 Personen; auf der großen Terrasse können weitere 400 Gäste Platz nehmen. Das Schlossrestaurant zeichnet sich durch ein wunderbares Ambiente aus und ist daher vor allem für Hochzeitsfeierlichkeiten oder für Großveranstaltungen und Empfänge eine beliebte Location. Besondere kulinarische Events wie „Theaterdinner" oder andere gastronomische Sonderveranstaltungen bieten den Gästen ein Schlosserlebnis der besonderen Art. 2016 wurde z. B. im Zuge der Fabergé-Ausstellung ein „Zaren-Dinner" mit einem russischen Drei-Gang-Menü veranstaltet. Etwas schlichter geht es im Biergarten hinter dem Postenhaus zu. Doch auch hier werden Spezialitäten gereicht – neben dem Bier vom Fass auch die Weine des Weinguts Prinz von Hessen.

SCHLOSS FLEESENSEE

Das 60 Kilometer südlich von Güstrow gelegene Herrenhaus befindet sich unweit des Fleesensees, dessen Namen es heute trägt. An seinem Standort hatte sich 1842 Graf Ludwig II. von Blücher – der dem mecklenburgischen Uradel angehörte – ein Anwesen errichten lassen, das in Anlehnung an seinen Erbauer als Blücherschloss bekannt war.

Es handelte sich dabei um ein Fachwerkgebäude mit mehreren Türmen, umgeben von einem acht Hektar großen Park. Im Jahre 1871 hatte Freiherr Hubert von Tiele-Winckler (1857–1922) – ein Unternehmer, der durch Kohlebergbau sowie Eisen- und Stahlindustrie sehr vermögend geworden war – den Landsitz erworben. Er soll zu den reichsten Personen in Preußen gezählt haben. In den folgenden Jahrzehnten wurde das Herrenhaus innerhalb der Familie weitervererbt und im Zuge dessen ausgebaut, d. h. mit einem Wintergarten und weiteren Türmen versehen. Nachdem das Schloss 1912 durch einen Brand völlig zerstört wurde, baute Raban Tiele-Winckler auf den noch verbliebenen Grundmauern bis 1916 ein neues Anwesen auf. Die seinerzeit sehr gefragten, in Berlin ansässigen Architekten Ernst Paulus und Olaf Lilloe, unter deren Leitung bereits viele andere Schlösser, Villen und Herrensitze entstanden waren, errichteten das neue Schloss als Rekonstruktion des Vorgängers in neubarocken Formen. Es erhebt sich dreigeschossig über rechteckigem Grundriss und wird an beiden Längsseiten sowie der Westseite durch Mittelrisalite und an der Ostseite durch zwei oktogonale Türme akzentuiert. Während des Zweiten Weltkrieges bzw. in den Jahren danach

▸ *Schloss Fleesensee, Luftaufnahmen*

diente das Herrenhaus als Schule, Lazarett und Flüchtlingsunterkunft; zu DDR-Zeiten brachte man die Gemeindeverwaltung und weitere Einrichtungen wie z. B. eine Arztpraxis und einen Kindergarten hier unter. In den 70er und 80er Jahren des 20. Jahrhunderts erfolgte die Sanierung des Schlosses im Zuge der geplanten Nutzung als Ferienheim. Diese Pläne wurden Ende der 90er Jahre in weitaus größerem Maße weitergeführt, als man vor Ort unter Einbezug des Schlosses die Ferien- und Freizeitanlage „Land Fleesensee" (heute „Hotel & Sportresort Fleesensee") realisierte. Das größte Urlaubsresort Nordeuropas konnte im Jahr 2000 eröffnet werden und umfasst insgesamt vier Hotels sowie das größte Golfresort im Norden Europas. Nach der deutschen Wiedervereinigung gehörte Schloss Blücher über viele Jahre zunächst zur internationalen Hotelkette Radisson Blu; seit März 2015 ist es unter dem Namen „Schlosshotel Fleesensee" nun eigentümergeführt. Historie, Tradition und Exklusivität verbinden sich in Hotel und Restaurant auf einmalige Weise. So befindet sich in der ehemaligen Schlosskapelle heute das Restaurant Blüchers, das nach umfassender Renovierung im Frühjahr 2016 neu eröffnet hat. Das mondän eingerichtete Gourmetbistro bietet ab 18 Uhr Gerichte im Stil französischer Brasserieküche an, die saisonal sowie

▲▼ *Restaurant „Blüchers"*

REZEPT
aus der Schlossküche

HAUSGEMACHTES ORGANIC KETCHUP

1 große Zwiebel
1 Knolle Fenchel
1 Stange Sellerie
4 Knoblauzehen
1 Bund Basilikum
1 kg vollreife Tomaten
200 ml Gemüsefond
200 ml dunkler Balsamicoessig
100 g brauner Zucker
20 g frischer Ingwer
Kaltgepresstes Rapsöl
Nelken, Chili, Zimt, Koriandersaat, schwarzer Pfeffer, Orangenabrieb

Tomaten waschen, würfeln und den Stielansatz entfernen. Zwiebeln würfeln, Fenchel und Sellerie grob würfeln. Ingwer waschen und ungeschält reiben oder hacken. Knoblauch schneiden, Basilikum zupfen und Stile schneiden. Zwiebeln, Fenchel, Sellerie, Knoblauch, Ingwer, Basilikumstiele, Koriander und Nelken im Rapsöl glasig anschwitzen. Salz, Pfeffer und Zimt dazugeben.
Alles ca. 20 Minuten kochen lassen, die Zutaten müssen weich sein. Tomaten und Gemüsefond hinzugeben, zur Hälfte einkochen lassen und anschließend pürieren. Masse durch ein feines Sieb streichen.
Den Zucker karamellisieren lassen und mit dem Balsamicoessig ablöschen. Anschließend Orangenabrieb und die pürierte Tomatenmasse hinzugeben. Bei mittlerer Hitze alles so lange reduzieren, bis die gewünschte Konsistenz erreicht ist. Anschließend die Basilikumblätter hinzugeben und noch einmal vermixen. Abschließend mit den Gewürzen abschmecken und fertig ist ihr Organic Ketchup.
Die Bezeichnung „Organic" steht für die resorteigene Landwirtschaft.

▲ *Restaurant „Blüchers"*

regional beeinflusst sind. In eleganter Atmosphäre genießt der Gast z. B. Algenkaviar oder Jakobsmuscheln, Müritzer Bouillabaisse, Kalbsfilet mit Artischocken oder Steinbutt in Kokosnage. Im Restaurant „Orangerie" wird von Frühstücksbuffet über Mittag- und Abendessen zu jeder Tageszeit kulinarisch etwas geboten. Die Speisekarte verzeichnet regionale Gerichte wie z. B. die „Mecklenburger Seenplatte", die Spezialitäten der Region wie Maränenkaviar, Hechttatar, Fischterrine und Hirschschinken zusammenstellt. Geschmorte Bäckchen vom Weiderind mit Spätburgunderjus und getrüffeltem Spitzkohl oder Hirschmedaillons mit Whisky-Beeren-Soße deuten darüber hinaus auf ambitionierte kulinarische Kreationen aus hochwertigen Zutaten hin. Für Feierlichkeiten oder Tagungen stehen außerdem diverse Säle (z. B. der Ballsaal und verschiedene Salons) zur Verfügung. Und im original erhaltenen Gewölbe des ehemaligen Weinkellers befindet sich die „Schlosstafel". An einem rustikalen Eichentisch kann hier in kleinerem Kreis in ganz besonderem Ambiente – umgeben von Weinschränken – getafelt werden.

SCHLOSS FÜRSTLICH DREHNA

Das südlich von Berlin in Brandenburg gelegene Schloss Fürstlich Drehna, Mittelpunkt einer Anlage mit Gutshof, Amtshaus, Gärtnerei und Brauerei, erstrahlt in geradezu blendendem Weiß und ist umgeben von einem 52 Hektar großen Landschaftspark, der zu den schönsten in ganz Brandenburg zählt.

Die Vielgestaltigkeit des Bauwerkes, das sich als unregelmäßige Vierflügelanlage um einen nahezu quadratischen Innenhof gruppiert, ist mit den unterschiedlichen Dachfirsthöhen, spätmittelalterlichen Giebeln, Renaissanceerkern und verschiedenartigen Türmen optischer Beleg für eine Entwicklung über viele Jahrhunderte. Erste Teile des Gebäudes,

▲▶ Seiten- und Frontalansicht des Schlosses

das ursprünglich auf eine slawische Burganlage zurückgeht, die 1301 urkundlich Erwähnung findet, reichen bis in die Mitte des 15. Jahrhunderts zurück, als den Brüdern von Drauschwitz (Drauschkowitz, Draschkewitz oder Druskowiz) der Ort als Wohnsitz diente. Als deren Nachfolger Ende des Jahrhunderts wird die Familie von Maltitz, aus dem Meißener Uradel stammend, erwähnt. Nach der Übernahme des Besitzes durch die Familie von Minckwitz (Minkwitz) im Jahre 1521 erfolgt unter anderem die Anlage des Wassergrabens, die Errichtung der Wehrtürme und der Ausbau des Anwesens, von dem derzeit nur der Ostflügel vorhanden war, zu einer Vierflügelanlage. In diesem Zusammenhang wurde auch die Kapelle vollständig mit in den Bau einbezogen, die sich zuvor separat hinter dem Südteil des Schlosses befunden hatte. Man nutzte diese später als mit Waffen und Fahnen dekorierten Rittersaal. Das mitteldeutsche Adelsgeschlecht der von Minckwitz stammt ursprünglich aus dem Osterland (historische Landschaft im heutigen Thüringen, Sachsen und Sachsen-Anhalt) sowie dem angrenzenden Bistum Naumburg-Zeitz. Die Herren und Freiherren von Minckwitz werden zum osterländischen Uradel gezählt, jenen Familien bzw. Häusern, die spätestens um 1400 dem sogenannten ritterbürtigen Adel angehörten, also mindestens über drei Generationen eine ritterliche Lebensweise und standesgemäße Eheschließungen vorweisen konnten. Die von Minckwitz bauten Drehna im Verlauf des 16. Jahrhunderts kontinuierlich zu ihrem Stammsitz aus. Darüber hinaus vergrößerten sie ihren Besitz durch weitere Ankäufe, sodass schließlich noch elf andere Dörfer zu ihrer Herrschaft gehörten, womit sie eine der Niederlausitzer Standesherrschaften etablierten. Bis heute haben sich aus der Zeit der Spätgotik und Renaissance Gewölbe, Fenstergewände und Ziergiebel erhalten, was Fürstlich Drehna zu den interessantesten Schlössern in der Niederlausitz macht.

Im Dreißigjährigen Krieg wurde das Schloss verkauft und verwüstet, kam aber kurz darauf wieder in die Obhut der Familie, von der Caspar Ehrenteich von Minckwitz (1643–1705) als letzter Besitzer in Erscheinung tritt und noch einige bauliche Veränderungen an der Anlage vorgenommen haben soll. Ende des 17. Jahrhunderts übernahm die Familie von Promnitz (Verkauf der Herrschaft an den Grafen Balthasar Erdmann von Promnitz, 1656–1703) – dem sächsischen Uradel angehörend – das Gelände und ließ das Schloss weiter ausbauen. In dieser Zeit entstand unter anderem die dem Park zugewandte noch erhaltene barocke Westseite und es wurden weitere Veränderungen im Bereich der Türme vorgenommen. Die rege Bautätigkeit betraf aber wohl vor allem den Innenausbau (Stuckdecken, Glasmalereien). Nach zahlreichen Besitzerwechseln innerhalb der Familie aufgrund mehrerer verfrühter Todesfälle übergab Johann Erdmann von Promnitz (1719–1785) Drehna an seine Schwester Gräfin Agnes Sophie, der Gemahlin von Heinrich XXVIII. Graf Reuß zu Ebersdorf. Das gräfliche Haus Promnitz war mit den beiden genannten Geschwistern als dessen letzte Vertreter erloschen. Heinrich XXVIII. (1726–1797) verkaufte die Herrschaft 1793 an Moritz Ludwig Ernst Graf zu Lynar (1754– 1807), Vertreter einer alten oberitalienischen Adelsfamilie, von der sich ein Zweig in Lübbenau im Spreewald niedergelassen hatte und deren Name sich vom Schloss Linari bei Florenz ableitet. Dieser war es schließlich, der als Schlossherr 1807 dem Gebäude den Namen Fürstlich Drehna verlieh, nachdem er zuvor vom österreichischen Kaiser Franz I. in den Fürstenstand erhoben worden war. Graf Moritz richtete sein Interesse v. a. auf die Brauerei, die sich noch heute neben dem Schloss befindet. Am Schloss selbst sollte er nur marginale Umbauten und Ergänzungen vornehmen. Witwe und Sohn des Grafen zu Lynar hatten nach dessen Tod des Grafen im Jahre 1807 das Anwesen schließlich in einen standesgemäßen Landsitz verwandelt und in diesem Sinne einen Lustgarten mit Alleen, Pavillons und Blumenbeeten sowie

▼ *Schloss Fürstlich Drehna, Luftaufnahme*

▲ *Restaurant „TafelSPIZZ", verglaster Palisadengang*

▲ *Zanderfilet mit Hummer und Grünschalmuschel*

eine Gärtnerei anlegen lassen. Die Umgestaltung der Gartenanlage durch Peter Joseph Lenné zu einem Landschaftspark mit Waldsee erfolgte im Jahre 1819 im Auftrag von Rochus Otto Wanderup Heinrich zu Lynar. Hoch verschuldet mussten die Nachfolger der Lynars (Freiherr Ernst von Eckardstein, der zweite Ehemann der verwitweten Schwiegertochter des Vorbesitzers) 1877 die Anlage jedoch verkaufen. Ab dieser Zeit war sie im Besitz der Bremer Reedereifamilie Wätjen. Noch bis ins späte 19. Jahrhundert hinein wurde das Schloss umgebaut und erweitert. Christian Heinrich Wätjen (1813–1887), Wegbereiter der deutschen Werftindustrie, war im 19. Jahrhundert einer der angesehensten Bürger der Hansestadt Bremen und Inhaber der Reederei D. H. Wätjen & Co., die durch den Import von Tabak reich geworden war, was es ihm ermöglichte, für seine Kinder diverse Güter zu erwerben. So kaufte er unter anderem das Schloss Fürstlich Drehna für 1,8 Millionen Mark für seinen Sohn Carl, der es in ein Jagdgut umwandeln ließ und auch die weitere Umgebung des Schlosses miteinbezog, dabei jedoch die Stilvorstellungen früherer Besitzer respektierte. Auf ihn geht die Zufahrt zum Schloss zurück, die von zwei Torpfeilern flankiert wird, auf denen steinerne Hirsche liegen. Die mit dem Erwerb des Schlosses vermutlich verbundene Hoffnung, auf diese Weise Zugang zu den höchsten Kreisen zu erlangen, schien sich zu erfüllen, denn

REZEPT
aus der Schlossküche

SPREEWÄLDER WELS *mit* PAPRIKALETSCHO *und* PETERSILIEN-ERDÄPFEL-PÜREE

für 4 Personen

Fisch
1 Welsfilet pro Person (ca. 150 g)
100 g Tempuramehl
100 ml Wasser
1 Zitrone
900 ml Rapsöl

Letscho
4 Paprika
½ l passierte Tomaten
1 Zwiebel, weiß
3 Spreewälder Gewürzgurken
Salz, Essig, Zucker

Püree
700 g Kartoffeln, mehlig oder vorwiegend festkochend
150 ml Vollmilch
100 ml Schlagsahne
50 g Butter
Salz, Muskat

Pesto
1 Bund Petersilie, glatt
100 ml Rapsöl

Milchschaum
150 ml Vollmilch
Prise Salz

Fisch: Tempuramehl mit Wasser verrühren, bis ein glatter Teig entsteht. Den portionierten Fisch leicht salzen und mit frischem Zitronensaft beträufeln. Danach durch den angerührten Tempurateig ziehen, sodass der Fisch ummantelt ist. Topf mit Öl aufstellen und den Fisch darin ca. 4 Minuten bei 160 °C ausbacken. Der Fisch sollte komplett mit Öl bedeckt sein. Danach auf Küchenkrepp abtropfen lassen. **Letscho:** Zwiebel schälen und grob würfeln. Paprika waschen, entkernen und in daumengroße Stücke schneiden. Gewürzgurken grob würfeln. Zwiebeln und Gewürzgurken in einem Topf mit etwas Rapsöl bei mittlerer Hitze glasig ausschwenken, dann die passierten Tomaten dazugeben. Etwa 20 Minuten leicht

köcheln lassen. Mit Salz, Zucker, Essig und etwas Gurkenwasser abschmecken, die Paprika hinzufügen, etwa 10 Minuten leicht kochen lassen, sodass die Paprika noch Biss hat. **Püree:** Kartoffeln waschen, schälen, vierteln und in einen Topf mit kaltem Wasser und einer Prise Salz geben. Kartoffeln gar kochen, ca. 25 bis 30 Minuten – sie sollten nicht zerfallen. Milch und Sahne erhitzen, Butter in Stückchen schneiden und Kartoffeln durch eine Kartoffelpresse drücken. Die warme Milch-Sahne-Mischung unter die durchgepressten Kartoffeln heben und mit einem Schneebesen glattrühren. Dazu die kalte Butter unterrühren und mit Salz sowie Muskat abschmecken. **Pesto:** Die Petersilie grob hacken, zusammen mit dem Öl mit einem Pürierstab oder der Küchenmaschine pürieren. Pesto je nach Geschmack nach und nach dem warmen Püree unterrühren. **Milchschaum:** Milch und Salz in einen kleinen Topf geben und unter Rühren lauwarm werden lassen. Anschließend mit Handmixer oder Schneebesen schaumig schlagen. Den entstandenen Schaum mit einem Löffel abschöpfen und anrichten.

Carl wurde im Jahre 1888 von Kaiser Friedrich III. geadelt. Von der Familie Wätjen ging Fürstlich Drehna in den Besitz der von Wallenberg-Pachaly über, die bis 1945 hier lebten, ohne gravierendere Veränderungen am Anwesen vorzunehmen.

Am Ende des Zweiten Weltkrieges wurde das Schloss von sowjetischen Soldaten geplündert, seine Besitzer flohen. Die Anlage wurde zum Volkseigentum erklärt, und man brachte zunächst Umsiedler hier unter. Dem geplanten Abriss zur Gewinnung von Baumaterialien entging das Gebäude 1948 nur knapp und diente in den Folgejahren zunächst als Berufsschule für Forstwirtschaft, während der Park zusehends verwilderte und anderen Nutzungen (Sportplatz, Nutzgärten) zugeführt wurde. Auf Privatinitiative der Forstschule erfolgte in dieser Zeit die Erneuerung des Goldsaals, der sich im Erdgeschoss des südwestlichen Rundturmes befindet, während der engere Bereich des Parks zum Landschaftsschutzgebiet erklärt und der Gemeinde übergeben worden war. Im weiteren Verlauf der DDR-Zeit dann als Jugendwerkhof genutzt, stand das Schloss seit 1986 leer. Von der ursprünglichen Innenausstattung ist zwar nichts mehr erhalten, dafür aber Stuckaturen, Wandvertäfelungen, Holzdecken, Kamine und Ähnliches. Die zu DDR-Zeiten vorgenommene Streichung des Namenszusatzes „Fürstlich“ machte man 1991 wieder rückgängig. Seit 1995 gehört das Schloss nun zum Bestand der Brandenburgischen Schlös-

◄ *Restaurant „TafelSPIZZ“, Goldener Saal*

▲ *Grüner Salon, Frühstücksraum*

ser GmbH, Tochter der Deutschen Stiftung Denkmalschutz, und wird nach umfangreicher Sanierung in den Jahren 2006/07, an der ca. 400 Betriebe beteiligt waren, seit Ende 2007 als Luxushotel betrieben. In die Sanierung des gesamten Schlossensembles flossen über 20 Millionen Euro. 2014 hat die Travdo Hotels & Resorts GmbH den Hotelbetrieb übernommen. Das Restaurant „TafelSPIZZ" des Schlosshotels Fürstlich Drehna bietet seinen Gästen regionale und internationale Speisen in fürstlichem Ambiente des „Goldenen Saals" und eines verglasten Palisadenganges. Passend zum herrschaftlichen Interieur unterhalb der fünf Meter hohen Gewölbedecke sind auch die Kreationen des Küchenchefs an die zu Fürstenzeiten kredenzten Speisen angelehnt und mit heutiger moderner Küche kombiniert. Die innerhalb des Schlossparks in unmittelbarer Nähe zum Schloss gelegene Brauerei Fürstlich Drehna existiert seit über 250 Jahren und braut Bier nach althergebrachten klassischen Rezepturen. Sie stellt aber auch neue preisgekrönte Köstlichkeiten her und bietet damit eine umfangreiche Produktpalette. Die seit 1745 nach traditioneller handwerklicher Braukunst hergestellten regionaltypischen Biere zeichnen sich demnach durch eine geradezu fürstliche Exklusivität aus, da heute nur wenige Brauereien Manufakturqualität klassischen Handwerks auf diesem exzellenten Niveau vorweisen können.

STADTSCHLOSS FULDA

Einzigartig ist das Barockensemble von Dom, Schloss, Hauptwache, Paulustor, Schlossgarten und Orangerie in Fulda. Das Stadtschloss geht auf eine Burganlage zurück, die sich der Abt des Fuldaer Benediktinerklosters, Heinrich von Weilnau (1288–1313), außerhalb des Klosterbereichs als seine Residenz anlegen ließ.

1607–12 erfolgte der zeitgemäße Neu- und Umbau zur dreigeschossigen Vierflügelanlage, die in ihrem Bauvolumen im heutigen barockisierten Baubestand erhalten ist. Auch der mittelalterliche Bergfried, der während dieses Umbaus einen oktogonalen Aufbau erhielt, ist als Aussichtsturm Bestandteil der heutigen Anlage. Seine Gestalt als Vierflügelanlage mit zwei Seitenflügeln, die einen Ehrenhof einfassen, erhielt das Stadtschloss 1708–14 durch Johann Dientzenhofer (1663– 1726) im Auftrag des Fürstabts Adalbert von Schleiffras. Komplettiert wird der Hauptbau durch weitere Funktionsbauten: die Hauptwache, die Orangerie, die ehemalige fürstliche Winterreitbahn mit Ställen und Remisen (heute Schlosstheater) und den ehemaligen Futterspeicher (Schlossstraße 10, 12, 14) mit angebautem Gärtnerwohnhaus (Lindenstraße 29). Darüber hinaus gehört der bis 1738 vollendete Barockgarten zur Gesamtkonzeption. Er wurde nach Plänen des kurmainzischen Baudirektors Maximilian von Welsch (1671–1745) angelegt.

Das mehrflügelige Residenzschloss bildet den südlichen Abschluss des Schlossgartens, auf dessen nördlicher Seite die Orangerie steht. Das zwischen 1721 und 1724 errichtete Gebäude, das heute gastronomisch genutzt wird, gehört zu den großartigsten Schöpfungen des deutschen Barock. Den Entwurf (um 1719/20) lieferte ebenfalls Maximilian von Welsch. Die Bauleitung hatte der seit 1720 als fürstlich-fuldischer Bauinspektor tätige und in Lugano geborene Andreas Gallasini (1681–1766) inne. Die Ausstattung konnte erst 1737 abgeschlossen werden. Der Orangeriebau wird durch seinen Mittelpavillon mit hohem Mansarddach geprägt, der einzig und allein den Apollosaal – den Festsaal – auf-

◀ *Stadtschloss Fulda, von der Parkseite aus gesehen*

▼ *Blick auf den Fuldaer Dom (links), die Michaelskirche (Mitte) und die Orangerie (rechts) vom Turm des Stadtschlosses aus*

nimmt. Im Dreiecksgiebel befindet sich das fürstäbtliche Wappen. Rückwärtig schließt sich nach Norden der Stadtsaal an, der in gleichen Bauformen 1898–1900 errichtet wurde und in dem Konzerte und andere Großveranstaltungen stattfinden. Der Orangerie ist eine geschwungene Freitreppe als aufwendige Prospektarchitektur vorgelagert, in deren Mitte die 1728 von dem Bamberger Bildhauer Daniel Friedrich Humbach geschaffene, 6,8 Meter hohe Floravase steht. Sie geht vermutlich auf eine Idee des Fürstabts Adolf von Dalberg (1678–1737) oder des Bauinspektors Friedrich Joachim Michael Stengel (1694–1787) zurück. Jedenfalls trägt die Göttin Flora in ihrer Hand eine schmiedeeiserne, vergoldete sogenannte Dalberg-Lilie – das Wappenmotiv der Adelsfamilie des Fürstabts (bestehend aus sechs silbernen Lilien) und Fuldas (aus drei Lilien bestehend – für die drei Geschwister und Märtyrer Simplizius, Faustinus und Beatrix, den drei Schutzpatronen der Stadt). Die von Balustraden umgebene Terrasse ist im Sommer mit Stühlen und Tischen bestückt, die zu Kaffee, Tee und Kuchen einladen. Der Besucher genießt den schönen Blick über den Schlossgarten mit großem Springbrunnen und hoher Fontaine in Richtung Stadtschloss.

▸ *Blick vom Turm des Stadtschlosses in Richtung Orangerie*

▾ *Terrasse vor der Orangerie mit Blick in Richtung Stadtschloss*

REZEPT
aus der Schlossküche

WILDLACHSFILET *in* LIMONENSOSSE *mit* SEPIANUDELN

für 4 Personen

Lachs
680 g Red King, Wildlachsfilet mit Haut
Salz, Pfeffer
1 Limone
20 g Butter
1 Thymianzweig
Olivenöl
150 ml Sahne
50 ml trockener Weißwein

Nudeln
300 g Mehl
2 Eier
1 EL Olivenöl
½ TL Salz
20 g Sepiatinte
Wasser

Garnitur
400 g Zucchini
20 g Butter
Salz, Pfeffer
3 Tomaten
1 Schälchen Erbsensprossen
10 g Butter
Salz, Pfeffer
2 Blatt Basilikum

5 Esslöffel Olivenöl mit dem Saft einer halben Limone mischen, mit Salz und Pfeffer würzen und das Lachsfilet eine Stunde darin marinieren. Das Mehl mit Eiern, Olivenöl, Salz und der Sepiatinte zu einem Nudelteig verarbeiten. Falls nötig noch einige Tropfen Wasser zugeben, um den Teig geschmeidig zu machen. Mit einer Nudelmaschine auswalzen und in vier Millimeter breite Streifen schneiden. Zucchini mit einem Sparschäler oder mit der Aufschnittmaschine der Länge nach in dünne Scheiben schneiden. Die Tomaten in kochendem Wasser einige Sekunden blanchieren, in Eiswasser abschrecken, schälen, entkernen und in kleine Würfel schneiden. Die **Nudeln** in reichlich Salzwasser bissfest kochen. Den **Fisch** aus der Marinade

nehmen und in Olivenöl bei niedriger Temperatur auf der Hautseite braten, wenden und kurz auf der zweiten Seite braten, aus der Pfanne nehmen und warm stellen. Der Fisch sollte innen noch leicht glasig sein. Die Butter in die Pfanne geben, geriebene Limonenschale und einen kleinen Zweig Thymian zugeben. Mit dem Weißwein und der Sahne ablöschen und die Soße einreduzieren. Mit Salz, Pfeffer und einem Spritzer Limettensaft abschmecken.
Die Zucchinistreifen in einer Pfanne leicht in der Butter anschwenken und mit Salz, Pfeffer und etwas Thymian abschmecken.
Die Tomatenwürfel in geschmolzener Butter erwärmen und das fein geschnittene Basilikum zugeben. Mit Salz und Pfeffer würzen.
Die Nudeln mittig auf einen Teller geben, die Zucchinistreifen als Rose auf die Nudeln setzen und das Lachsfilet anlegen, Limonensoße angießen. Die Tomatenwürfel rundherum verteilen und das Ganze mit den Erbsensprossen garnieren.

Künstler der illusionistischen Architektur- und Figurenmalerei war der Fuldaer Hofmaler Emanuel Wohlhaubter (1683–1756), der sich an einem Kupferstich aus Paul Deckers „Fürstlichem Baumeister“ (Nürnberg 1711) orientierte. Die Stuckaturen, die erst 1733 vollendet waren, wurden nach Vorlagen Carlo Maria Pozzis von Andreas Schwarzmann angebracht. Bemerkenswert ist auch der original erhaltene Fußboden. Der beeindruckende Saal wird zum einen als Frühstücksraum für die Gäste des Maritim-Hotels und zum anderen als Café genutzt. In der herrschaftlichen Atmosphäre des repräsentativen Barocksaales kann man Kaffee und Kuchen sowie besondere Gerichte genießen. Darüber hinaus finden hier auch öffentliche und private Festveranstaltungen mit hochwertigem gastronomischem Angebot statt. In den großzügigen ehemaligen Weinkellern der Orangerie befindet sich darüber hinaus der ab 18 Uhr vom Maritim-Hotel als À-la-carte-Restaurant genutzte „Dianakeller“, in dem regionale und internationale Spezialitäten serviert werden.

◂ *Apollosaal* *Dianakeller* ▸

Im Inneren der Orangerie bildet der bereits erwähnte prächtige Apollosaal den gestalterischen Höhepunkt. Der hohe Raum nimmt den gesamten Mittelpavillon ein. Benannt ist der Festsaal nach dem Thema des Freskos des Spiegelgewölbes mit Apoll in seinem Sonnenwagen in der Bildmitte, umgeben von zahlreichen Göttern. Ausführender

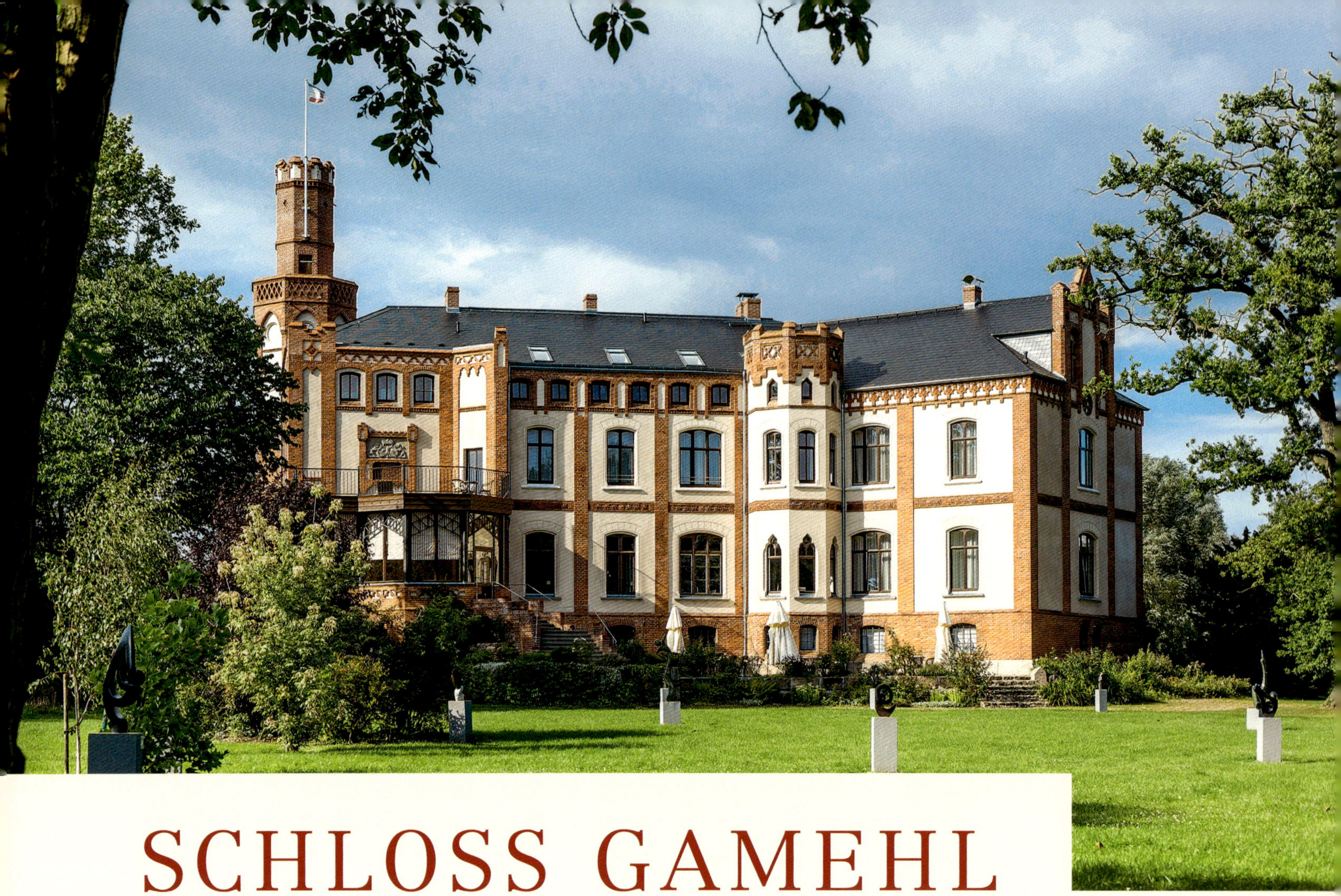

SCHLOSS GAMEHL

Das heutige Schloss Gamehl – knapp 15 Kilometer östlich von Wismar gelegen – entstand in der zweiten Hälfte des 19. Jahrhunderts auf Geheiß von Franz von Stralendorff (1805–1883), herzoglich mecklenburgischer Kammerherr, Vizelandmarschall und Landrat.

Es wurde vom Architekten G. H. Thormann in den Formen der Neogotik als Mittelpunkt einer Gutsanlage mit mehreren Nebengebäuden erbaut. Ein früherer Familiensitz von 1711 war in diesem Zusammenhang abgerissen worden. Bereits in der ersten Hälfte des 13. Jahrhunderts wird das mecklenburgische Adelsgeschlecht erstmals urkundlich erwähnt. Ein Familienmitglied, Claus von Stralendorff, soll an einem Kreuzzug teilgenommen und in diesem Zusammenhang den Ritterschlag erhalten haben. Sein Sohn Heino regierte laut den Quellen gemeinsam mit von Oertzen ab 1271 für mehrere Jahrzehnte das Land, als Herzog Heinrich von Mecklenburg außer Landes war. In späteren Jahrhunderten gab es verstärkt Verbindungen der Familie zu ausländischen Höfen, was ihr unter anderem in Dänemark zu Besitz und Ansehen verhalf. Leopold und Peter Heinrich von Stralendorff waren im 17. Jahrhundert sogar Reichsvizekanzler des Römischen Reichs Deutscher Nation. Die DDR-Zeit mal ausgenommen, war bzw. ist das Gut Gamehl über 700 Jahre hinweg Stammsitz der von Stralendorff. Der Ortsname ist aus dem wendischen abgeleitet und bedeutet „Hügel“, was auf seine erhöhte Lage verweist. Das Schloss befand sich bis 1945 in Familienbesitz; letzter Schlossherr war seinerzeit Claus-Joachim von Stralendorff – Vater der heutigen Besitzerin –, der 1906 auf Gamehl zur Welt kam. Im Zuge der Bodenreform wurde die Familie enteignet und durfte ihr Gut im Umkreis von

30 Kilometer nicht mehr betreten. In den Folgejahren diente die Anlage zeitweise als Unterkunft für Flüchtlinge, als Lebensmittelgeschäft, Gemeindesaal und Kindergarten. Claus-Joachim von Stralendorff lebte nach seiner Entlassung aus der sowjetischen Kriegsgefangenschaft zunächst in Bonn, ging später jedoch nach Brüssel, wo 1961 seine Tochter Dagmar zur Welt kam. Nach dem Tod des Vaters im Jahre 1968 erfolgte der Umzug der Familie nach Aachen. Im Gegensatz zu den Enteignungen in der DDR-Zeit wurden jene unter sowjetischer Besatzung nach dem Fall der Mauer nicht rückgängig gemacht, sodass Gamehl selbst nach dem Ende des Kalten Krieges zunächst nicht wieder in Familienbesitz überging. Im

▲▼ *Frontal- und Rückansicht des Schlosses*

▲ *Feinschmeckerrestaurant im Festsaal*

Winter 1989/90 besuchte Dagmar von Stralendorff-von Wallis erstmals den Stammsitz ihrer Familie, von dem sie so viel gehört hatte und der ihr persönlich zwar fremd, aber durch ihre Familiengeschichte emotional so nah war. Anfang der 90er Jahre bot man Dagmar von Stralendorff-von Wallis – die seit dem Studium in München lebte, Georg von Wallis geheiratet und eine eigene Familie gegründet hatte – das baufällige Gebäude für 1,2 Millionen D-Mark zum Kauf an. Das Angebot der Gemeinde musste aufgrund der Höhe der Kaufsumme abgelehnt werden, was die Rückkehr des Objektes in Familienhand erneut in weite Ferne zu rücken schien. Im Jahr 2000 konnten Dagmar von Stralendorff-von Wallis und ihr Mann – die inzwischen mit ihren Kindern in Berlin lebten – das Schloss jedoch im Rahmen einer Versteigerung, bei der sie den Zuschlag erhielten, für 100.000 D-Mark erwerben, um es über mehrere Jahre hinweg aus eigener Tasche und mit zusätzlichen Fördermitteln von der EU und vom Land umfassend restaurieren zu lassen und die Familientradition in veränderter Form fortzusetzen. Nach jahrelanger Planung zur Nutzung des Gebäudes und der im Zusammenhang damit schließlich erfolgten Sanierung öffnete im Jahre 2008 Hotel Schloss Gamehl seine Pforten für Übernachtungs-, Tagungs- und Restaurantgäste. Bei der Restaurierung des Gebäudes achtete man vor allem darauf, das Objekt äußerlich wie auch innerlich in seiner ursprünglichen Form mit seinen charak-

teristischen Stilelementen zu rekonstruieren und die ursprüngliche Ziegelbauweise zu erhalten. Für den neogotischen Stil typisch sind unter anderem der achteckige Turmbau an der Nordwestecke, hervorgehoben durch originelle Ziegelornamentik, Bogenfenster sowie maßwerkartige Dekorelemente an Fenstern und unterhalb des Daches. Die Räume im Inneren sind mit aufwendig restaurierten originalen Stuckdecken sowie Parkett- bzw. Holzdielenböden versehen. Der Eindruck ist solide, ohne üppiges Dekor, zurückhaltend in der Farbgebung. Geschmackvolle Antiquitäten und Stilmöbel sowie hochwertiger Naturstein runden das Ensemble aus Stil und Eleganz ab. 19 individuell gestaltete Zimmer versprühen familiären Charme. Die dezente Farbgebung und individuellen Details sind Hildegard Still-von Wallis aus München zu verdanken, die sich bei der Gestaltung im Zuge der Renovierung von ihren Lieblingshotels in der Provence inspirieren ließ. Das Feinschmeckerrestaurant des Hauses ist im originalgetreu restaurierten Festsaal untergebracht und bietet seinen Gästen schlichte Pracht sowie erlesene kreative Speisen aus regionalen Zutaten der Saison. Die wichtigsten Kriterien sind demnach Frische und saisonale Regionalität, sodass man die Gäste v. a. mit jahreszeitlich passenden Produkten verwöhnt, was sich in wechselnden Menükarten widerspiegelt. Küchenchef Frank Bachert, der langjährige Erfahrung in der Sterneküche besitzt, ist seit Juni 2015 auf Schloss Gamehl für das kulinarische Angebot zuständig und als gebürtiger Mecklenburger der Region und ihren Produkten sehr verbunden. Seine am Eigengeschmack der Zutaten orientierte Küche kombiniert regionale Erzeugnisse mit mediterranen Einflüssen und Gewürzen. Das Anliegen, die Gäste mit auserwählten Aromen zu begeistern und eine kreative und ausdrucksstarke Küche zu präsentieren sowie individuelle Wünsche zu berücksichtigen, sind prägende Merkmale seines Stils. Aufgrund dessen, was das Haus als Hotel und Restaurant bietet, und natürlich aufgrund der idyllischen Lage des imposanten Schlosses innerhalb eines weitläufigen Parks mit See unweit der Ostseeküste und der Insel Poel, gehört Gamehl heute im Rahmen einer 2015 von der Metropolregion Hamburg initiierten Kampagne zu den „Lieblingsplätzen im Grünen“ an der Ostseeküste Mecklenburgs. Diese benennt Orte mit einer besonderen Atmosphäre zum Entspannen, Erleben und Entschleunigen.

REZEPT
aus der Schlossküche

GAMEHLER SCHOKOKUCHEN

450 g Kristallzucker
250 g Butter
1 Vanilleschote
6 Eier
250 g bittere Kuvertüre
1 Apfel, geraspelt
100 g süße Brösel
100 g gehackte Walnüsse
110 g geröstete, gemahlene Mandeln

Die Butter mit dem Kristallzucker und dem Vanillemark schaumig rühren. Dann langsam die 6 Eigelb und die aufgelöste Kuvertüre zugeben. Apfel, Walnüsse und Mandeln zugeben und das steif geschlagene Eiweiß unterheben. Anschließend bei Mittelhitze in einer geeigneten Kuchenform ca. 60 Minuten backen.

▸ *Ochsenbackenpraline auf grünem Spargel und Kartoffelpüree*

SCHLOSS GEDERN

Das Schlosshotel Gedern – zwischen Fulda und Frankfurt am Main im hessischen Wetteraukreis gelegen – befindet sich auf einer Anhöhe östlich des gleichnamigen Ortes. Im 13. Jahrhundert befand sich hier eine Burg, deren Reste sich noch im heutigen Gebäude (Grundmauern und Teile der Fassade) nachweisen lassen.

Der Name des Vorgängerbaus (Wolframsburg) leitet sich von Wolfram von Gedern ab, der als Erbauer angenommen wird. Aber auch die Ortenberger – ein Zweig der Herren von Büdingen – werden in diesem Zusammenhang teilweise erwähnt. Im Laufe der Jahrhunderte gehörten Ort und Burg zum Eigentum diverser Adelsfamilien. Eberhard III. von Breuberg, die Trimberger (Konrad von Trimberg erhielt durch Kaiser Karl IV. 1356 die Stadtrechte) und schließlich die Eppstein-Königsteiner prägten ihre Geschichte. 1535 ging die Burg in den Besitz der Grafen zu Stolberg über, die sie – allerdings erst über 140 Jahre später – zum Schloss ausbauten. Verantwortlich dafür war unter anderem Graf Ludwig Christian zu Stolberg (1652–1710). Neben der Umgestaltung der Burg veranlasste er den Bau zahlreicher weiterer Gebäude; so entstanden z. B. eine Brauerei, eine Orangerie, ein Gartenlusthaus. Die Baumaßnahmen wurden durch den Sohn Graf Ludwig Christians – Friedrich Carl zu Stolberg-Gedern (1693–1767) – fortgesetzt. Dieser war 1742 von Kaiser Karl VII. in den Fürstenstand erhoben worden. Die Schlossanlage besteht aus drei Gebäudeteilen, die jeweils im rechten Winkel zueinander angeordnet sind. Der viergeschossige Hauptbau – auch Renaissancebau genannt und südlichster Teil des Baukörpers – trägt ein Walmdach und ist durch ein vorgelagertes Treppenhaus mit Mansarddach und Achtecktürmchen gekennzeichnet. Nördlich schließt rechtwinklig der ebenso viergeschossige, nach 1706 errichtete Mittelbau an, der mit einem spätgotischen Treppenturm mit barocker Haube versehen ist. An den mittleren Flügel fügt sich westlich der zweigeschossige sogenannte Prinzessbau an, der ebenso mit einem Mansarddach abschließt. Um den dreiflügeligen Hauptbau herum – d. h. nördlich und östlich davon – sind weitere

▲ *Raum Eleonore*

◄ *Gartensaal*

Gebäude angeordnet, so das 1710 errichtete ehemalige Rentamt (fertiggestellt unter Friedrich Carl zu Stolberg-Gedern), die Torhalle mit dem Marstall (1605/09) und die Remise. Im Jahre 1804 starb mit Carl Heinrich von Stolberg-Gedern der Familienzweig im Mannesstamm aus und das Schloss ging in den Besitz der Grafen von Stolberg-Wernigerode über, die das Anwesen über einen langen Zeitraum – genauer gesagt bis 1927 – bewohnten. Otto zu Stolberg-Wernigerode – Vizekanzler zu Bismarcks Zeiten – erblickte 1837 auf Schloss Gedern das Licht der Welt. Durch den Umzug der Familie nach Wernigerode ging dem Schloss in Gedern ein beträchtlicher Teil des Mobiliars verloren, das die Familie entweder in den neuen Wohnsitz überführte oder verkaufte. Plünderungen nach dem Zweiten Weltkrieg, die Nutzung als Flüchtlingsunterkunft und das Ausbleiben von Instandsetzungsmaßnahmen sorgten für den zunehmenden Verfall des Gebäudes. Nachdem Christian-Henrich Fürst zu Stolberg-Wernigerode das Schloss 1987 an die Stadt Gedern verkauft hatte, erfolgte jedoch eine über zehn Jahre andauernde Restaurierung, mit deren Vollendung die Stadtverwaltung in das Anwesen einzog, die bis heute hier ihren Sitz hat. Darüber hinaus wird das Anwesen seither aber auch als Schlosshotel betrieben, das räumlich wie auch kulinarisch einiges zu bieten hat. Des Weiteren beherbergt die Anlage die Seifensiederei Gedern und seit 2004 ein kulturhistorisches Museum. Im ehemaligen Wohnzimmer der Fürstenfamilie wurde inzwischen ein Trauzimmer eingerichtet, in dem sich heiratswillige Paare das Jawort geben können. Für die anschließenden Feierlichkeiten bietet sich v. a. der historische Wappensaal an. Wo Grafen und Fürsten einst speisten, kann auch heute im herrschaftlichen Flair des restaurierten Raumes mit den in die Decke eingelassenen Wappen, den Kronleuchtern und den in Rot und Ocker gestalteten Wänden diniert werden. Und auch der elegante Gartensaal bietet ein prächtiges Ambiente für derartige Anlässe. Das originale Fürstenbett befindet sich seit geraumer Zeit auch wieder im Schloss und kann von den Gästen nicht nur besichtigt, sondern auch zur Nachtruhe genutzt werden. Mit dem Gewölbekeller, dem prunkvollen Salon Eleonore (benannt nach der im 17. Jahrhundert auf dem Schloss lebenden Fürstin), der Ritterstube und dem früheren Gefängnisraum (heute als „Gourmetverlies" genutzt) stehen weitere Räume für diverse Veranstaltungen zur Verfügung. 2007 übernahmen Ute und Hubertus Schultz – Küchenmeister und Hotelbetriebswirt – das Schlosshotel Gedern als Zwei-Sterne-Superior-Haus, das sie zu einem Vier-Sterne-Hotel weiterentwickelten. Das Restaurant zeichnet sich durch eine fantasievolle regionale und mehrfach prämierte Spitzenküche aus, die internationale Einflüsse verarbeitet und innovative Kreationen entwickelt. Als Euro-Toques-Chefkoch verpflichtet sich Schultz zum Verzicht auf genmanipuliertes Gemüse oder hormonell behandeltes Fleisch, auf künstliche Farb- und Zusatzstoffe und steht demnach für eine saisonale, frische, gesunde und regionale Küche, die der passionierte Küchenchef auch in den zahlreichen Kursen seiner Koch-

REZEPT

aus der Schlossküche

GÄNSEBRUST *und* -KEULE, ORANGEN-THYMIAN-SOSSE, KARTOFFELSTAMPF *mit* ROSENKOHL, ROTE-BETE-CHIPS

für 16 Personen

8 Gänsebrüste
8 Gänsekeulen
2–3 kg Gänsekarkassen, Abschnitte, Gänseklein (einen kräftigen Fond herstellen – ca. 1 l)
3 Zwiebeln, in Würfel geschnitten
2 Äpfel, in Würfel geschnitten
Ca. 200 g Sellerie, in Würfel geschnitten
2 Orangen
2 EL Zucker
1 TL Tomatenmark
16 mittelgroße Kartoffeln
150 g Butter
Ca. 2,5 kg Rosenkohl, geputzt
150 g Zwiebeln, in feine Würfel geschnitten
100 g gewürfelten Speck
Rote-Bete-Chips zur Garnitur
300 ml weißer Portwein
Salz, Pfeffer, Beifuß, Muskat, Thymian, Rosmarin, Knoblauch, 2 Pimentkörner

Gänsebrust und -keule von der Karkasse ablösen, mit Beifuß, Salz, Pfeffer und etwas Thymian würzen, anschließend auf ein Backblech legen und mit Geflügelfond untergießen. Zwiebel- und Apfelwürfel sowie etwas Weißwein hinzugeben und bei 130 °C 2,5 Stunden im Ofen garen. **Orangen** auspressen und von einer ½ Orange die Zeste (feine Orangenstreifen oder Abrieb der Orange ohne das Weiße!) be-

reitstellen. Den Zucker in einem Topf karamellisieren lassen und mit Orangensaft, Portwein und dem Fond ablöschen. Orangenzesten, Gewürze und den Saft aus dem garen Gänsebeutel hinzufügen und alles mindestens um die Hälfte einkochen lassen – bis es eine sirupartige Konsistenz aufweist. Mit Salz und Pfeffer würzen. **Kartoffeln** in Salzwasser kochen, anschließend durch eine Presse drücken und mit Salz, Pfeffer, Muskat und Butter würzen. Den **Rosenkohl** blanchieren und vierteln. Speck und Zwiebeln in einer Pfanne anschwitzen. Nun den Rosenkohl mit dem Speck und den Zwiebeln sowie den Kartoffeln zusammenrühren und in eine Ringform füllen, auf einen Teller setzen und mit Rote-Bete-Chips garnieren. Die **Gänsebrüste** mit Salz und Pfeffer würzen und für ca. 12–15 Minuten in der Pfanne bei mittlerer Hitze vorerst nur auf der Hautseite anbraten, umdrehen und auf der Fleischseite ca. 30 Sekunden braten. Danach das Fleisch dekorativ mit der abgeschmeckten Soße anrichten.

Gartensaal ▸

▲▼ *Wappensaal*

schule weitergibt, die inzwischen überregional bekannt ist. Ein Blick in die Speisekarte des Restaurants spiegelt das Ansinnen von Schultz wider, denn Vogelsberger Rindfleisch-Tafelspitz mit Frankfurter grüner Soße oder gebratenes Fischfilet nach Marktlage mit Grauburgunderschaum, feiner Pasta und Marktgemüse machen die Kombination von hochwertigen frischen Produkten, Regionalität, Kreativität, Innovation und Tradition auf den ersten Blick deutlich.

SCHLOSS HAIGERLOCH

Das südlich von Stuttgart in einem weitläufigen Naturpark gelegene Schloss Haigerloch erhebt sich auf einem steilen Bergsporn über dem gleichnamigen beidseitig des Tals der Eyach gelegenen Ort und ist von den Wäldern der Zollernalb umgeben.

▲ *Blick auf die weitläufige Schlossanlage mit Schlosskirche*

Die Anlage blickt auf eine über achthundertjährige Geschichte zurück, die sowohl von zahlreichen mittelalterlichen Grafen als auch barocken Fürsten geprägt ist, sodass das Schloss im Laufe seiner wechselvollen Historie mit bedeutenden Persönlichkeiten in Verbindung stand. Die ursprüngliche Burg wurde erstmals im Jahre 1095 urkundlich erwähnt und befand sich im Besitz der Grafen von Wiesneck, ging in der zweiten Hälfte des 12. Jahrhunderts jedoch an die eng mit den Zollern verwandten Grafen von Hohenberg, die eine zusätzliche Burg errichteten und sich damit einen repräsentativen Herrschaftssitz schufen. Die neue Anlage soll sich bereits an der Stelle des heutigen Schlosses befunden haben. Der bedeutsamste unter den Hohenberger Grafen war Albrecht II. (um 1233–

1298), der als Landvogt von Niederschwaben und Schwager Rudolfs von Habsburg eine besondere Stellung einnahm. 1381 musste das Haus Hohenberg wegen hoher Verschuldung die gesamte Grafschaft an die Habsburger veräußern, die sie Ende des 14. Jahrhunderts im Tausch gegen eine Herrschaft in der Schweiz an Graf Eitel Friedrich II. von Zollern weitergaben. Aufgrund der zollerschen Erbteilung von 1576 wurde Haigerloch zum Sitz

▲ *Schloss Haigerloch, Torturm und Luftaufnahme*

einer neu gegründeten Grafenlinie. Christoph von Hohenzollern-Haigerloch (1552–1592) ließ die mittelalterliche Burganlage 1580 in ein Renaissanceschloss umbauen, den Torturm auf achteckigem Grundriss und eine Schlosskirche errichten, die als Familiengrablege dienen sollte. Er machte Haigerloch zu seinem Herrschaftsmittelpunkt. Aus dieser Zeit haben sich am bzw. im Hauptbau unter anderem Bossenquader, Fensteröffnungen, Türrahmungen, die zweiläufige Sandsteintreppe und eine bemalte Holzkassettendecke erhalten. In der ersten Hälfte des 17. Jahrhunderts starb die Linie Hohenzollern-Haigerloch aus, wodurch das Haus Hohenzollern-Sigmaringen die Herrschaft übernahm. In der zweiten Jahrhunderthälfte erfolgte eine Umgestaltung, bei der das Schloss

▸ Schloss Haigerloch aus der Vogelperspektive, Buntstiftzeichnung, Christian von Boetticher

die Erhöhung um ein Stockwerk erfuhr und aus der die barocken Stuckdecken resultieren. 1700 wurde dem Schloss ein neuer Bau hinzugefügt. Dass Joseph Friedrich von Hohenzollern (1702–1769) 1745 seinen Wohnsitz von Wien auf Schloss Haigerloch verlegte, löste eine weitere Bautätigkeit aus. Er ließ in den Folgejahren unter anderem die Schlosskirche in barocken Formen umgestalten. Nachdem der Fürst verstorben war, kehrten die Hohenzollern nach Sigmaringen zurück und das Schloss stand leer. Von Zerstörungen in beiden Weltkriegen blieb die Anlage weitestgehend verschont. In den letzten Kriegsmonaten des Jahres 1945 wurden im ehemaligen Bierkeller der Schlossbrauerei direkt unter der Schlosskirche Experimente zur Kernspaltung betrieben, weshalb sich dort seit 1980 das Atomkeller-Museum befindet. In der zweiten Hälfte des 20. Jahrhunderts befand sich darüber hinaus im Schloss eine Landwirtschafts- und Verwaltungsschule. Der Unternehmer Paul Eberhard Schwenk erwarb schließlich das Anwesen und betreibt es nach Sanierung und Umbau seit 1981 als Vier-Sterne-Tagungshotel und Restaurant mit hochwertiger Gastronomie. Die Renovierung der Anlage war darauf ausgerichtet, den Charakter des Schlosses zu erhalten, was 1989 mit dem Peter-Haag-Preis für besondere denkmalpflegerische Leistungen gewürdigt wurde. Hotel und Restaurant befinden sich

Restaurantgebäude, Außenaufnahme ▸

REZEPT
aus der Schlossküche

LACHSCARPACCIO *mit* LIMONENVINAIGRETTE *und* GLASIERTEM SOMMERGEMÜSE

für 4 Personen

400 g frisches, in dünne Scheiben geschnittenes Bio-Lachsfilet
Salz und Pfeffer zum Marinieren

Limonenvinaigrette
50 ml reduzierter Fischfond
50 ml reduzierter Geflügelfond
20 ml Limonensaft
20 ml Limonensirup, etwas Limonenabrieb
80 ml Olivenöl
40 ml Distelöl
Salz, Pfeffer, Cayennepfeffer, Ingwersaft

Für das marinierte Sommergemüse
8 Stangen grüner Spargel
4 kleinere Bundkarotten
8 Zuckerschoten
1 Petersilienwurzel
4 Brokkoliröschen
4 Kapuzinerblüten
Kerbel, Dill, Schnittlauch, Salatblätter, weißer Balsamico, Olivenöl, Salz, Pfeffer, Zucker, eingelegter Ingwer

Den frischen Bio-Lachs in dünne Scheiben schneiden, mit Salz und Pfeffer würzen. Teller mit Olivenöl bestreichen und mit Lachsscheiben belegen, mit der Limonen-vinaigrette marinieren. Das blanchierte Sommergemüse in einer Pfanne mit Salz, Pfeffer und Zucker glasieren und mit weißem Balsamico und Olivenöl abschmecken. Das Gemüse als Mittelpunkt auf dem Lachs anrichten, mit gezupften Salatblättern, den Kräutern und eingelegtem Ingwer garnieren.

▲▲ *Restaurant Schloss Haigerloch*

▲ *Graf-Christoph-Saal*

in den Räumlichkeiten der einstigen Obervogtei und des Marstalls. Die gehobene Küche von Küchenchef Siegbert Kugler ist klassisch modern und bietet vor allem saisonale und bevorzugt regionale, aber auch internationale Gerichte. Tafelspitz und Hirschfilet, getrüffelte Wildrahmsuppe oder Thunfischcarpaccio, ein speziell zusammengestelltes Schloss-Menü und wechselnde Saison-Specials zeugen von der kulinarischen Vielfalt des Hauses, die jedem erlesenen Geschmack mit kreativen und optisch reizvollen Kompositionen auf hohem Qualitätsniveau etwas bieten möchte. Die Räumlichkeiten zeichnen sich durch modernen Komfort in historischem Ambiente aus. Für Feierlichkeiten stehen neben dem Restaurant gleich mehrere historische Säle zur Verfügung (Graf-Christoph-Saal, Graf-Albrecht-Saal, Preußen-Saal und andere), die diesbezüglich wohl kaum Wünsche offenlassen.

SCHLOSS HEIDELBERG

Einst eines der prächtigsten Schlösser Europas, ist das Heidelberger Schloss ein über Jahrhunderte gewachsenes faszinierendes Architekturensemle, das Wahrzeichen der Stadt und die wohl bekannteste Schlossruine der Welt. Die aus rotem Sandstein errichtete ehemalige Residenz der Kurfürsten von der Pfalz erhebt sich inmitten der Wälder am Nordhang des Königstuhls über das Tal des Neckars und gehört zu den beliebtesten Reisezielen in Deutschland, das jährlich weit über eine Million Besucher anlockt.

In zahlreichen Gemälden – wie unter anderem in mehreren Werken des Engländers William Turner – festgehalten, ist die Ruine seit dem 19. Jahrhundert der Inbegriff deutscher Romantik. Dichter wie Johann Wolfgang von Goethe und Friedrich Hölderlin besuchten Heidelberg und verfassten schwärmerische Verse zum Schloss. Die jüngere Forschung geht inzwischen davon aus, dass eine erste Bebauung des Schlossareals in der ersten Hälfte des 13. Jahrhunderts erfolgte. Eine Burg in Heidelberg ist im Jahre 1225 erstmals urkundlich erwähnt. Im 14. Jahrhundert ist gar von zwei Burgen (Obere und Untere Burg) die Rede, von denen sich wohl die untere von beiden zum heutigen Schloss weiterentwickelte, während von der oberen (einige Meter höher südlich des Schlosses) nur noch die Grundmauern existieren. Fragmente romanischer und frühgotischer Fenster, die sich am Schloss bis heute erhalten haben, sind Belege der frühen Baugeschichte der Anlage. Die zunächst von den Pfalzgrafen bei Rhein als erste Residenz errichtete und von den späteren Kurfürsten von der Pfalz weiter ausge-

▲ *Eingangsbereich des Schlosses mit Brückenhaus und Torturm*

baute Anlage entwickelte sich von einer frühen Burg zu einer mittelalterlichen Festung und schließlich zu einem repräsentativen Renaissanceschloss, dessen verbliebene Gebäudeteile heute zu den bedeutendsten Kulturdenkmalen Deutschlands zählen. Der Ruprechtsbau ist benannt nach Ruprecht III. von der Pfalz (1352–1410) – Pfalzgraf, Kurfürst und als Ruprecht I. 1400–1410 römisch-deutscher König –, der dieses Gebäude zu Beginn des 15. Jahrhunderts errichten ließ, und gehört zu den ältesten Gebäudeteilen des Schlosskomplexes und den letzten Überresten der spätmittelalterlichen Burg. Die am Gebäude befindliche Wappentafel mit dem Reichsadler verweist auf das Königtum Ruprechts. Im Erdgeschoss befindet sich unter anderem der Rittersaal, dessen Kreuzrippengewölbe Schlusssteine mit Wappen der kurfürstlichen Familie zieren. In der ersten Hälfte des 16. Jahrhunderts wurde der Bau – der heute museal genutzt wird und verschiedene Ausstellungen beherbergt – durch Ludwig V. (1478–1544) erweitert. Letzterer ließ 1524 unter Verwendung älterer Bauteile selbst einen nach ihm benannten Wohnbau errichten. Ludwig V. wird in der Literatur als „Schlossbauer" genannt, da er für den Ausbau der vorhandenen Schlossbefestigungen mit ihren Geschütztürmen, die Errichtung des Westwalls und des „Dicken Turmes" mit seinen bis zu 7 Meter dicken Mauern sowie die Modernisierung anderer Bauteile verantwortlich war. Darüber hinaus ließ er neben seinem Wohnbau einen Zweckbau (den sogenannten Ökonomiebau) für Schneiderei, Vorratsräume, Küche und Backhaus sowie die Brunnenhalle und nahe des Haupteinganges den sogenannten Soldatenbau mit Wachstube und Wohnräumen für die Wachmannschaft des Schlosses errichten. Letzterer wird heute von der Schlossverwaltung und dem Service Center Schloss Heidelberg genutzt. Unter Ludwig V. entstanden des Weiteren der Bibliotheks- und der benachbarte Frauenzimmerbau (mit Königssaal). Ersterer diente als sogenannte Tafelstube, die im 16. Jahrhundert aufkamen, als die Fürsten sich in separate Räume zurückziehen und nicht täglich die Hofstube aufsuchen wollten. Seine Bezeichnung als Bibliotheksbau geht auf die angebliche Unterbringung einer kurfürstlichen Bibliothek zurück, die jedoch nicht belegt ist. Die oberen Geschosse des Frauenzimmerbaus dienten vermutlich als Wohnraum für die Hofdamen. Heute ist vom Gebäude nur noch das Erdgeschoss erhalten, das einst die kurfürstliche Hofstube (Speiseraum), den späteren Königssaal, aufnahm, der für Festlichkeiten aller Art und später als Versammlungs- bzw. Veranstaltungsort für Ritterspiele genutzt

◀ *Gewaltig erhebt sich die Ruine über dem Neckar, Blick auf die Außenseite des Ottheinrichsbaus*

anderem der sogenannte Herrensaal und der für große Feierlichkeiten vorgesehene Kaisersaal, die heute für Ausstellungen und Veranstaltungen genutzt werden. Der Kaisersaal erhielt seinen Namen anlässlich des Besuches von Kaiser Maximilian II. in Heidelberg. Ende des 16. Jahrhunderts entstand neben dem Frauenzimmerbau der sogenannte Fassbau, den man eigens zur Unterbringung eines gigantischen Fasses mit 130 000 Litern Fassungsvermögen errichten ließ. Dieses beinhaltete die Weinvorräte und war über eine Leitung an den angrenzenden Königssaal angeschlossen, der seinen Namen 1619 aufgrund der Wahl Kurfürst Friedrichs V. zum böhmischen König erhalten hatte.

▲ *Friedrichsbau*

▶ *Friedrichsbau (links), Gläserner Saalbau (Mitte) und Ottheinrichsbau (rechts)*

wurde. Heute dient er im Rahmen verschiedener Veranstaltungen wieder als Festsaal. Der nach Kurfürst Ottheinrich (1502–1559) benannte Ottheinrichsbau entstand mittels Nutzung älterer Fundamente bzw. nach Abriss älterer Bausubstanz (z. B. auch von Teilen des Ludwigsbaus) in den Jahren nach 1556 und war eines der ersten Renaissancebauwerke nördlich der Alpen und der größte Wohnbau der Anlage. Vollendet wurde er durch den Nachfolger Ottheinrichs, Friedrich III. (1515–1576) zehn Jahre später. Das Figurenprogramm zeigt unter anderem mythische Helden, römische Kaiser, christliche Tugenden und Personifikationen von Planeten, die zusammengenommen das Regierungsprogramm des Kurfürsten und sein Selbstverständnis als Herrscher symbolisieren. Im zentralen Portalgiebel ist Ottheinrich selbst zu sehen. Im Inneren des Gebäudes befanden sich neben Wohn- und Audienzräumen unter

Das heutige Fass stammt aus der Mitte des 18. Jahrhunderts, ist 7 Meter breit bzw. 8,5 Meter lang und kann 220 000 Liter aufnehmen. Wie schon bei seinen Vorgängern befindet sich auf seiner

▲ *Blick in den Schlosshof, rechts der Torturm und die Ruine des Ruprechtsbaus, links Ökonomiebau und Brunnenhalle*

Oberseite ein Tanzboden. Zwischen 1612 und 1614 entstand schließlich noch der sogenannte Englische Bau, den Kurfürst Friedrich V. (1596–1632) für seine Gemahlin Elisabeth Stuart, die Tochter von König Jakob I. von England, errichten ließ. Da im Schlossareal bereits alle Flächen bebaut waren, entstand dieser Wohnpalast als letztes Großgebäude in der Geschichte des Schlosses etwas weiter außerhalb nahe des „Dicken Turmes“. Diesen ließ Friedrich V. mit einem 16-eckigen Raum aufstocken, in dem die höfische Gesellschaft zu diversen Anlässen speiste, rauschende Feste feierte und der kurfürstliche Hof-Konzerte und Theateraufführungen veranstaltete, was einmal mehr den endgültigen Übergang von der Wehrfunktion einer Burganlage zum repräsentativen Wohnschloss belegt. Friedrich V. war es auch, der zwischen 1616 und 1619 südöstlich des Schlosses einen außergewöhnlichen terrassenartig angelegten Garten mit kunstvollen Beeten, Grotten, Laubengängen, Irrwegen und Wasserspielen gestalten ließ, den Hortus Palatinus, der seinerzeit gar als achtes Weltwunder galt und der erste Barockgarten nördlich der Alpen war. Dieses Gesamtkunstwerk wurde jedoch nicht vollendet und ist heute nur noch in Stichen überliefert. Der Dreißigjährige Krieg und der Pfälzische Erbfolgekrieg fügten dem Schloss im 17. Jahrhundert schwere Schäden zu und hinterließen eine Ruine. Der Plan, das Schloss abzureißen und mit noch brauchbaren Teilen im Tal einen neuen Palast zu errichten, wurde verworfen und das Schloss an der Wende zum 18. Jahrhundert notdürftig wieder hergerichtet. Die Vorstellungen Karls III. Philipp von der Pfalz, einen umfassenden barocken Umbau des Fürstensitzes zu realisieren, scheiterten zunächst am Mangel finanzieller Mittel. Im Jahre 1720 kam es wegen der geplanten Überlassung der Heiliggeistkirche an die Katholiken zum Streit des Kurfürsten mit den Protestanten der Stadt, auf den Ersterer mit der Verlegung der Residenz mit allen Behörden nach Mannheim reagierte, womit das Interesse der Kurfürsten am Heidelberger Schloss ein Ende fand. Kurz bevor Karl Theodor von der Pfalz – Nachfolger Karls III. Philipp – seinen Wohnsitz wieder in das Bauwerk verlegen konnte, schlug im Juni 1764 zweimal hintereinander der Blitz in das Schloss ein und setzte es in Brand, was den Kurfürsten von seinen ursprünglichen Plänen absehen ließ. In den Folgejahren nahm man vereinzelt notwendige Erneuerungen am Schloss vor, das jedoch im Wesentlichen als Ruine belassen wurde, die teilweise als Lieferant von Baumaterial für andere Gebäude herhalten musste. Nach dem Übergang von Heidelberg an Baden plante die nun zuständige Regierung Anfang des 19. Jahrhunderts die Abtragung der Ruine. Dagegen wurden viele Stimmen laut, die sich für ihren Erhalt stark machten oder sogar die Erneuerung des Schlosses forderten, was sich zu einer hitzigen Debatte über den richtigen Umgang mit der Ruine bis hin zur Grundsatzdiskussion über die Aufgaben der Denkmalpflege ausweitete, die als „Heidelberger Schlossstreit“ in die Geschichte einging. Eine wichtige Rolle in dieser Auseinandersetzung spielte der Franzose Graf Charles de Graimberg, der sich für Schloss Heidelberg begeisterte, hier niederließ und sich um sein Bestehen verdient machte. Ergebnis der Debatten um die Heidelberger Schlossruine war, dass 1868 zunächst ein „Schlossbaubüro“ eingerichtet wurde, das eine Bestandsaufnahme durchführen und Maßnahmen zur Erhaltung und ggf. Instandsetzung vorschlagen sollte. Eine spätere Kommission von Fachleuten aus ganz Deutschland fand zu der Überzeugung, die Ruine in ihrem damaligen Zustand zu bewahren und den noch gut erhaltenen Friedrichsbau wiederherzustellen bzw. in historistischem Stil zu ergänzen, was bis zum Ende des Jahrhunderts mittels 520 000 Mark tatsächlich realisiert wurde. Der Friedrichsbau ist benannt nach Kurfürst Friedrich IV. (1574–1610) – Begründer der Stadt Mannheim –, der ihn in den Jahren zwischen 1601 und 1607 errichten ließ, da das ursprüngliche Wohngebäude mit der Schlosskapelle baufällig war. Es ist der erste Palast des Schlosses, der zur Stadtseite hin mit einer repräsentativen Fassade versehen wurde. Die Hoffassade zeigt Statuen der Ahnen der Kurfürsten und natürlich den Bauherren selbst. Der Friedrichsbau beherbergt im Erdgeschoss nach wie vor die bereits zwischen 1576 und 1583 entstandene und noch heute unbeschadet erhaltene Schlosskapelle, die Friedrich IV. in ihren spätgotischen Formen beließ und darüber seinen Wohnpalast errichtete.

▲ *Historisches Backhaus*

Während die beiden Obergeschosse der kurfürstlichen Familie als Wohnraum dienten, war das Dachgeschoss der Dienerschaft vorbehalten. Es war das einzige Gebäude, dass man nach den Bränden von 1693 und 1764 wieder aufbaute. Ende des 19. Jahrhunderts hat man diesen – ebenso als einzigen Teil des Schlosses – im Stil des Historismus wiederhergestellt; auch die Innenausstattung wurde im Neorenaissancestil ausgeführt. Die Räumlichkeiten dienen seither musealen Zwecken und können im Rahmen von Schlossführungen besichtigt werden. Zwischen Friedrichsbau und Ottheinrichsbau befindet sich der sogenannte Gläserne Saalbau, benannt nach dem prunkvollen Saal im Obergeschoss, der seinerzeit mit prächtigem venezianischem Spiegelglas versehen war. Er entstand bereits um die Mitte des 16. Jahrhunderts; sein Bauherr war der 1544 bis 1556 regierende Kurfürst Friedrich II. (1482–1556). Nachdem das Gebäude 1764 ausgebrannt war und sein Dach verloren hatte, sicherte man 2011 das erste Stockwerk mit einem gewölbten Glasdach, das dem historischen Namen des Gebäudes gerecht wird.

Heute gehört das Heidelberger Schloss zu den landeseigenen Monumenten, wird von den „Staatlichen Schlössern und Gärten Baden-Württemberg" verwaltet und steht Besuchern im Rahmen von Führungen und Sonderveranstaltungen offen. Darüber hinaus bietet die Heidelberger Schloss Gastronomie, die seit Januar 2012 für die Restaurants und das Veranstaltungs-

▲ *Scharffs Schlossweinstube*

REZEPT
aus der Schlossküche

WARMER SPARGELSALAT *mit* PETERSILIEN-KAPERN-VINAIGRETTE, BACKHENDL *vom* STUBENKÜKEN *und* ZITRONENREMOULADE

für 4 Personen

Stubenküken
2 Stubenküken
200 g Semmelbrösel
2 Eier
100 g Mehl

Petersilien-Kapern-Vinaigrette
2 EL Champagneressig
2 EL Kapernsaft
3 EL Diestelöl
3 EL Sonnenblumenöl
2 EL feine Kapern
2 EL fein geschnittene Petersilie
100 g blanchierte und fein geschnittene Karotten und Selleriewürfel
Salz, Pfeffer, Zucker

Spargelsalat
12 gekochte Stangen Spargel
12 Kapernäpfel
1 Kopf feiner Friseesalat zum Garnieren

Zitronenremoulade
200 g Mayonnaise
4 Sardellenfilets
1 kleiner Bund Petersilie
1 TL Zitronensaft
Filets einer Zitrone
1 Essiggurke
1 TL Dijonsenf
Salz, Pfeffer

Stubenküken: Vom Stubenküken die Brüste und die Keulen auslösen. Bei der Keule nun den untersten Schenkelknochen auslösen und mithilfe eines Fleischklopfers den unteren Teil der Keule zwischen Klarsichtfolie flachklopfen. Die plattierten Keulen mit Salz und Pfeffer würzen, zum Knochen einschlagen, auf gebutterte Alufolie legen, von allen Seiten zuschlagen und mit Spannung zusammendrehen. Die Keulen bei 80 °C im Wasserbad ca. 20–25 Minuten garziehen lassen. Danach direkt im kalten Wasser abschrecken. Nun die Brüstchen ohne Haut von allen Seiten mit Salz und Pfeffer würzen und mit den ausgepackten und abgetrockneten Keulen mit Mehl, verquirltem Ei sowie den Semmelbröseln panieren. Alle Teile ganz zum Schluss, wenn alles vorbereitet ist, bei 160 °C in heißem Fett ca. 3–5 Minuten goldgelb ausbacken und auf Küchenkrepp trockenlegen. **Vinaigrette:** Den Essig mit dem Kapernsaft in einer Schüssel mit dem Schneebesen vermengen. Danach die verschiedenen Öle einrühren. Zum Schluss die Kapern und die Petersilie hinzugeben und mit Salz, einer Prise Zucker und Pfeffer aus der Mühle abschmecken. **Spargelsalat:** Von den noch warmen gekochten Spargelstangen die Spitzen abschneiden und fürs spätere Anrichten beiseitestellen. Aus dem Rest schräg geschnitten ein feines Ragout herstellen und dieses mit der Vinaigrette marinieren und zum Durchziehen beiseitestellen. **Zitronenremoulade:** Die Essiggurken, Sardellenfilets und Petersilie fein schneiden und mit Senf unter die Mayonnaise rühren. Nun die fein geschnittenen Zitronenfilets sowie den Saft hinzugeben und mit Salz und Pfeffer aus der Mühle abschmecken.

management verantwortlich ist, im Schloss verschiedene gastronomische Möglichkeiten und stellt für Tagungen und Festlichkeiten buchbare Räumlichkeiten zur Verfügung. Ihr Konzept ist es dabei, an einem so bedeutenden Touristenziel wie dem Heidelberger Schloss sowohl erstklassige Kulinarik als auch budget- und familienfreundliche Gastronomie anzubieten, um ein Ziel für Feinschmecker wie auch Familien oder Firmen zu sein. Dies ist offenbar von Erfolg gekrönt, denn neben diversen Auszeichnungen hat die Gastronomie des Heidelberger Schlosses bereits im ersten Betriebsjahr den höchsten Umsatz erwirtschaftet, den jemals eine Schlossgastronomie erzielt hat. In „Scharffs Schlossweinstube" verwöhnt Sternekoch Martin Scharff seine Gäste mit kulinarischen Köstlichkeiten gehobenen Niveaus. Das Gourmetrestaurant mitten im Schloss bietet eine erlesene Speisenauswahl von À-la-carte-Gerichten und Menüs, bei denen der Gast unter anderem kanadischen Hummer oder Weinbergschnecken-Suppe mit gebratenem Kalbsbries, Stör mit gebackener Auster sowie weitere außergewöhnliche Spezialitäten genießen kann. An einzelnen Terminen werden darüber hinaus Besonderheiten wie Trüffelmenüs, Küchenparties oder Kochkurse angeboten, um gehobene Kulinarik und stilvollen Austausch zu verbinden. Ziel des Teams um Martin Scharff ist es, die Schlossweinstube als regionalen, aber auch überregionalen Magneten für Gourmets dauerhaft zu etablieren. Ein besonderes Ereignis sind auch die Schlossfestspiele, zu denen Küchendirektor Martin Scharff und sein Küchenchef Johannes Steiger regional- und themenspezifische Menüs kreieren. Direkt unter der Schlossweinstube befindet sich das ebenso gastronomisch genutzte historische Backhaus, wo in urig-rustikaler Atmosphäre in altehrwürdigem Gemäuer getafelt werden kann. Mit „Ritterschmaus" oder „Steaktafel" werden hier diverse gastronomische Varianten für Gruppen, Firmen oder Familien angeboten. Ein besonderes Highlight sind schließlich die Weinproben, die im historischen Ambiente im großen Fasskeller veranstaltet werden, wo des Weiteren auch Schokoladen- und Käseverkostungen stattfinden.

SCHLOSS HIRSCHHORN

Die oberhalb der Stadt Hirschhorn am Hang des Stöckbergs gelegene weitläufige Burg- bzw. Schlossanlage erhebt sich malerisch über dem Neckartal und ist trotz ihrer knapp 800-jährigen Baugeschichte sehr gut erhalten.

Um die Mitte des 13. Jahrhunderts – laut manchen Angaben in der Literatur auch schon ein paar Jahrzehnte früher – errichteten die Herren von Hirschhorn, eine ritterliche Familie, als deren erster Vertreter Johann von Hirschhorn genannt wird, an ihrem Stammsitz, des-

◄ *Schloss Hirschhorn mit Bergfried und Palasbau, links der Gefängnisturm der oberen Vorburg*

sen Namen sie tragen, eine Burg. Urkundlich erwähnt wird sie erstmals 1317. Durch den wirtschaftlichen und politischen Aufstieg des Hirschhorner Adelsgeschlechtes kann es seinen Wohnsitz im 14. Jahrhundert weiter ausbauen und bis zum Ende des 16. Jahrhunderts zu einem prächtigen Renaissanceschloss umgestalten. Die ältesten Teile des aus Neckarsandstein errichteten Anwesens sind im Bereich der am höchsten gelegenen Hauptburg mit der mächtigen Schildmauer zu finden, die den Ursprung der Burg bildet. Zu ihr gehört auch die alte Kernburg aus dem 14. Jahrhundert – welche jedoch im 19. Jahrhundert wegen Einsturz umgebaut worden sein soll – mit dem Bergfried und der allerdings bereits renaissancezeitlichen Palaserweiterung, dem sogenannten Hatzfeld-Bau aus dem 16. Jahrhun-

▼ Bergfried und Burgmauer

▼▼ Torbau zwischen unterer und oberer Vorburg

dert. Unterhalb der Kernburg befinden sich die aus dem 15. Jahrhundert stammende obere Vorburg mit Bastei und Gefängnisturm sowie die ebenfalls in diese Zeit einzuordnende untere Vorburg mit Marstall, Zentscheune und diversen Wirtschaftsgebäuden, die heute immer noch gut erhalten sind und zu Wohnzwecken genutzt werden. Aufgrund des ausladenden Vorburgbereichs zählte Burg Hirschhorn seinerzeit wohl zu den militärisch gesehen modernsten Anlagen im Neckartal. Knapp vier Jahrhunderte lang befand sich das Anwesen in der Obhut der von Hirschhorn (seit 1364 allerdings nur als Lehen des Erzbistums Mainz); mit dem Aussterben der Familie im Mannes-

▲ *Hatzfeld-Bau mit Restaurantterrasse*

◂ *Blick von der Restaurantterrasse über das Neckartal*

stamm im Jahre 1632 ging es als Lehen in den Besitz der Freiherren Raitz von Frentz und der Herren von der Recke über, die sich diesem jedoch nicht weiter widmeten. Im 18. Jahrhundert ist Schloss Hirschhorn schließlich Kurmainzer Amtssitz und im darauffolgenden Jahrhundert Amtssitz des Großherzogtums Hessen-Darmstadt. Da in dieser Zeit kaum Restaurierungsarbeiten vorgenommen wurden, schien das Anwesen weiterhin dem Verfall überlassen. Weil sie aber von schwereren Zerstörungen verschont blieb, befand sich die über mehrere Bauphasen zu einem weit-

REZEPT
aus der Schlossküche

PYRAMIDE VON SAHNE UND KAHLUA-LIKÖR *mit* PASSIONSFRUCHTPARFAIT *und* GRANATAPFELGELEE

für 4 Personen

Pyramide von Sahne und Kahlua-Likör
1. Flüssigkeit:
400 ml Sahne
1 Vanilleschote
80 g Zucker
2,5 Blatt Gelatine
2. Flüssigkeit:
200 ml Sahne
200 ml Kahlua-Likör
50 g Zucker
2,5 Blatt Gelatine

Passionsfrucht-parfait
3 Eigelb
50 g Zucker
1 Blatt Gelatine
250 ml Sahne
50 ml Kokoslikör
250 g Passionsfruchtmark

Granatapfelgelee
125 ml Rotwein
125 ml Granatapfelsirup
50 g Zucker
4 Blatt Gelatine

Süße frittierte Glasnudeln
1 l Kokosfett zum ausbacken
2 Hand voll Glasnudeln
Puderzucker und Zimt

Pyramide von Sahne und Kahlua-Likör: Die Gelatine in zwei Gefäßen einweichen, jeweils 2,5 Blatt. Zwei Töpfe auf dem Herd bereitstellen; in den einen Topf gibt man 400 ml Sahne, das Mark einer Vanilleschote und 80 g Zucker. In den anderen Topf gibt man 200 ml Sahne, 200 ml Kahlua-Likör und 50 g Zucker. Beide Flüssigkeiten unter Rühren aufkochen lassen und vom Herd nehmen. Jeweils die 2,5 Blatt Gelatine hineingeben. Schichtweise die Flüssigkeiten in beliebige Förmchen gießen. Die erste Flüssigkeit einfüllen und kalt stellen, bis sie fest ist. Dann die zweite Flüssigkeit darauffüllen und wieder kalt stellen, bis sie fest ist. Den ganzen Vorgang so lange wiederholen, bis die Flüssigkeiten aufgebraucht sind. Das Ganze noch mindestens 1 Stunde im Kühlschrank durchkühlen lassen und unter heißem Wasser auf die Teller stürzen. **Passionsfruchtparfait:** Gelatine einweichen, die 3 Eigelb mit 50 g Zucker und 50 ml Kokoslikör in einem Kessel im Wasserbad mit einem Schneebesen schaumig schlagen und zum Schluss die Gelatine darin auflösen. Den Kessel mit der Masse vom Herd nehmen und 250 g Passionsfruchtmark unterrühren. Wenn die Masse kalt ist, die 250 ml Sahne steif schlagen und mit einem Schneebesen vorsichtig unter die Masse heben. Das Ganze in eine beliebige Form füllen und über Nacht gefrieren lassen. Nach dem Frosten entweder in Scheiben schneiden oder zu Kugeln ausstechen. **Granatapfelgelee:** 4 Blatt Gelatine einweichen. 125 ml Rotwein, 125 ml Granatapfelsirup und 50 g Zucker in einen Topf geben und unter Rühren aufkochen lassen. Die Flüssigkeit vom Herd nehmen und die Gelatine einrühren. Die Flüssigkeit in ein Gefäß abfüllen und 3–4 Stunden im Kühlschrank gelieren lassen. Danach den Gelee aus dem Gefäß lösen und in gleich große Würfel schneiden. **Süße frittierte Glasnudeln:** 1 l Kokosfett in einem kleinen, hohen Topf schmelzen lassen. 2 Hand voll Glasnudeln in zehn Zentimeter lange Streifen schneiden. Das Kokosfett auf ca. 160 °C erhitzen und die Glasnudeln portionsweise darin frittieren. Der ganze Vorgang geht sehr schnell, es dauert nur ein paar Sekunden, bis die Glasnudeln aufgegangen sind. Diese mit einem Schaumlöffel aus dem Fett holen und auf Küchenpapier abtropfen lassen. Die Glasnudeln beim Anrichten auf die Teller verteilen und mit Puderzucker und Zimt bestäuben.

läufigen Ensemble angewachsene Anlage bis zu ihrer umfangreichen Sanierung im 20. Jahrhundert allerdings in einem vergleichsweise guten Zustand. Heute steht das Objekt unter der Obhut des Bundeslandes Hessen, bis 1959 war im Hauptgebäude das Forstamt untergebracht. Nach eingehender Restaurierung der Burganlage unter Wahrung der historischen Substanz eröffnete 1959 das Schlosshotel Hirschhorn, das seither unter Verwendung von Palas und Zehntscheune betrieben wurde, während man 1986 beschloss, auch das ehemalige Marstallgebäude dafür herzurichten. Seit 2011 wird das Schloss nun in vierter Hand von der Familie Schweitzer/Wagner als Hotel und Restaurant geführt, mit dem Ziel, das Flair vergangener Zeiten mit modernem Komfort zu verbinden und die Historie spürbar werden zu lassen. Das im Stil

▸ *Ballsaal*

▸▸ *Rittersaal*

▾ *Restaurant im Palas*

des 17. Jahrhunderts eingerichtete Restaurant im Palas der Kernburg präsentiert sich mit gehobener Küche aus hochwertigen und saisonalen Spezialitäten unter ausschließlicher Verwendung von Frischprodukten sowie Erzeugnissen der hauseigenen Konditorei. So empfiehlt die Küchenchefin Nadine Wagner unter anderem Orangen-Fenchel-Süppchen mit gebratenen Jakobsmuscheln bzw. Sashimi vom Lachs auf warmem Thaispargel oder Neuseeländisches Rinderfilet mit Chimichurri-Kruste an Tomaten-Polenta-Türmchen. Darüber hinaus stehen für Feierlichkeiten weitere historische Räumlichkeiten zur Verfügung: Das wäre zum einen das Herren-von-Hirschhorn-Zimmer, ein kleinerer, sich an das Restaurant anschließender Raum; außerdem der Rittersaal, ein Gewölbekeller aus dem 16. Jahrhundert, der beim Ausbau der Burg zum Schloss entstand, und zu guter Letzt der Ballsaal, der sich unterhalb der großen Sonnenterrasse befindet und im Stil des 18. Jahrhunderts eingerichtet ist.

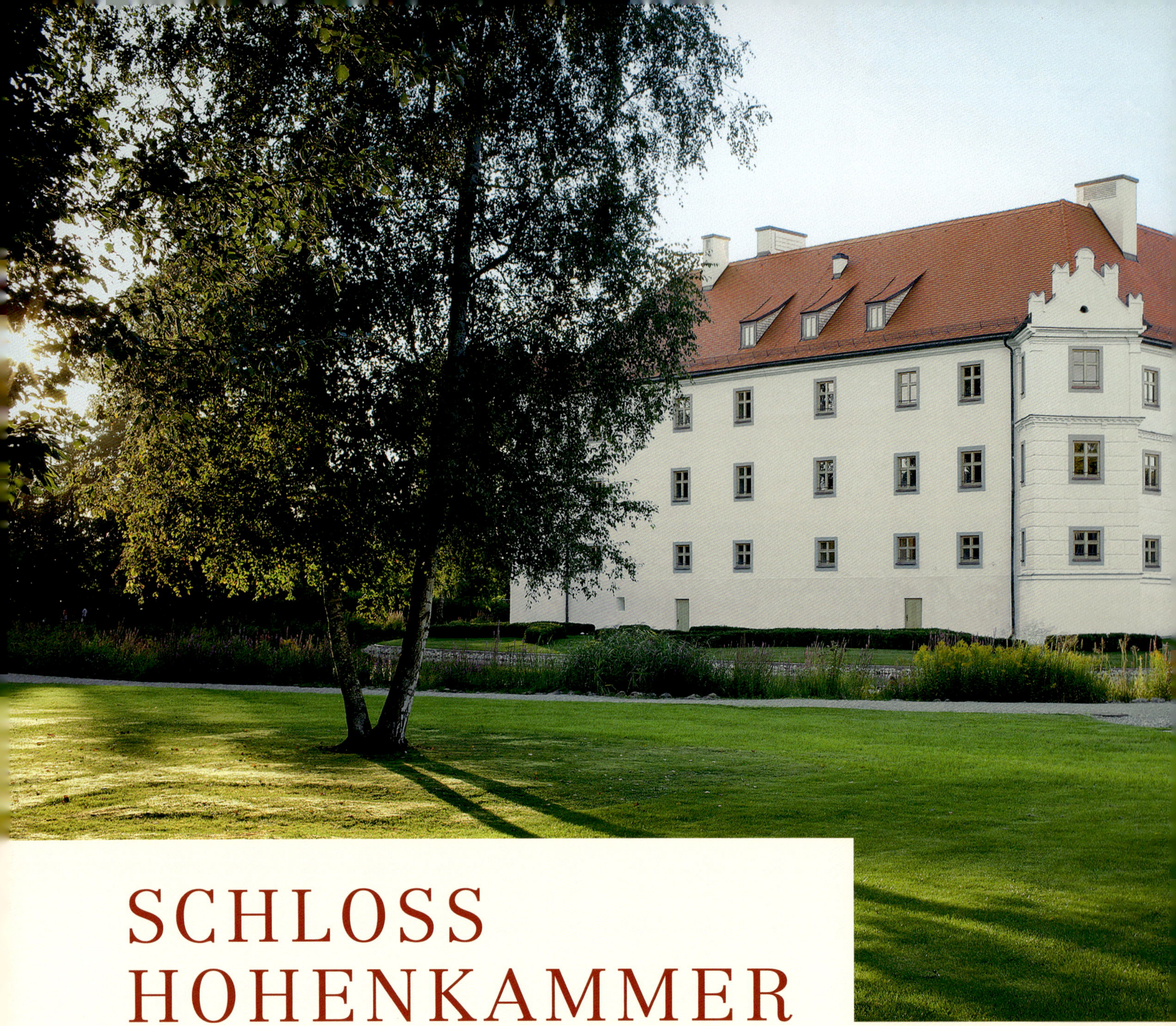

SCHLOSS HOHENKAMMER

Schloss Hohenkammer, im oberbayrischen Landkreis Freising gelegen, zeigt sich dem Besucher als dreigeschossige Vierflügelanlage mit Laubeninnenhof, erkerartigen Ecktürmen und einem quadratischen Torturm, der von einer markanten Zwiebelhaube bekrönt wird. Die Anlage blickt auf eine bewegte Geschichte zurück, in der gleich vier bedeutende Adelsfamilien eine Rolle gespielt haben.

Im 8. Jahrhundert soll es an der Stelle des heutigen Schlosses – welches unter Denkmalschutz steht und aus dem 15.–17. Jahrhundert stammt – ein Herrenhaus, eine „chamara" gegeben haben. Dies ist abgeleitet vom lateinischen Wort „camera" (mittelhochdeutsch „kamer"), der Bezeichnung für eine herrschaftliche Wohnung, ein sogenanntes „hohes Haus". Diese „Hohe Kamer" befand sich Anfang des 11. Jahrhunderts

im Besitz von wittelsbachischen Ministerialen (Beamten), welche sich nach ihrem Wohnsitz „von Camer" nannten, bis ins 16. Jahrhundert die Geschichte des Ortes bestimmten und letztlich auch Namensgeber für die Gemeinde Hohenkammer waren. Wegen hoher Verschuldung musste Christoph, der letzte Vertreter der Herren von Kamer, das Schloss inklusive Umland Anfang des Jahres 1551 an Georg von Haslang (fürstlicher Rat und Statthalter zu Ingolstadt) verkaufen. Die Grafen von Haslang waren Angehörige des bayerischen Uradels, und es gab unter ihnen viele bedeutende Offiziere und Beamte, die im Dienste des bayerischen Landesherrn standen. Im Dreißigjährigen Krieg (1648) brannte das Schloss aus, wurde durch die von Haslang jedoch instandgesetzt bzw. im Stil der Renaissance wieder aufgebaut. Mit Sigmund

▲▲ *Blick auf das Schloss mit seinem quadratischen Torturm mit Zwiebelhaube*

▲ *Schloss und Hotelneubau*

von Haslang endet die Geschichte dieser Familie. Nach seinem Tod übernahm 1804 der Graf von Preysing, ebenso einem alten bayerischen Adelsgeschlecht angehörend und vermählt mit einer der Schwestern des zuvor genannten letzten Vertreters der von Has-

▲ *Gesamtansicht des Schlosses mit dem markanten Torturm*

lang, den Besitz. Allerdings wurde dieser nach nur einigen Jahren (1821) bereits weiterverkauft an die Herren von Cotta, genauer gesagt an Johann Friedrich – ab 1822 Freiherr – von Cotta (1764–1832), in dessen Cotta'scher Verlagsbuchhandlung Schriften von Goethe, Schiller, Humboldt u. v. a. m. erschienen. 1833 hatte Johann Baptist Freiherr von Vequel, der durch Adoption und Heirat seinen Adelsstand erreicht hatte, das Schloss erworben, was in einem minutiös aufgesetzten Kaufvertrag, der das Inventar bis ins kleinste Detail auflistet, festgehalten ist. Die Heirat seines Sohnes mit der Freiin von Westernach, welche einem alten schwäbischen Adelsgeschlecht angehörte, führte zu dem klangvollen Namen der von Vequel-Westernach, die jedoch auch nicht allzu lang als Schlossherren auftraten, da jener Sohn im Ersten Weltkrieg fiel und das Schloss 1917 von den drei Schwestern an die Landwirtschaftliche Zentralgenossenschaft (Raiffeisen) in Regensburg veräußert wurde. Im 20. Jahrhundert hat man das Anwesen diversen Nutzungen zugeführt: Es diente zuerst als Wohlfahrtseinrichtung der Fürsorgeanstalt St. Georgsheim, anschließend als landwirtschaftliche Benediktinerschule, des Weiteren als nationalsozialistische Genossenschaftsschule und Waldarbeiterschule sowie 1975–98 als Schulungszentrum der BayWa. 2003 erwarb Munich Re (die Münchener Rückversicherungs-Gesellschaft) das Areal und gründete die Schloss Hohenkammer GmbH, die das Schloss als Tagungshotel mit Gastronomie betreibt. Man ließ das seit 1968 bestehende Seminarzentrum umgestalten und das Schlossgebäude umfassend restaurieren. Das vereinbarte Ziel dabei war, die verschiedenen Bauphasen des Schlosses zu einer architektonischen Einheit verschmelzen zu lassen, Historisches und Neues ästhetisch miteinander zu verbinden. Das neue Empfangsgebäude der Schlossanlage, in seinem Ursprung ein Bau der späten 60er Jahre, wurde nach seiner Umgestaltung durch die Architektenbrüder Brückner sogar mit einem renommierten Architekturpreis gewürdigt.

Im Mai 2015 konnte innerhalb der historischen Mauern des renovierten

Wasserschlosses „Camers Schlossrestaurant“ eröffnet werden, das seine Gäste zuvor in einem Nebengebäude empfangen hat, seither aber in der großen Schlossstube zu finden ist, wo es seinem Namen nach auch hingehört. Der zuvor dem Restaurant als Räumlichkeit dienende Cotta-Saal wird inzwischen als Veranstaltungsort genutzt. Die neue Örtlichkeit des Restaurants – ein schöner Gewölberaum – verfügt über weitere angrenzende Räume (z. B. die Zirbelstube), die für größere Feierlichkeiten genutzt werden. Der neue Küchenchef Florian Vogel führt das bisherige Konzept der internationalen Gourmetküche seines Vorgängers Fritz Schilling – ein Altmeister der Haute Cuisine, der sich in den wohlverdienten Ruhestand verabschiedet hat – weiter und verleiht dieser seine ganz persönliche Note. Vogel hat nach Abschluss seiner Kochausbildung im Jahre 2001 in diversen renommierten Gourmet- und Sternerestaurants Erfahrungen gesammelt bzw. dort führende Positionen innegehabt und mit Schilling schon bei Käfer in München erfolgreich zusammengear-

▲▲ *Laubeninnenhof*

◄ *Schlossstube im Anschluss an das Schlossrestaurant*

beitet, der sein Erbe daher guten Gewissens in bekannte Hände weitergibt. Die kulinarischen Kreationen setzen v. a. auf eine leichte Küche aus regionalen Produkten, da die Schloss Hohenkammer GmbH auch den Eichethof (der seit Jahrhunderten zum Schloss ge-

hört) als ökologisches Landgut betreibt und somit eine hohe Qualität und Frische saisonaler Restaurantprodukte gewährleisten kann, mit dem Wunsch, möglichst viele Erzeugnisse aus der eigenen Bio-Landwirtschaft zu verwenden. Laut Geschäftsführer Martin Kirsch entstammt mindestens eine Komponente jeden Gerichts dem Eichethof, der zur Aufbauorganisation Naturland gehört, ein Netzwerk mehrerer Biohöfe, die sich dem Prinzip ökologischer Nachhaltigkeit verschrieben haben. Vogels gesetztes Ziel ist es, mit seiner Küche traditionsbewusste Feinschmecker und extravagante Gourmets auf der Suche nach Neuem gleichermaßen zu begeistern, mit kreativen Geschmackserlebnissen zu überraschen und mit handwerklicher Perfektion zu überzeugen. Dabei wird der Gast bei monatlich wechselnden Menüs mit optisch filigranen und aufwendigen Kreationen verwöhnt, die wie kleine Kunstwerke anmuten, sich dabei aber nicht nur Edelprodukten bedienen oder abgehoben sein wollen, sondern außergewöhnlich, individuell und bodenständig-ambitioniert.

◂ *Großer Saal*

▾ *Camers Schlossrestaurant*

REZEPT
aus der Schlossküche

JAKOBSMUSCHEL *mit* KÜRBISKROKANT *und* MARINIERTEM KÜRBIS

für 4 Personen

Muscheln
4 frische Jakobsmuscheln in der Schale

Kürbiskrokant
150 g Fondant
100 g Glukose
10 g Butter
50 g grob zerkleinerte Kürbiskerne

Kürbis
200 g Muskatkürbis ohne Schale
1 EL Olivenöl
25 g Puderzucker
10 ml Weißwein
10 ml Noilly Prat
200 ml frisch gepresster Orangensaft
2 Scheiben eingelegter Ingwer
Salz, Pfeffer

Vinaigrette
Je 50 ml Limonenöl, Orangenöl, Olivenöl
Salz, Pfeffer
1 Prise Zucker
50 ml weißer Balsamicoessig

Garnitur
Etwas Daikonkresse
50 g Sprossen
50 g getrocknete Kirschtomaten
12 Stangen gekochter Thai-Spargel
Etwas Kürbiskernöl zum Beträufeln

Jakobsmuschelfleisch aus der Schale lösen, vom Corail und dem Muskel befreien, gut wässern und auf Küchenpapier abtrocknen.
Kürbiskrokant herstellen: Fondant, Glukose und Butter auf 150 °C erhitzen und auf Backpapier auskühlen lassen, in kleine Stücke brechen und in einer Küchenmaschine fein zermahlen. Auf eine Silikonbackmatte eine runde Schablone legen und das Zuckerpulver durch ein feines Sieb darüberstreuen. Kürbiskerne darüber verteilen und im Backofen 2–3 Minuten schmelzen und anschließend wieder abkühlen lassen. Vorsichtig von der Backmatte lösen.
Muskatkürbisfleisch in Scheiben schneiden und in gewünschter Form, z. B. Kreise, ausstechen. Kürbiskreise mit Puderzucker und Olivenöl glasieren, mit einem Schuss Weißwein und Noilly Prat ablöschen und mit frisch gepresstem Orangensaft auffüllen. Abschmecken mit Salz, Pfeffer und etwas Ingwer und bissfest garen. Flüssigkeit mit weißem Balsamicoessig säuern und beiseitestellen.
Jakobsmuschel mit Salz und Pfeffer aus der Mühle würzen und in einer Pfanne glasig braten. Kürbiskrokant auf die gebratene Jakobsmuschel legen und mit einem Bunsenbrenner leicht karamellisieren.
Muschel mit marinierten Sprossen auf der glasierten Kürbisscheibe anrichten. Teller nach Wunsch mit Kresse und grünem Spargel garnieren und mit einigen Tropfen **Vinaigrette** und anschließend Kürbiskernöl beträufeln.

SCHLOSS HOHENSTEIN

Schloss Hohenstein in Oberfranken, unweit von Coburg gelegen, ist ein liebevoll restauriertes Anwesen, das ein Hotel, mehrere historische Veranstaltungsräume sowie gleich zwei Restaurants gehobener Klasse beherbergt.

Bereits die Namen diverser Hotelzimmer – wie Freiherrn- oder Ritterhofzimmer – deuten auf Historie und Exklusivität derselben hin. Eine Burg Hohenstein, die sich seinerzeit im Besitz der Gräfin Jutta von Henneberg befand, etwas weiter östlich vom heutigen Schloss lag und relativ klein war, wurde

erstmals im Jahre 1306 urkundlich erwähnt. Seit der Mitte des 15. Jahrhunderts bewohnten die Herren von Lichtenstein die Burg (belehnt von Herzog Wilhelm von Sachsen), die kurz nach der Mitte des 15. Jahrhunderts von bambergischen Vasallen verwüstet wurde und im Bauernkrieg 1525/26 vollständig niederbrannte, was der Grund dafür gewesen sein mag, dass man sie nicht wieder aufbaute, sondern unweit davon ein Renaissanceschloss errichtete. Diese Anlage wurde in der zweiten Hälfte des 16. Jahrhunderts unter Michael von Lichtenstein – Dompropst zu Bamberg – vollendet, im Dreißigjährigen Krieg allerdings schwer beschädigt, anschließend aber wieder instandgesetzt. Auf dem Gelände der frü-

▲▲ Schlosshof mit Blick in Richtung Wintergarten des Gourmetrestaurants „Dittrich's"

▲ Schlosshof, rechts der Eingang zum Gourmetrestaurant

heren Burg entstand in der zweiten Hälfte des 17. Jahrhunderts die Schlosskapelle, ein ganz besonderes Juwel der Anlage, als dessen Bauherr Christoph Freiherr von Thüna angenommen wird. Thüna, der das Anwesen kurz nach der Mitte des 17. Jahrhunderts erworben hatte, vermachte es seinen fünf Töchtern, von denen die jüngste Johann Helmhard Auer von Herrenkirchen ehelichte. Dieser zahlte den vier Schwägerinnen ihren Anteil aus, was dazu führte, dass das Schloss über drei Generationen in der Familie verblieb. 1741 kaufte der Ansbacher Kammerjunker Adam von Schauroth das Schloss für einen Preis von 65.000 fränkischen Gulden und 200 Dukaten. Sein heutiges Aussehen erhielt das Schloss nach 1763, als es von Philipp Ernst Freiherr von Imhof erworben wurde, der bzw. dessen Nachkommen unter anderem den Schlosspark anlegten. Die Schlossanlage präsentiert sich als Komplex mit Gebäuden aus verschiedenen Epochen, die einen unregelmäßigen Innenhof umgeben. Während der Kern aus dem 16. Jahrhundert stammt, wird der Gesamteindruck durch historisierende Formen des 19. Jahrhunderts bestimmt.

Nach dem Ersten Weltkrieg wurde die Familie enteignet, d. h. das Schloss war fortan Reichseigentum. Mitte des 20. Jahrhunderts ging es dann in den Besitz der Reichspost über, der das Gebäude als Erholungsheim diente, während es nach dem Zweiten Weltkrieg von der Deutschen Bundespost als Altenheim an die Caritas verpachtet

◂ *Schlossinnenhof, Eingangsbereich*

wurde. 1976 kaufte Oskar Hacker das Schloss und ließ es in den 90er Jahren umfassend restaurieren und zum Hotelbetrieb mit Gastronomie ausbauen. 1996 verpachtete er die Anlage an die Hotelbetriebsgesellschaft Kötterl & Wandt, die Hotel und Gastronomie weiter betrieben. Seit 2010 ist Tobias Dittrich nun Inhaber und Gastgeber von Schloss Hohenstein. Sein Ziel ist es, Hohenstein unter anderem als Gourmetadresse auch über die Grenzen Frankens hinaus bekannt zu machen.

Im Wintergarten bietet das „Dittrich's" seinen Gästen eine exklusive Küche, die mit Liebe zum Detail und durch Fokussierung auf Feinheiten überzeu-

▲ *Wintergarten des Gourmetrestaurants*

▼ *Gourmetrestaurant „Dittrich's" mit Wintergarten*

gen will, was die reduzierte Speisekarte bestätigt, die lediglich zwei Gerichte pro Gang bzw. alternativ ein komplettes Gourmetmenü anbietet. Die Gerichte sind in ihrer Anzahl bewusst reduziert, um in ihrer Ausprägung qualitativ hochwertig, in ihren Komponenten vielseitig und in den Details ausgefeilt sein zu können. Ein gutes Beispiel dafür ist unter anderem die rosa gebratene Hirschkeule mit Topfen-Aprikosen-Soufflé, lauwarmem Rotkohlsalat, Preiselbeer-Birnen-Chutney und Kubebenpfefferjus – ein einzelnes Gericht, das sich liest wie ein Gedicht. Auch in der Schloss-Schänke, die sich im Schlossgewölbe befindet und dem Gast daher eine urig-gemütliche Atmosphäre bietet, werden Speisen einer gehobenen, frischen, regionalen Küche angeboten. Hier ist die Auswahl etwas erweitert, die Speisen sind in ihren Komponenten dafür reduzierter, jedoch genauso hochwertig und kreativ. Auch hier wird alternativ ein wechselndes regionales Menü geboten. Ursprünglicher Geschmack und die Suche nach bereits in Vergessenheit geratenen Speisen kennzeichnen dabei die

REZEPT
aus der Schlossküche

CONFIERTES FRÄNKISCHES BIO-MILCHZICKLEIN *mit* GLASIERTEM ERDGEMÜSE, GNOCCHI *und* WEISSEM PFEFFERSCHAUM

für 4 Personen

Milchzicklein
900 g Keulenfleisch
100 ml Gewürzöl (siehe Rezept)
Knochen von der Keule
250 g Mirepoix
1 Tomate
½ l Rotwein
700 ml Kalbsfond, dunkel
Salz, Pfeffer, Thymian, Rosmarin, Knoblauch, Lorbeer

Erdgemüse
150 g Petersilienwurzel
1 Kohlrabi
2 große Karotten
2 Zucchini
1 große Rote Bete

Gnocchi
250 g mehlige Kartoffeln
100–130 g Weizengrieß
25 g Eigelb
35–40 g Parmesan
Salz, Pfeffer, Muskat

Pfefferschaum
1 Zwiebel
4 Champignons
½ Stange Lauch
2 Zweige Thymian
3 EL Grüner Pfeffer in Lake
½ l Geflügelfond
200 ml Weißwein
300 ml Sahne
250 g Butter
Gewürzsalz, Pfeffer

Gewürzöl: 100 ml Olivenöl (fruchtig) mit 1 Lorbeerblatt, 2 Thymianzweigen, 1 Knoblauchzehe, ½ Rosmarinzweig auf ca. 60 °C erhitzen, kurz ziehen lassen, ca. 10 Minuten fein passieren.
Zickleinfleisch zusammen mit dem Gewürzöl vakuumieren. Wenn kein Vakuumgerät zur Hand, bitten Sie Ihren Metzger um Hilfe. Das Fleisch im Wasserbad bei ca. 75 °C ca. 12–14 Stunden garen, bis es bei Druck leicht nachgibt. Die Knochen rösten, anschließend das Mirepoix mitrösten, Tomaten hinzugeben, mit Rotwein aufgießen, einreduzieren, Kalbsfond und Gewürze hinzugeben und bei mittlerer Hitze einkochen lassen. Anschließend fein passieren, abschmecken und mit kalter Butter montieren. Tipp für Zuhause: im Ofen bei 90 °C ist die beste Variante.
Das **Erdgemüse** waschen und schälen, anschließend mit einem kleinen Messer in die gewünschte Form bringen, z. B. Halbmond. In Salzwasser alles der Reihe nach bissfest blanchieren und in Eiswasser abschrecken. Die Rote Bete bildet hier eine Ausnahme, diese waschen und auf ein Bett aus grobem Meersalz legen, im Ofen bei 150 °C weichkochen, anschließend schälen und ebenfalls in die gewünschte Form bringen. Aus Gemüsefond und Butter (Verhältnis 60:40) eine Nage zum Glasieren herstellen und gut abschmecken, das Gemüse darin schwenken und anrichten.
Kartoffeln im Ofen bei 150 °C garen und anschließend schälen und im Ofen ausdämpfen lassen. Kartoffeln im warmen Zustand pressen und mit den Trockenprodukten vermengen; wenn die Masse unter Körpertemperatur abgekühlt ist, das Eigelb einarbeiten. Die Masse abschmecken, eine Probe herstellen und im Salzwasser garen. Anschließend die **Gnocchi** herstellen und garen.
Gemüse für den **Pfefferschaum** waschen und in feine Scheiben schneiden, in einem mittleren Topf anschwitzen, würzen und mit Weißwein ablöschen und reduzieren, anschließend mit Geflügelfond aufgießen und erneut reduzieren. Thymian hinzugeben und ziehen lassen, Sahne und die zerdrückten grünen Pfefferkörner hinzugeben, dann ziehen lassen. Durch ein feines Sieb passieren und mit kalter Butter montieren, abschmecken.

Linie des Küchenchefs, der bei den besten Köchen Deutschlands seine Lehrzeit verbrachte und schon in jungen Jahren selbst zum Küchenchef aufstieg, bis er sich schließlich den Traum eines eigenen Gastronomiebetriebes – obendrein noch auf einem wunderschönen Schloss – verwirklichen konnte.

►► Der historische Spiegelsaal mit Musikzimmer steht für Veranstaltungen wie Hochzeitsfeiern und andere Festlichkeiten zur Verfügung

► Gewölberestaurant „Schloss-Schänke“

SCHLOSS ZU HOPFERAU

Das im Ostallgäu gelegene Schloss zu Hopferau ist eines der ältesten Schlösser, gleichzeitig aber auch eines der modernsten Vier-Sterne-Tagungs-Hotels in Deutschland. Nicht weit vom traumhaften Schloss Neuschwanstein entfernt, bietet es neben einer unvergleichlichen Lage innerhalb einer reizvollen Landschaft Wohlfühlatmosphäre in historischem Ambiente.

Die Anlage gestaltet sich als dreigeschossiger Bau mit Satteldach, an den ein ebenso dreigeschossiger Walmdachbau anschließt. Optisch auffällig ist dabei v. a. der markante Treppengiebel mit den beiden Ziererkern. Im Jahre 1468 ließ Ritter Sigmund Friedrich von Freyberg zu Eisenberg das Anwesen als Zentrum der neuen, durch Erbteilung entstandenen Herrschaft Hopferau erbauen. 1504 wird das Schloss um eine Kapelle erweitert (die heutige Dorfkirche). Im Laufe seiner Geschichte beherbergte es zahlreiche Ritter, Fürsten und Adlige und avancierte damit zu einem gesellschaftlichen Mittelpunkt des Allgäus. Das ursprüngliche Schloss, das man noch um einen Ostflügel erweitert hatte, wurde 1830–40 in neugotischem Stil umgestaltet bzw. mit einer entsprechenden Fassade versehen. Die ohnehin spätgotische Bausubstanz wurde demnach im stilistisch ähnlichen Stil der zeitgemäßen Neugotik lediglich überformt. Verantwortlich dafür war Domenico Quaglio, der Baumeister von Schloss Hohenschwangau. In dieser Zeit ging das Schloss durch den Verkauf der Schwestern Albertine und Pauline von Freyberg-Eisenberg zu Wellendingen an den Postexpediteur Michael Kolb in Privatbesitz über. Dieser veräußerte es jedoch bereits ein Jahr später an den Freiherrn von Ponickau – Angehöriger eines sächsisch-meißnischen Adelsgeschlechtes –, dessen Nachkommen es dann bis 1910 nutzten. Nach weiterem Besitzerwechsel und mehreren herrenlosen Jahren kaufte 1937 der Münchner Bildhauer Georg Halbich das inzwischen stark renovierungsbedürftige Anwesen und investierte in den folgenden Jahrzehnten viel Geld in seine Restaurierung. In diese Zeit fällt auch ein besonderer Meilenstein der Zeitgeschichte, da der Berliner Ingenieur und Computerpionier Konrad Zuse in den 40er Jahren oft auf dem Schloss zu Gast war und hier, d. h. genauer gesagt im Keller des Mehllagers der Bäckerei (heute Parkplatz), mit dem Z4 den ersten vollautomatischen programmierbaren Rechner baute und in Betrieb nahm. 1999 übernahm die Kultur-Stiftung Füssen e. V. das Schloss zu Hopferau mit dem Ziel, langfristig seinen Erhalt zu sichern. Nach der Grundsanierung ist das Anwesen seit 2001 wieder zugänglich. Der erneute Besitzerwechsel im Jahre 2011 ist mit einer vielfach zitierten amüsanten persönlichen Anekdote verknüpft: Bernd H. Rath, Geschäftsführer und Inhaber der BERA GmbH, soll als 6-Jähriger bei einem Besuch auf dem nahegelegenen Schloss Neuschwanstein zu seiner Mutter gesagt haben: „So ein Schloss kaufe ich mir auch einmal", was er mit dem Erwerb von Schloss Hopferau tatsächlich in die Tat umsetzte. Seither wurde das Anwesen unter Berücksichtigung des Denkmalschutzes weiteren aufwendigen Renovierungs- und Restaurierungsarbeiten unterzogen und zu einem Hotel mit gehobener Gastronomie umgestaltet, das der Öffentlichkeit zusätzlich über regelmäßige kulturelle Veranstaltungen und Hochzeiten offensteht. Dabei hat man Wert darauf gelegt, modernen Komfort in die originalen historischen Räumlichkeiten zu integrie-

Segisser Zimmer ▲

Schlossrestaurant ▶

REZEPT
aus der Schlossküche

KARTOFFELTRÜFFEL *und* PLUM

für 4 Personen

Kartoffeln
15 neue Kartoffeln
Panko zum Panieren

Pflaumenmus
1 kg rote Pflaumen
20 g Zucker
15 ml Portwein
15 ml Rotwein
2 Blatt Lorbeer
2 Nelken
Salz

Porree
5 Stangen Porree
12 g Butter
Thymian, Salz

Majoran-Bechamel
25 g Mehl
25 g Butter
150 ml Milch
10 g Schalotten
1/4 Bund Majoran
Salz
Zitronenabrieb nach Geschmack

Kartoffelcroutons
2 neue Kartoffeln
Salz
Pfeffer

Kartoffeln: Die Kartoffeln waschen und in kochendem Wasser bissfest garen. Danach auskühlen lassen, pellen und halbieren. Die Kartoffelhälften etwas aushöhlen und zur Seite stellen. **Pflaumenmus:** Für das Pflaumenmus den Zucker in einem Topf karamellisieren. Die entsteinten Pflaumen hinzufügen und kurz anschwitzen, mit Port- und Rotwein ablöschen und alles weichkochen. Gewürze dazugeben und die Masse köcheln lassen, bis fast keine Flüssigkeit mehr übrig ist. Anschließend in einer „Flotten Lotte" zu Mus reiben. Die Kartoffeln mit Mus füllen und zusammenlegen, sodass wieder eine ganze Kartoffel entsteht. Anschließend klassisch panieren und in neutralem Fett goldbraun ausbacken. **Porree:** Den Porree gründlich waschen und nur das Weiße vom Stängel abschneiden und längs halbieren. Danach in kochendem Wasser eine Minute blanchieren und im Eiswasser abschrecken. In einer heißen Pfanne kräftig anbraten, die Hitze reduzieren und dann die Butter und den Thymian dazugeben. **Für die Bechamel** die gewürfelten Schalotten in der Butter anschwitzen, das Mehl dazugeben. Mit der kalten Milch aufgießen und kräftig rühren, bis eine sämige Masse entsteht. Mit Majoran, Zitronenabrieb und Salz abschmecken. **Kartoffelcroutons:** Die Kartoffeln von der Schale befreien und in feine Würfel schneiden. Eine halbe Stunde lang in kaltes Wasser legen und danach im Fett ausbacken.

ren, indem man z. B. im Treppenhaus – in dem regelmäßig beliebte Konzerte stattfinden – die historische Wandfarbe wiederherstellte und die restaurierten Holzdielen versiegelte. Im Inneren beeindrucken mehrere historische Säle den Besucher mit ihrem herrschaftlichen Ambiente: Der Tafelsaal präsentiert eine von europaweit nur noch drei existierenden handkolorierten Tapeten aus der Zeit um 1800 und im Rittersaal stammen die spätgotische Holzdecke sowie die Wandvertäfelung teilweise noch aus der Entstehungszeit des Gebäudes. Bei kostenlosen Schlossführungen (auf Anfrage) werden den Besuchern diese und weitere faszinierende Einblicke in das Schloss, seine Ausstattung des 15. bis 19. Jahrhunderts sowie seine Geschichte geboten. Das im Juni 2016 mit vier Sternen ausgezeichnete Hotel verbindet Mittelalterflair und Tradition geschickt mit modernen Anforderungen, denn die 15 Hotelzimmer und die Tagungsräume werden bezüglich Ausstattung, Technik und modernstem Komfort heutigen Ansprüchen gerecht und fügen sich dennoch gut in das historische Ambiente ein. Oberste Priorität des Hauses ist dabei aber nicht allein Exklusivität, schon gar nicht im elitären Sinne, sondern Herzlichkeit und Gastfreundschaft auf hohem Niveau.

Gastronomisch gesehen trifft man im Schloss zu Hopferau auf mehrfach prämierte kulinarische Vielfalt, denn die Schloss-Gastronomie bietet immer etwas Neues. So finden sich auf der

▼ *Burgwache*

▲ *Rittersaal*

Speisekarte Kompositionen aus regionalen Produkten, die mit viel Liebe zum Detail zubereitet und angerichtet werden. Die alte Schlossküche, in der sich einst die Herrscher des Hauses bekochen ließen, ist mit einem historischen Ofen ausgestattet und wird heute als Frühstücksraum genutzt. Das in der ehemaligen Remise untergebrachte elegante Schlossrestaurant erscheint mit hochwertigem Interieur, welches auf das historische Ambiente abgestimmt und mit einem ausgefeilten Licht- und Farbkonzept versehen ist, das Harmonie und Geborgenheit vermittelt. Hier finden frische saisonale und erstklassige regionale Produkte Verwendung, die von Küchenchef Mario Peters und seinem Team innovativ kombiniert werden. Neben Schlossküche und Schlossrestaurant gibt es noch einen kleinen Gewölberaum mit Kachelofen: die Burgwache. Früher diente diese als Aufenthaltsraum für die Schlosswache; heute ist sie – da sie sich in unmittelbarer Nähe zur Bar befindet – z. B. nach den Treppenhauskonzerten beliebter Treffpunkt für Künstler und Gäste. Für Feierlichkeiten stehen mehrere einzigartige Räumlichkeiten zur Verfügung, die sich durch Individualität, Stil und Historie auszeichnen. Der Tafelsaal verfügt über einen handbemalten Fußboden, eine handkolorierte Tapete sowie historisches Mobiliar (unter anderem alte Lederpolsterstühle und zwei historische Kachelöfen), sodass man hier in herrschaftlichem Ambiente speist. Der Freybergsaal mit seinen historischen Fenstern und originalen Kachelöfen ist ein heller offener Raum, in dem Alt und Neu eine gelungene Verbindung eingehen. Der romantischste Raum des Hauses – der auch für Trauungen genutzt wird – ist der Rittersaal mit seiner dunklen kassettierten Holzdecke, Barockmöbeln und farbintensiver Bestuhlung. Für Feierlichkeiten wie Hochzeiten und andere Anlässe stehen neben den genannten Räumlichkeiten gastronomisch gesehen diverse Menüvorschläge zur Verfügung und für den Wunsch eines romantischen Abendessens der ganz besonderen Art werden Candle-Light-Dinner angeboten. Ob im Rahmen einer Feierlichkeit, á la carte oder ganz individuell – kulinarisch könnte das Angebot wohl kaum vielfältiger sein.

Historischer Tafelsaal ▶

SCHLOSS JOHANNISBERG

Das traditionsreiche Weingut Schloss Johannisberg im Rheingau in Hessen – Sitz der Fürst von Metternich-Winneburg'schen Weinbaudomäne – liegt malerisch auf einer Anhöhe, umgeben von Weinstöcken.

Die dem VDP (Verband Deutscher Prädikatsweingüter) angehörende Domäne ist im Besitz einer Weinlage in Geisenheim, die eine Fläche von 35 Hektar umfasst und zu den besten im ganzen Rheingau bzw. in ganz Deutschland zählt sowie weltweit bekannt und prämiert ist. Angebaut wird hier seit 1720 ausschließlich Riesling. Der Name „Johannisberger" gilt bis heute teilweise gar als Synonym für diese Rebsorte, deren Weine zusammen mit den Burgunder- und Bordeaux-Weinen bis Anfang des 20. Jahrhunderts zu den berühmtesten und teuersten der Welt gehörten. Mit dem Johannisberg ist eine ca. 1200-jährige Weinbaugeschichte verbunden, während der das erste Riesling-Weingut der Welt entstand, dessen

Tradition bis heute fortgeführt wird. Lage, Böden und Klima bilden optimale Voraussetzungen dafür.

Das Schlossgebäude geht auf ein um 1100 gegründetes Benediktinerkloster zurück. Ursprünglich als Priorei des Benediktinerklosters St. Alban in Mainz bestehend – das den Bischofsberg (so der ursprüngliche Name) von Erzbischof Ruthard von Mainz zur Errichtung eines neuen Klosters als Geschenk erhalten hatte –, wurde es 1130 von Erzbischof Adalbert von Saarbrücken zum eigenständigen Kloster erhoben und dem heiligen Johannes geweiht. Mitte des 12. Jahrhunderts entstand die dreischiffige Pfeilerbasilika mit Querhaus und eingeschossigem Vierungsturm, von der nur noch die Fundamente erhalten sind, die aber Mitte des 20. Jahrhunderts wieder aufgebaut wurde. Nach dem voranschreitenden Niedergang erfolgte um die Mitte des 16. Jahrhunderts schließlich die Auflösung des Klosters. Im Jahre 1716 kaufte der Fuldaer Fürstabt Konstantin von Buttlar (1679–1726) das Anwesen für die Abtei Fulda und ließ es bis 1725 von einem ganzen Bataillon von Baumeistern, Bildhauern und Stu-

▼ *Weinfässer aus Johannisberger Eiche*

▼▼ *Weinkeller des Schlosses*

ckateuren – Johann Dientzenhofer, Alexander Rossini, Andreas Gallasini, Maximilian von Welsch, Johann Kaspar Herwarthel, Martin Bitterich, Carlo Maria Pozzi, Andreas Schwarzmann und anderen – zur dreiflügeligen barocken Schlossanlage umbauen, die er als Sommerresidenz nutzte. Bis heute existieren von dieser Anlage noch die beiden äußeren Pavillons und das Hofgitter in unveränderter Form. Auch die bis dahin frei stehende Kirche wurde damals barockisiert und in stark veränderter Form in den Schlosskomplex miteinbezogen. 1721 konnte der Gewölbekeller – der eine Länge von sagenhaften 260 Metern und eine Gewölbespannweite von 11,5 Metern aufweist – fertiggestellt werden. Bereits seit dieser Zeit, in der man auch viel Geld in die neue Bestockung und Ausdehnung der Rebflächen investierte, pflanzte man fast ausschließlich Riesling. Der älteste Johannisberger Riesling befindet sich noch heute in der unterirdischen Bibliotheca subterranea – Herzstück des Weinkellers, in dem der Wein in Fässern aus Johannisberger Eichenholz lagert. Nach ungefähr zehn Jahren der Lagerung im Fass erfolgte in der Regel die Abfüllung des Johannisberger Weines in Flaschen, was man im Keller der Orangerie des Stadtschlosses in Fulda vornahm. 1775 ist das Jahr, in dem auf dem Johannisberg die erste Spätlese entstand, was jedoch eher einem Zufall zu verdanken ist. Denn bis dato musste ein Kurier in Fulda die Erlaubnis zum Beginn der Weinlese einholen, und weil dieser sich verspätete, waren sie bereits an den Stöcken verfault. Dennoch wollte man die Trauben ernten und versuchen, daraus Wein zu gewinnen. Das Ergebnis war ein Qualitätswein der ganz besonderen Art, der seither fester Bestandteil im Angebot der Domäne ist und dem Riesling bzw. dem Weingut seinerzeit zu Ruhm in ganz Europa verhalf und an keiner königlichen, fürstlichen oder kaiserlichen Tafel fehlen durfte. Das 19. Jahrhundert stellt bezüglich der Besitzverhältnisse für Schloss Johannisberg eine bewegte Zeit dar. Nach der Säkularisation von 1802 erhielt Wilhelm V., Fürst von Oranien und Nassau, das Anwesen, welches er an seinen Sohn, den Erbprinzen Wilhelm-Friedrich weitergab. Dieser wurde 1806 von Napoleon enteignet, der das Schloss wiederum seinem Marschall, François-Christophe Kellermann, Herzog von Valmy, als Belohnung für seine Dienste schenkte. Nach gemeinsamer Verwaltung durch Preußen, Russland und Österreich wurde das Schloss 1816 an den österreichischen Außenminister Clemens Wenzel Lothar Fürst von Metternich-Winneburg (1773–1859) als Lohn für seine Verdienste beim Wiener Kongress übergeben. Er hatte – nachdem Johannisberg 1815 der Souveränität Österreichs unterstellt worden war – Kaiser Franz I. davon überzeugt, ihm Johannisberg gegen eine jährliche Abgabe eines Zehntels des Ertrages der Weinberge zu überlassen. Der Weinzehnt muss bis heute an die Rechtsnachfolger des österreichischen Kaiserhauses entrichtet werden. Seit Metternichs Zeiten unterschied man die Wei-

◂ *Luftaufnahme, Blick auf Schloss Johannisberg mit Basilika, Pavillons und angrenzenden Gebäuden*

ne auf Schloss Johannisberg (Qualitätswein, Spätlese, Eiswein usw.), indem man die Flaschenkorken mit verschiedenfarbigen Lacken versiegelte; dieser Tradition ist man bis heute treu geblieben, wobei man heute farbige Kapseln verwendet. Metternich ließ bis 1837 den Hauptbau des Schlosses in klassizistischen Formen umgestalten und auch die Kirche erneut verändern. Dies geschah unter der Leitung von Georg Moller, dem großherzoglich-hessischen Hofbaumeister. Nach dem Tod von Fürst Clemens Wenzel Lothar im Jahre 1859 verblieb der Johannisberg noch über drei Generationen in der Familie

Spiegelsaal ▸

▾ *Fürst-von-Metternich-Saal*

REZEPT
aus der Schlossküche

SPÄTBURGUNDERBRATEN *à la* SCHLOSSSCHÄNKE

für 8 Personen

2 kg falsches Filet vom Rind
100 g Sellerie
100 g Karotten
150 g Zwiebeln geröstet
50 g Lauch
50 g Tomatenmark
2 l Spätburgunder
1 TL Wachholderbeeren
1 TL Sternanis
1 TL Lorbeerblätter
1 TL Nelken
Salz und Pfeffer zum Einreiben des Fleisches
1 TL Zucker
50 g weiche Butter
50 g Mehl
1,5 l Rinderbrühe

Fleisch mit Salz und Pfeffer einreiben und 30 Minuten marinieren. Gemüse in walnussgroße Stücke schneiden und in einem Schmortopf anrösten. Zwiebeln halbieren und in einer Pfanne kräftig anrösten. Das Fleisch rundherum anbraten, bis sich Röststoffe bilden. Die Gewürze dazugeben und kurz mitrösten. Wenn es anfängt, nach Wacholderbeeren zu riechen, das Röstgemüse dazugeben und das Tomatenmark mit anrösten. Mit dem Spätburgunder ablöschen und mit der Brühe auffüllen, bis der Braten schwimmt. Nun alles zusammen ca. 2 Stunden köcheln lassen. Das Fleisch ist gar, wenn es von der Fleischgabel gleitet. Wenn das der Fall ist, das Gemüse mit dem Saft durch ein Sieb passieren. Die weiche Butter mit dem Mehl verrühren und diese Mischung in die Soße einrühren und aufkochen lassen. Braten in Scheiben schneiden und mit Spätburgundersoße servieren.

des Hauses Metternich-Winneburg. Nach der Zerstörung von Schloss und Kirche im Zweiten Weltkrieg – genauer gesagt im August 1942 – erfolgte bis in die 60er Jahre der Wiederaufbau, sodass sich dem Besucher heute das prachtvolle Bild einer zweigeschossigen Dreiflügelanlage mit betontem Mittelrisalit und angrenzender Basilika bietet. Letztere wurde in Anlehnung an den romanischen Ursprungsbau aus dem 12. Jahrhundert wieder aufgebaut. Anschließend diente das Schloss dem letzten fürstlichen Besitzer Paul Alfons Prinz von Metternich-Winneburg (1917–1992) als Wohnsitz. Seine Witwe Tatiana lebte dort bis 2006. Sie hatte als Gründungsmitglied des Rheingau Musik Festivals einen Raum im Ostflügel des Schlosses zum Konzertsaal umbauen lassen, der den Namen Fürst-von-Metternich-Saal erhielt und in dem seither zahlreiche Konzerte stattfanden und bis heute ausgerichtet werden. Die Domäne befindet sich heute im Besitz der Henkell & Co. Sektkellerei KG. Der Besucher kann Schloss Johannisberg auf vielfache Weise erfahren und erleben: bei einer Führung inklusive Weinprobe im historischen Holzfasskeller, einer Weinverkostung und Kelterbesichtigung in der Vinothek (dem „Wein-Cabinet") im ehemaligen Kelterhaus, einem Konzert im Fürst-von-Metternich-Saal, einer Feierlichkeit im prächtigen Spiegelsaal oder bei einem Besuch im Gutsrestaurant. Die beiden genannten Säle stehen für verschiedene Zwecke zur Verfügung: für Tagungen, Hochzeiten, Konferenzen und diverse Events. Die seit den 50er Jahren existierende Schlossschänke wurde in den 90er Jahren des 20. Jahrhunderts zum Gutsrestaurant ausgebaut und bietet neben kulinarischen Köstlichkeiten, zu denen selbstverständlich die passenden Weine gereicht werden, einen herrlichen Blick über den Rheingau. Heute

▲ *Schlossschänke auf dem Johannisberg, Detailaufnahme des Innenraumes*

wird die Schlossschänke von der Kurhausgastronomie betrieben, vertreten durch Roland und Stephan Kuffler. Seit Ende des Jahres 2016 erscheint das Restaurant nach eingehender Renovierung unter neuem Namen („Schlossschänke auf dem Johannisberg") in einem zeitgemäßen, frischen Gewand. Dabei handelt es sich nicht um einen Umbau im Sinne eines völlig neuen Konzeptes, sondern vielmehr um eine Auffrischung mittels einer freundlicheren Gestaltung des Restaurants, unter anderem durch eine hellere, klare Farbgestaltung und ein modernes Lichtkonzept. Eine neue Verglasung ermöglicht darüber hinaus die ganzjährige gastronomische Nutzung.

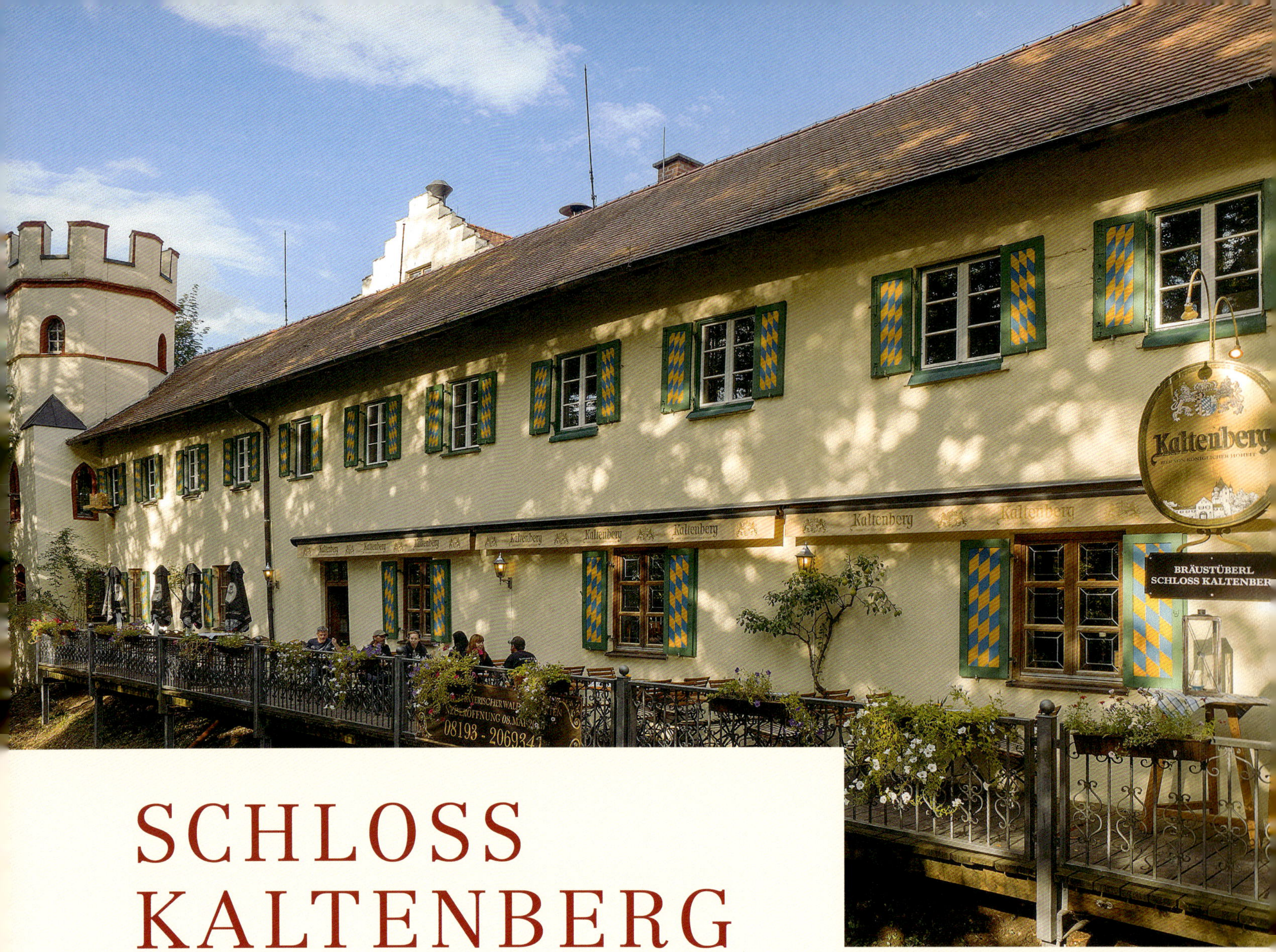

SCHLOSS KALTENBERG

Schloss Kaltenberg, nahe des Ammersees in Oberbayern – reichlich 50 Kilometer von München entfernt –, ist vor allem bekannt durch seine Ritterturniere, die jährlich in der Arena unterhalb des Schlosses (sowie auf dem Schlosshof und rund um das Schloss) stattfinden und zehntausende Besucher anlocken.

Es befindet sich heute im Besitz von Luitpold Prinz von Bayern, einem Urenkel von Ludwig III. (1845–1921), dem letzten König Bayerns, der 1979 das erste Ritterturnier veranstaltete. Dieses bietet alljährlich im Juli mit allem, was dazugehört – Narren, Handwerkern, Gauklern und Rittern, Musik, Minnesängern und Magiern, Reiterturnieren usw. – ein Mittelaltererlebnis der ganz besonderen Art. Rudolf I. (1274–1319), Herzog von Oberbayern sowie Pfalzgraf bei Rhein und ein Vorfahre des heutigen Besitzers, hatte das Anwesen 1292 errichten lassen. Aufgrund einer Familienfehde war es nur wenige Jahre später schon zerstört, aber um 1425 durch Peter Rehlinger, einen Patrizier aus Augsburg, wieder aufgebaut worden. Viele Jahre, d. h. von 1469 bis 1612, befand sich das Schloss im Besitz der katholischen Uradelsfamilie Hundt zu Lautterbach und Sulzemoos, die bis heute in Oberbayern ansässig ist. Danach übernahm der Jesuitenorden das Gebäude, das im Dreißigjährigen Krieg schwere Schäden hinnehmen musste und ein paar Jahre nach Auflösung des

◂ *Bräustüberl Schloss Kaltenberg, Außenansicht*

▴ *Eingang zum Innenhof des Schlosses*

Kaltenberger Ritterturnier ▸

Jesuitenordens (1781) vom Malteserorden übernommen wurde. Aus der Zeit der Jesuiten stammt der bis heute erhaltene Kernbau des Westflügels. 1808 ging Schloss Kaltenberg zeitweise in Staatsbesitz über. Nach 1822 waren jedoch die Grafen von Hegnenberg-Dux über 20 Jahre lang die Herren des Schlosses, nutzten es aber nicht als ihren Wohnsitz. Um die Mitte des 19. Jahrhunderts erfolgte durch Johann Adolph Sommer – königlicher Ingenieur-Geo-

◂ *Innenhof des Schlosses, Blick in Richtung Südwestturm*

▴ *Zugang zum Innenhof des Schlosses, rechts vom Tor der markante Südwestturm*

▲ *Alte Fasshalle*

▼ *Bräustüberl Schloss Kaltenberg, Innenraumaufnahme*

graph – die Umgestaltung des Anwesens in gotischen Formen, wodurch der prägnante Südwestturm sein heutiges Erscheinungsbild mit den kleinen Ecktürmchen erhielt. Die heutige Vierflügelanlage, die sich inmitten eines dichten Baumbestandes befindet, geht weitestgehend auf den Umbau durch Sommer zurück. Danach folgten mehrere Besitzer in schnellem Wechsel. 1876 errichtete Sigmund von Willibald auf dem Schlossgelände eine Brauerei, die viele Jahre mit großem Erfolg betrieben wurde. Nach der Enteignung der Familie Schülein (seit 1917 im Besitz des Schlosses) aus antisemitischen Gründen wurde es zunächst der Regierung von Oberbayern unterstellt, 1949 aber wieder an Fritz Schülein rückerstattet und wenige Jahre später an die Wittelsbacher verkauft. Prinz Luitpold von Bayern, der heute mit seiner Familie das Schloss bewohnt, setzte 1976 mit der Gründung der König Ludwig Schlossbrauerei Kaltenberg die Tradition des Brauens auf Schloss Kaltenberg fort, knüpft namentlich v. a. an die großen Bayernkönige an und lässt die Wittelsbacher Brauerei-Geschichte aufleben. Klassiker der Brauerei ist das „König Ludwig Dunkel", eine von Prinz Luitpold von Bayern neu interpretierte Biersorte, der er zu großem Erfolg verholfen hat und die inzwischen zum Kultbier avanciert

REZEPT
aus der Schlossküche

GEBEIZTER ALMOCHSE *mit* BLUMENKOHL, APRIKOSEN *und* KERNÖLSCHMAND

für 2 Personen

600 g Almochsenrücken
6 Aprikosen
1/2 Blumenkohl
100 g Schmand
25 ml Kernöl
Zitronensaft, Salz, Pfeffer, Chili

Beize
3 EL Meersalz
2 EL Rohrzucker
Koriandersaat, Orangenschale, Zitronenschale
Grober Pfeffer
Basilikum
1 Tomate, gewürfelt

Fleisch: Alle Zutaten der Beize durchmischen und das Fleisch darin einlegen, den Ochsenrücken fest in Folie einschlagen und im Kühlschrank 4–6 Stunden (je nach Dicke des Fleisches) ziehen lassen.
Blumenkohl und Aprikosen: Den Blumenkohl leicht salzen und zuckern. Die Aprikosen vierteln und mit etwas Saft von Zitrone und Orange marinieren. Nachdem der Blumenkohl etwas Wasser gezogen hat abtupfen und in einer Pfanne mit Butter goldgelb braten, danach die Aprikosen mit Saft kurz durch die Pfanne ziehen.
Kernölschmand: Den Schmand mit Kernöl glattrühren und mit Zitronensaft, Salz, Pfeffer und etwas Chili abschmecken.
Zum Schluss den Rücken abtupfen, hauchdünne Scheiben schneiden und auf dem Schmand und dem Blumenkohl anrichten. Die Aprikosen wie ein Chutney auf dem Teller verteilen.
Zu diesem Gericht servieren wir auf Schloss Kaltenberg einen Gewürztraminer.

ist. Neben seiner Funktion als Wohnsitz und Brauerei oder Austragungsort der Ritterturniere wird Schloss Kaltenberg auch für diverse Veranstaltungen und Feierlichkeiten genutzt; dazu dient unter anderem die Alte Fasshalle, die sich zusammen mit anderen Wohn- und Wirtschaftsbauten aus dem 19. Jahrhundert vor dem Schlossgeviert befindet. Auch das Braustüberl steht als Ort für Feierlichkeiten zur Verfügung, ist aber vor allem ein À-la-carte-Restaurant. Es verbindet moderne Gourmetküche mit königlichem Ambiente, d. h. unter Chefkoch Sebastian Walz werden Gerichte, die sich auf der Speisekarte des hohen Adels und nicht zuletzt der bayerischen Könige fanden, neu interpretiert. Prinz Luitpold von Bayern ist es ein persönliches Anliegen, die königliche Hofküche der europäischen Fürstenhäuser wieder zu neuem Leben zu erwecken. Hochwertige Produkte wie Hummer und Jakobsmuscheln fehlen auf der Karte ebenso wenig wie regionale Komponenten – z. B. das Duett vom bayerischen Ochsen – oder internationale Einflüsse – so die französische Barbarie-Entenbrust mit Wiesenkräuter-Risotto. Und Prinz Heinrichs Käsesoufflé mit Caipirinha-Quitten macht schließlich historische Bezüge auch namentlich deutlich. Ein ganz besonderes Erlebnis ist das sogenannte „Chef's Table". Hier bereitet der Chefkoch persönlich für einen kleineren Personenkreis von zwei bis zwölf Personen ein mehrgängiges Gourmet-Menü zu, das einem Originalmenü aus europäischen Königshäusern nachempfunden ist. Schon das Porzellan, von dem zu diesem Anlass gespeist wird, ist wahrlich königlich, denn es handelt sich um Geschirr aus der Porzellanmanufaktur Nymphenburg, das speziell für das bayerische Königshaus angefertigt wurde. Dazu werden die passenden Weine serviert.

JAGDSCHLOSS KRANICHSTEIN

Das Renaissanceschloss Kranichstein, umgeben von einem Wildpark mit kleinem See, dem „Backhausteich", liegt am nördlichen Stadtrand von Darmstadt im gleichnamigen Stadtteil. Es handelt sich um einen der wenigen erhaltenen Jägerhöfe Deutschlands. Die Anlage wird heute als Jagdmuseum und als Hotelbetrieb mit hochwertigem Restaurant genutzt.

An der Stelle der heutigen Anlage bestand bereits 1549 ein alter Gutshof, als Johann von Renstorff das Anwesen erwarb und ausbauen ließ. 1572 konnte Landgraf Georg I. (1547–1596) das bereits stattliche Anwesen erwerben, um es zu seinem Jagdschloss auszubauen. Die Grundform des heutigen Hauptgebäudes als Dreiflügelanlage geht wohl auf den von 1577 bis 1580 erfolgten Umbau des Hofbaumeisters Jakob Kesselhuth († 1610) zurück. Kesselhuth war ein erfahrener Architekt und Steinmetz, der unter anderem für den Bau des Darmstädter Schlosses und des Rathauses zuständig war. In den folgenden Jahrhunderten fanden vor allem im Inneren mehrere Umbauten des Renaissanceschlosses statt. Die repräsentativen geschweiften Renaissancegiebel prägen heute vor allem die Ehrenhofansicht. Der Giebel des Mittelrisalits stammt allerdings erst aus der Zeit des Historismus (nach dem Entwurf von Ludwig Weyland (1818–1889)).

Georg I. von Hessen-Darmstadt (1547–1596), der auch den Beinamen Georg der Fromme führt, war ein Sohn des einflussreichen Landgrafen Philipp I. von Hessen (1504–1567), der seine Landgrafschaft Hessen unter seinen vier Söhnen aufteilte. Georg erhielt die Obergrafschaft Katzenelnbogen mit den Schlössern, Städten und Ämtern

Rüsselsheim, Dornberg, Darmstadt, Lichtenberg, Reinheim, Zwingenberg und Auerberg – kurz „Hessen-Darmstadt“ genannt. Georg I. machte Darmstadt zu seiner Residenzstadt und baute seinen Regierungssitz entsprechend aus. Dazu erweiterte er vor allem das Schloss sowie den Schlossgarten und ließ von 1572 bis 1580 den Gutshof in Kranichstein zu einem repräsentativen Jagdschloss umbauen. Landgraf Georg I. von Hessen-Darmstadt verstarb 1596 und ist im Chor der Darmstädter Stadtkirche beigesetzt. Von seinem Herrschaftsanspruch künden nicht nur seine Bauprojekte, sondern auch das riesige Epitaph für ihn und seine Gemahlin in der Stadtkirche – ein eindrucksvolles Renaissance-Denkmal, das wie ein großer Altar den Chorraum einnimmt.

▲ *Ehrenhof Schloss Kranichstein*

▼ *Schloss Kranichstein, Seitenansicht*

Auch von Georgs Nachfolgern wurde Schloss Kranichstein als Jagdschloss genutzt. Es waren vor allem die hessischen Landgrafen Ernst Ludwig (1667–1739) und Ludwig VIII. (1691–1768), die große Jagdfeste in Form von Parforcejagden veranstalteten. Sie ließen die Innenräume entsprechend der Zeit barock und luxuriös ausgestalten. Der Darmstädter Hofmaler Georg Adam Eger

▲ *Kavaliersbau* ▼

(1727–1808) dokumentierte anhand von Jagdszenen, Tierstücken und Hirschporträts die Vorliebe seines Landesherrn. 40 Gemälde sind im Museum des Schlosses ausgestellt. Für die Jagd ließ man seinerzeit sternförmig Schneisen in den Wald schlagen. Zentrum des Schneisensterns bildet das barocke Rondell an der Ostecke des Schlosses. Von dort aus waren die in den Wald geschlagenen Schneisen während der Parforcejagd einzusehen. Das 1765 unter dem jagdbegeisterten Ludwig VIII. in zweieinhalb Kilometern erbaute achteckige Jagdschloss Dianaburg wurde 1808 zerstört. Das nach der römischen Göttin der Jagd, Diana, benannte Schlösschen erhielt 1836 einen schlichten Nachfolgebau, der heute unter anderem zu Trauungen genutzt wird. Zur Gesamtanlage gehört darüber hinaus das 112 Meter lange ehemalige Jagdzeughaus, das 1688 bis 1690 zunächst eingeschossig errichtet und 1740 erhöht bzw. verlängert wurde. Südwestlich liegt zudem die Fasanerie, die bis 1715 errichtet wurde.

Das Jagdmuseum geht auf den letzten Großherzog Ernst Ludwig (1868–1937) zurück, der 1917 alle Zeugnisse der Jagdkultur seiner Schlösser und Jagdhäuser in Kranichstein vereinigte und als Museum der Öffentlichkeit zugänglich machte. Nach dem Zweiten Weltkrieg übernahm die Stiftung Hessischer Jägerhof das Museum, das die Geschichte der Jagd von ihren Anfängen bis in die Barockzeit zum Thema hat. Schusswaffen, Trophäen, Tapisserien und Gemälde liefern ein anschauliches Bild der Jagdleidenschaft in den früheren Jahrhunderten. Zu den bemerkenswerten Räumen des Schlosses gehörten der Marstall, der heute unter anderem als Konzertraum genutzt wird, und die Schlosskapelle. Sie wurde unter Landgraf Georg I. 1580 eingerichtet. Der schlichte Innenraum wird von der Stuckdecke (um 1630), der barocken Kreuzigungsszene des Altargemäldes und den hölzernen Emporen von 1728 mit biblischen Szenen in den Brüstungsfeldern geprägt.

In Teilen des Schlosses ist ein Hotel untergebracht, und das Restaurant im Kavaliersbau des Jagdschlosses bietet köstliche Speisen in geschmackvollem Ambiente. Das Gebäude mit repräsentativem Mansarddach war Mitte des 18. Jahrhunderts als Schlossküche erbaut worden. Die heutige Nutzung knüpft daher an alte Traditionen an. Während man hier zu Zeiten der Landgrafen die Jagdgesellschaft bekochte, kann der Gast heute in dem stilvoll gestalteten Raum mit Kamin – wie man ihn seinerzeit in den Schlossküchen vorfand – Platz nehmen oder von der Gartenterrasse aus den Blick auf die schön gestaltete Gartenanlage genießen. Das Motto auf Schloss Kranichstein lautet: Die Küche hält, was das Haus verspricht. Demnach erwartet den Gast hier eine gehobene Küche mit sowohl internationaler als auch regionaler Ausprägung. Küchenchef Michael Alberti zaubert – passend zur Historie des Hauses – traditionelle Wildgerichte auf den Tisch, des Weiteren hessisch-schwäbische Gaumenfreuden, aber auch Delikatessen aus aller Welt, um dem anspruchsvollen und vielfältigen Appetit der Besucher gerecht zu werden.

▲▲ Restaurant im Kavaliersbau, Innenansicht

▲ Marstall, Innenansicht

SCHLOSS KRONBERG

Schloss Friedrichshof in Königsberg im Taunus ist eine der vornehmsten Adressen in Deutschland. Es handelt sich um den ehemaligen Witwensitz Kaiserin Victorias, der Gemahlin von Kaiser Friedrich III. Das historistische „Country Home", wie die Kaiserin es nannte, in der Tradition englischer Landhäuser erbaut, wird seit 1954 als Schlosshotel Kronberg genutzt.

Eindrucksvoll ist die prachtvolle malerische Architektur aus Werkstein und Fachwerk, wobei Elemente und Grundrissgestaltungen des „Old English Style" mit den Bauformen der deutschen, italienischen und niederländischen Renaissance verbunden sind. Damit wird augenfällig die Herkunft Kaiserin Victorias aus dem englischen Königshaus vorgeführt.

▲ *Hauptansicht mit Empfangshof*

Kaiserin Victoria – genauer Victoria Adelaide Mary Louisa von Großbritannien und Irland (1840–1901) – heiratete 1858 mit achtzehn Jahren den preußischen Prinzen Friedrich Wilhelm (1831–1888), der als Friedrich III. 99 Tage Deutscher Kaiser und König von Preußen war und somit als der „99-Tage-Kaiser" in die Geschichte einging. Victoria war damit Königin von Preußen und Deutsche Kaiserin und nannte sich nach dem Tod ihres Mannes „Kaiserin Friedrich". Sie verstarb am 5. August 1901 in ihrem Schloss Friedrichshof, dem heutigen Schlosshotel in Kronberg im Taunus. Victoria war die älteste Tochter der englischen Königin Victoria (1840–1901), die als mächtigste Frau der Welt ab 1837 über die damalige Weltmacht des Vereinigten Königreichs Großbritannien und Irland einschließlich der Kolonien regierte. Die königliche Prinzessin Victoria – offiziell „Princess Royal" genannt – kam am 21. November 1840 zur Welt. Sie erhielt zur Unterscheidung von ihrer Mutter den Kosenamen „Vicky". Das temperamentvolle, aufgeweckte und hübsche Kind besaß eine schnelle Auffassungsgabe. Vom 14. bis 17. Lebensjahr wurde Victoria von ihrem Vater, dem aus Coburg stammenden Prinz Albrecht von Sachsen-Coburg und Gotha (1819–

1861), in Geschichte und Staatskunde unterrichtet. Victoria war eine begabte Zeichnerin und Malerin. Ihre Aquarelle und Ölgemälde, wie zum Beispiel die Porträts ihrer Kinder, sind bis heute in Schloss Friedrichshof zu sehen. Victoria hielt sich gerne in der Natur auf und liebte Gärten wie ihr Vater Albert. Mit zehn Jahren lernte Victoria ihren späteren Ehemann Friedrich kennen – den Kronprinzen und einzigen Sohn des preußischen Königs Wilhelm I., der 1871 zum deutschen Kaiser proklamiert wurde. Friedrich besuchte seine zukünftige Gemahlin in den Folgejahren häufiger. Nach Bekanntwerden der Verlobung des Paares kritisierte die „Times", Victoria habe unter ihren Möglichkeiten geheiratet, war doch zu diesem Zeitpunkt noch nicht absehbar, dass sie mit dieser Heirat die spätere deutsche Kaiserin werden würde. Davon unbeirrt heiratete Victoria am 25. Januar 1858 in London im Alter von gerade 18 Jahren den gutaussehenden preußischen Thronerben. Die Brautleute waren auch politisch auf einer Wellenlänge, dachten liberal und führten eine glückliche Ehe. In den Jahren zwischen 1859 und 1872 brachte Victoria etwa alle zwei Jahre ein Kind zur Welt. Die Geburt des ältesten Sohnes Wilhelm (II.) am 27. Januar 1859 war von besonderer Dramatik, da das Kind sich in der Steißlage befand und durch die Intervention des Arztes zwar lebend zur Welt kam, aber unter lebenslangen Folgeschäden litt: verkrüppelter, teilweise gelähmter linker Arm und möglicherweise Hirnschäden. Es folgten weitere sieben Kinder, darunter die älteste Tochter Charlotte (1860–1928), die Herzog Bernhard von Sachsen-Meiningen heiratete, und die zweitjüngste Tochter Sophie (1870–1923), die 1889 König Konstantin I. von Griechenland ehelichte. Dessen Neffe ist Prinz Philipp (*1921), der Duke of Edinburgh und Ehemann der britischen Königin Elisabeth II. (*1926). Victoria und Friedrich lebten zunächst im neugotischen Schloss Babelsberg in Potsdam, das Victoria an ihre englische Heimat erinnerte, später im Neuen Palais. Victoria und Ehemann Friedrich waren zwar auf ihre zukünftige Regierungsarbeit gut vorbereitet. Sie blieben aber über Jahrzehnte ein Kronprinzenpaar im Wartestand, das ohne nennenswerten Einfluss auf die Politik blieb, zumal Otto von Bismarck (1815–1898) zeitlebens gegen die liberale Opposition des

▲ *Esszimmer*

◄ *Kaiserin Victoria, Foto von 1900*

Kronprinzenpaares intrigierte und polemisierte. Hinzu kam die lange Regierungszeit von Friedrichs Vater Kaiser Wilhelm I. (1797–1888), der hochbetagt erst mit 91 Jahren verstarb. Als Kaiser Friedrich III. durfte er nach dem Tod seines Vaters im Jahre 1888 schließlich die Regierung übernehmen, war zu der Zeit allerdings selbst schon so an Kehlkopfkrebs erkrankt, dass er bereits seine Stimme verloren hatte. Er ging als „99-Tage-Kaiser" in die Geschichtsbücher ein – das Jahr 1888 als sogenanntes „Dreikaiserjahr". Er konnte während seiner 99 Tage Regierungszeit nichts Wesentliches bewirken, zumal Reichskanzler Bismarck das Deutsche Reich führte.

▲ *Bibliothek*

Englische Halle ▶

Am 15. Juni 1888 verstarb Kaiser Friedrich III. im Neuen Palais in Potsdam. Victoria wurde Kaiserinnenwitwe, ihr ältester Sohn letzter Deutscher Kaiser Wilhelm II. Reichskanzler Bismarck führte weiterhin seine Attacken gegen die Kaiserwitwe, die sich deshalb weitab von Berlin in Kronberg im Taunus ihren

Witwensitz Schloss Friedrichshof errichten ließ. Der Ort war so zentral gelegen, dass die durchreisenden königlichen Verwandten gern und oft bei ihr Station machten. Hier konnte sie ihren Leidenschaften des Studierens und Malens nachgehen und karitativ tätig werden. 1899 erkrankte Victoria an Brustkrebs. Nach schwerem Leiden verstarb sie am 5. August 1901 in Schloss Friedrichshof, nur kurze Zeit nach ihrer Mutter, Königin Victoria des Vereinigten Königreichs Großbritannien und Irland. Kaiserin Victoria wurde neben ihrem Ehemann im Mausoleum Raschdorffs an der Friedenskirche im Park von Potsdam-Sanssouci beigesetzt.

1888 hatte Kaiserin Victoria in Kronberg im Taunus von dem Frankfurter Bankier und Teehändler Jacques Reiss das stattliche Grundstück einschließlich der 12 Jahre zuvor vollendeten „Villa Schönbusch" erworben, über der Schloss Friedrichshof von 1889 bis 1893/94 erbaut werden sollte. Zu Ehren des verstorbenen Gemahls erhielt das neue Herrenhaus den Namen „Friedrichshof". Finanziert wurde der Bau vor allem aus dem Vermächtnis von fünf Millionen französischen Francs, die die Genueser und Pariser Mäzenin Maria Brignole Sale de Ferrari (1811–1888), Herzogin von Galliera, 1888 Kaiserin Victoria vermachte. Als Architekten beauftragte Victoria den 1888 zum königlich-preußischen Hofarchitekten ernannten und in England aufgewachsenen Ernst von Ihne (1848–1917), zu dessen berühmtesten Bauentwürfen das Kaiser-Friedrich-Museum (heute Bode-Museum) in Berlin von 1898–1904 und die Staatsbibliothek Unter den Linden in Berlin von 1908–1914 gehören.

Der Landsitz in Kronberg ist in der Anordnung seiner Gebäude repräsentativen Landhäusern in England nachempfunden. Dies äußert sich auch anhand der Verbindung der Architektur mit einer großen Parkanlage, in die funktionale Nebengebäude malerisch integriert sind, wie der Marstall, das „Cottage" als Wohnung für den Hofmarschall und das Pförtnerhaus am Hauptzugang zum Schlosspark. Typischerweise ist das Eingangsgebäude als kleiner Bau in Fachwerk mit hohen Schornsteinen und Giebelaufsätzen ausgeführt. Ebenso ist der asymmetrische Auf- und Grundriss des langgezogenen Hauptgebäudes und die Verwen-

▼ *Roter Salon* ▶ *Bibliothek*

REZEPT
aus der Schlossküche

CARPACCIO *von der* CRISTALLE GARNELE

für 4 Personen

16 Garnelen (ca. 35 g pro Stück)
12 Wassermelonenwürfel (1,5 Zentimeter Kantenlänge)
1 Prise Fleur de Sel
6 TL Holunderblütensirup
2 TL Holunderblütenessig
Dillzweige
Blüten
Algenchips

Die Garnelen pulen und den Darm entfernen. Dann fein schneiden und in einem Ausstecher (11,5 Zentimeter Durchmesser) mittig auf dem Teller platzieren. Mit Meersalz würzen und mit der gemischten Essig-Sirup-Marinade beträufeln. Die Melonenwürfel in der heißen Grillpfanne trocken karamellisieren, salzen und auf ein Küchentuch legen. Melonenwürfel mit dem Holunderblütenessigmousse um die Garnelen verteilen, mit den Algenchips, Dill und Blüten garnieren.

Tipp: Dieses Gericht funktioniert auch sehr gut mit anderen Krustentieren oder Fischen. Entscheidend für den Erfolg ist die Frische.

dung unterschiedlicher Baumaterialien (Fachwerk und unverputzter Werkstein), die die malerische Wirkung steigern sollen, charakteristisch für die Herrenhausarchitektur Englands im 19. Jahrhundert. Die Räume sind vorsätzlich funktional angelegt, um die in 30 Ehejahren mit ihrem Mann gesammelten Kunstschätze der Erbauerin in sich aufzunehmen, wobei die großzügige „Englische Halle" den zentralen Raum bildet, von dem aus sich das Gebäude erschließt. Der Herrschaftsbe-

◂ *Louis-XVI-Zimmer*

reich (mit den Repräsentationsräumen im Erdgeschoss und den Wohnräumen in den Obergeschossen) ist durch das Nebeneinander gestaffelter Giebel und den Turm hervorgehoben, während der Wirtschaftsflügel (unter anderem mit der Küche) niedriger und in den Obergeschossen (mit den Wohn- und Schlafräumen der Bediensteten) in Fachwerk erbaut ist. Zwar erinnern die großen Fensterbänder an englische Vorbilder; die übrigen Bauformen sind jedoch eher an der deutschen und italienischen Renaissance orientiert. So rezipiert die Vorhalle die italienische Spätrenaissance. Das Fachwerk, das für den „Old English Style“ des 19. Jahrhunderts typisch ist, steht gleichfalls nicht in der Tradition englischer Holzarchitektur, sondern der mitteleuropäischen Bauweise, wobei jedoch der Architekt Zierformen des neuzeitlichen Fachwerkbaus aus unterschiedlichen Regionen aufgreift, die in früheren Jahrhunderten in dieser Form nicht kombiniert worden waren. Auch stehen die Fußbänder im Bereich des Frühstückszimmers deutlich steiler, als es im Renaissance-Fachwerk Norddeutschlands üblich war. Diese Winkelhölzer sind mit genasten Kopfbändern, die vor allem im 16. und 17. Jahrhundert in Süd- und Mitteldeutschland vorkommen, kombiniert.

Victoria vererbte Schloss Friedrichshof ihrer jüngsten Tochter, der Landgräfin Margarethe von Hessen (1872–1952), mit der Auflage, Schloss und Park möglichst unverändert zu erhalten. Die US-Armee beschlagnahmte 1945 das Anwesen und nutzte es als Offiziersklub und zeitweilig als Residenz des US-amerikanischen Oberkommandierenden in Europa, General Dwight D. Eisenhower. Nachdem die Amerikaner das Schloss 1953 geräumt hatten, wandelten die Erben der Landgräfin Margarethe es in ein Hotel und den Park in einen Golfplatz um. In den 1960er Jahren übertrugen sie das Anwesen auf die Hessische Hausstiftung, die Familienstiftung des Hauses Hessen. Das ursprüngliche Inventar ist, abgesehen von wertvollen Kunstgegenständen, die in der Besatzungszeit verschwanden, weitgehend erhalten. Nach einem Dachstuhlbrand 1967 wurde das Dach um ein zusätzliches Geschoss erhöht. Es werden regelmäßig öffentliche Führungen angeboten, durch die der Besucher einen Einblick in das Leben der Kaiserin und die Räume des Schlosses erhält.

Nach Restaurierungen wird das Schloss seit 1954 als Fünf-Sterne-Hotel mit hervorragender Gastronomie geführt. Im Schlossrestaurant haben Gäste die Möglichkeit, in einem der schönsten Säle Hessens zu speisen. Küchenchef Jörg Lawrenz bietet auf höchstem Niveau zubereitete und zusammengestellte Gerichte mit hochwertigen Produkten wie Austern, Kaviar oder Tafelspitz. Neben der Auswahl aus der Karte werden auch speziell zusammengestellte mehrgängige Menüs angeboten und Sonderwünsche gern berücksichtigt. Neben dem Besuch des Restaurants stehen im Schloss mehrere einzigartige Räumlichkeiten zur Ausrichtung von Feierlichkeiten zur Verfügung, für die ein herrschaftlich-repräsentativer Rahmen gefragt ist. Die prächtigen, eleganten Festsäle bieten ein unvergleich-

liches Ambiente – so die verschiedenen Salons oder gar der kleine achteckige Speisesaal im gotischen Stil (das ehemalige Frühstückszimmer der Kaiserin Victoria) – und eignen sich für Festlichkeiten verschiedenster Art. Gobelins, Kronleuchter, reich mit Stuck verzierte Decken sowie prunkvoll gerahmte Gemälde bieten ein geradezu atemberaubendes Flair und machen den Besuch bzw. die Feier zum unvergesslichen Erlebnis.

SCHLOSS LEHEN

Das an der Burgenstraße gelegene Schloss Lehen im nördlichen Baden-Württemberg, genauer gesagt in Kochendorf, Bad Friedrichshall, ist ein um die Mitte des 16. Jahrhunderts entstandenes Renaissanceschloss. Es ist umgeben von einem kleinen, am Ufer des Kochers gelegenen Schlosspark, unweit der Mündung in den Neckar.

Im frühen Mittelalter gab es hier einen Herrenhof, der später einer Wasserburg weichen musste, die 1294 erstmals Erwähnung fand. Dieser Sitz der Herren von Kochendorf war im Bauernkrieg zerstört worden, weshalb Wolf Conrad Greck I. von Kochendorf (um 1530–1598) und seine Gemahlin Sybilla von Gemmingen 1553 die verfallene Ruine abreißen und das neue Schloss errichten ließen. Der einstige Wassergraben wurde im 18. Jahrhundert zugeschüt-

◄▲ *Schloss Lehen, Gesamtansicht*

tet. Der Name des Anwesens, das unter anderem als Jagdschloss der Könige von Württemberg diente, leitet sich von der Tatsache ab, dass es dem Kochendorfer Adelsgeschlecht als Lehen gegeben wurde, in dessen Besitz es über acht Generationen verblieb. Mit dem Tod von Wolf Conrad Greck V. im Jahre 1749 endete deren Familiengeschichte und das Schloss wurde als Lehen an die nächste Adelsfamilie übergeben, die von Gemmingen-Hornberg. Die Allianzwappen beider Familien sind bis heute über dem Eingang bzw. an der Südseite des Schlosses zu finden. 1814 fiel das Schloss nach dem Tod von Franz Karl Friedrich von Gemmingen-Hornberg, dem letzten männlichen Vertreter der Familie und auch letzten kaiserlichen Lehensträger, an das Land Württemberg. Im weiteren Verlauf des Jahrhunderts ging das Schloss in das Privateigentum der von Breuning über und war nach 1863 der Witwensitz von Sophie Valeska Freifrau von Beuting, deren Gemahl – Johann Carl Georg Freiherr von Breuning – 1847 verstorben war. Das Familienwappen ist ebenso am Bauwerk verewigt. Es befindet sich am südlichen Erker. Durch Heirat der Töchter Breunings kam das Anwesen schließlich in den Besitz der Familie Capler von Oedheim. In dieser Zeit wurden diverse, jedoch eher marginale bauliche Veränderungen vorgenommen, die auch mehr die nähere Umgebung statt das Schlossgebäude selbst betrafen. So hat man z. B. den dritten Rundturm der alten – südlich des Herrenhauses gelegenen – Vorburg zugunsten einer weiteren Toreinfahrt abgerissen. Die beiden anderen Rundtürme, die bis heute ein großes Tor flankieren und so den Eingang zum Schlosskomplex bilden, sind jedoch erhalten geblieben. 1953 kaufte der Fabrikant Karl Erwin Merkle aus Neckarsulm das Schloss und ließ es zum Hotel mit 20 Zimmern und Restaurant umbauen. In den Jahren zwischen 2002 und 2005 ließen es die neuen Besitzer – Familie Freistetter – umfassend restaurieren, sodass man den Gästen von Schloss Lehen heute in einem denkmalgeschützten Gebäude historisches Ambiente

▼ *Die als Eingang zum Schlosskomplex dienende Vorburg*

und modernen Komfort gleichzeitig bieten kann. Dabei war den Eigentümern eine behutsame Renovierung, bei der die Authentizität des Objektes im Vordergrund steht, besonders wichtig. Trotz des Umbaus und der heutigen Nutzung hat man das ursprüngliche Schloss bewahrt und so finden sich am Außenbau und im Gebäude neben der äußeren Gesamterscheinung und der Raumaufteilung auch noch viele Details der Renaissancezeit, so zum Beispiel die Wappensteine, Türen bzw. Türgewände und vieles andere mehr. Baulich interessant ist in diesem Zusammenhang, dass der dreigeschossige Bau auf der einen Seite über einen geschwungenen Giebel und einen Standerker verfügt, während die gegenüberliegende Seite mit einem Staffelgiebel versehen ist, der durch Segmentbögen mit Fächerrosetten gestaltet ist. Seitlich ziert das Gebäude ein achteckiger Turm mit Spitzdach. Im Inneren ist v. a. das überwölbte Erdgeschoss interessant, das den Rittersaal aufnimmt. Früher diente er als Gastraum für das Restaurant. Heute wird er als englischer Salon bezeichnet und von den Hotelgästen als Lounge genutzt, lädt demnach als

REZEPT

aus der Schlossküche

DUNKLES SCHOKOTÖRTCHEN *auf* ERDBEERSPIEGEL *mit* APRIKOSEN-SORBET

für 4 Personen

Schokotörtchen
100 g Kuvertüre (Zartbitter)
50 g Butter
100 g Zucker
40 g Mehl
1 EL Rum
2 Eier Größe „S"
Etwas Butter und Mehl für die Förmchen

Erdbeerspiegel
100 g Erdbeeren
50 g Zucker
1 Prise Salz
1 EL Amaretto
2 EL Grenadine-Sirup

Aprikosen-Sorbet
250 g Aprikosen
50 ml Weißwein
75 g Zucker
1 Blatt Gelatine

Schokotörtchen
Den Backofen auf 180 °C (Umluft) vorheizen. Die Kuchenformen mit Butter einstreichen und mit Mehl ausstäuben. Schokolade, Butter und Zucker in eine Schüssel geben und über einem Wasserbad schmelzen. Die Eier dazugeben und gut unterrühren. Rum untermischen, das Mehl unterheben. Den Teig in die vier Förmchen einfüllen und 9 Minuten backen. Kurz auskühlen lassen und lauwarm vorsichtig aus den Förmchen heben.

Erdbeerspiegel
Alle Zutaten in einen Topf geben und langsam aufkochen. Sobald das Obst weich ist, pürieren und anschließend durch ein Sieb passieren, kühlstellen.

Aprikosen-Sorbet
Die Gelatine in kaltem Wasser einweichen, Aprikosen pürieren. Den Wein mit dem Zucker in einem Topf einmal aufkochen, die Gelatine ausdrücken und unter den Wein rühren und anschließend mit dem Obstpüree mischen und kühlstellen. Alle 20 Minuten durchrühren. Nachdem es gefroren ist, nochmal mit dem Mixstab pürieren, bis es eine cremige Konsistenz hat. So lange kühlen, bis es zu einer Kugel formbar ist.

Anrichten
Den Erdbeerspiegel auf einen Teller geben, das warme Schokotörtchen daraufsetzen und zum Schluss das Aprikosen-Sorbet als Kugel obenauf positionieren, mit Zitronenmelisse garnieren und mit Puderzucker überstäuben.

Rückzugsort z. B. bei einem guten Wein zum Verweilen ein. Als Rauchersalon bietet er auch die Möglichkeit zum Genuss ausgesuchter Zigarren in Verbindung mit einem guten Whiskey. Im Anschluss an diese Lounge befindet sich noch ein weiterer Raum, der mit dem Namen „Laurentius" versehen ist und für diverse Veranstaltungen und

◂ *Raum Laurentius*

▲ *Restaurant im Greckenzimmer*

zu festlichen Zwecken zur Verfügung steht. Eine Wendeltreppe führt in die beiden Obergeschosse, die inklusive dem Dachgeschoss die Hotelzimmer aufnehmen. In diesen individuell gestalteten Räumen, in denen historische und moderne Akzente miteinander kombiniert sind, findet man unter anderem noch Reste der ursprünglichen Farbigkeit und Stuckdecken aus der Barockzeit. Das Restaurant ist inzwischen in das Greckenzimmer umgezogen und begrüßt dort seine Gäste in nicht minder herrschaftlichem Ambiente. In dem freundlich-hellen Gewölberaum mit weißer Holzvertäfelung und schönem Kachelofen speist man unter prachtvoll-eleganten, aber dennoch dezenten Kronleuchtern in geradezu adligem Flair. Geboten wird hier eine authentische Landhausküche gehobenen Niveaus und der Blick in die Speisekarte verrät von Vor- bis Nachspeise die unbedingte Liebe zum Detail: Karamellisierter Ziegenkäse auf Salatvariation und Speckchips, anschließend vielleicht Skrei mit cremigem Zucchini-Risotto und schwarzer Johannisbeerjus oder doch eher Tomaten-Basilikum-Tagliatelle mit Miesmuscheln oder Riesengarnelen und zum Abschluss weißes Schokosufflee mit Minze-Himbeersorbet oder eher Kokos-Limettensorbet mit marinierten Früchten. Trotz der bewusst begrenzten Auswahl der Speisen fällt die Entscheidung schwer, da jedes Gericht als liebevolle und vielgestaltige Zusammenstellung ausgesuchter Komponenten erscheint. Im Mittelpunkt der Kreationen der Küchenchefin Viktoria Banhegyi stehen mit größter Sorgfalt ausgesuchte Produkte, die in geschmacksintensiven Kompositionen miteinander kombiniert werden. Auf Schloss Lehen legt man jedoch nicht allein Wert auf eine qualitativ hochwertige Küche, sondern v. a. darauf, dass sich diese nicht mit übertriebener hochpreisiger Exklusivität allein an den extravaganten Gourmet wendet, sondern eine außergewöhnliche gehobene Küche für jedermann bieten soll, der für gute Produkte, kreative Gerichte und ein besonderes Geschmackserlebnis etwas übrig hat.

SCHLOSS LEITHEIM

Schloss Leitheim wurde im 17. Jahrhundert in der heutigen Form durch Abt Elias Götz als geistlicher Herrensitz errichtet und diente den Äbten des nahen Klosters Kaisheim als Sommerresidenz. Es befindet sich zwischen München und Nürnberg, ca. 50 Kilometer westlich von Ingolstadt, auf einer Anhöhe über dem nördlichen Ufer der Donau.

▲ Blick auf das Schloss (rechts) mit dem Bogengang zur Kirche und das Weingärtnerhaus (links); vorne rechts der gläserne Eingang zum Hotel

In der Mitte bzw. der zweiten Hälfte des 12. Jahrhunderts wurde hier bereits ein Hof mit einer Kapelle erwähnt; ungefähr seit dieser Zeit nutzten die Kaisheimer Zisterziensermönche die Hänge zum Weinanbau, wobei unter Abt Leonhard Weinmayr im 15. Jahrhundert der Weinberg neu angelegt worden sein soll. Einen Teil des historischen Weinberges hat man heutzutage sogar revitalisiert. 1542 entstand unter dem Abt Johannes VI. Sauer ein prachtvolles Weinberghaus, das allerdings im Dreißigjährigen Krieg schwere Schäden erlitt. Innerhalb von 15 Jahren ließ Abt Elias Götz in unmittelbarer Nähe das 1696 fertiggestellte, bis heute bestehende Anwesen mit der Kirche St. Blasius – verbunden durch einen Bogengang – errichten. Am westlichen Kirchenportal erinnert noch das Wappen des Abtes an seine Rolle als Bauherr. Das Schloss war zunächst zweigeschossig auf quadratischem Grundriss erbaut worden. Allerdings erhöhte man das Gebäude Mitte des 18. Jahrhunderts (1748–50) noch um ein drittes Stock-

tion stand Anfang des 19. Jahrhunderts zur Debatte, die Gebäude ggf. abzureißen. Dies wurde glücklicherweise dadurch verhindert, dass König Maximilian I. Joseph von Bayern (1756–1825) 1820 dafür sorgte, dass die Anlage für 4100 Gulden an Friedrich Ludwig Camil Marquis de Montperny – Oberstküchenmeister und später Oberstshofmarschall – verkauft wurde, der das Schloss als Wohnsitz nutzte und zu diesem Zweck biedermeierliche Wohngemächer einrichten ließ. Friedericke von Montperny heiratete Carl Friedrich Wilhelm Tucher von Simmelsdorf; wegen der Erbfolge kamen daraufhin 1835 die Freiherren Tucher von Simmelsdorf in den Besitz von Schloss und Kirche. Einer ihrer Nachfahren – Albrecht Freiherr Tucher von Simmelsdorf – veranlasste über 100 Jahre später (1953) die Substanzsicherung des stark in Mitleidenschaft gezogenen Anwesens, nachdem dieses diversen Nutzun-

werk. Darüber befindet sich ein Mansardwalmdach. Nur ein Jahr nach dieser Erweiterungsmaßnahme erfolgte die Umgestaltung der Anlage zur prachtvollen Residenz durch Abt Coelestin I. Mermos, dessen Monogramm das prachtvolle schmiedeeiserne Geländer im Treppenhaus ziert. In dieser Zeit entstand auch der Festsaal des Hauses, der in den Formen des Rokoko ausgestaltet ist und einen eindrucksvollen Freskenzyklus zeigt. Die durch aufwendige Stuckaturen eingefassten Fresken im Saal und in den anderen Räumen stammen von Gottfried Bernhard Göz und stellen verschiedene Themen, wie z. B. die vier Elemente, die fünf Sinne, die vier Temperamente, die vier Jahreszeiten und anderes, dar. Das Hauptdeckengemälde des Festsaales mit der Darstellung der fünf Sinne zeigt auch Göz selbst (in künstlerischer Pose und ausgestattet mit den Attributen seines Handwerkes), der das Porträt seines Auftraggebers – Abt Coelestin I. Mermos – betrachtet. Nach der Säkularisa-

▲ *Blick von der Terrasse in Richtung Kirche*

▼ *Schloss Leitheim und die Schlosskirche St. Blasius*

gen zugeführt worden war und der Rokokosaal zeitweise sogar als Getreidespeicher gedient hatte. Auf seine Initiative gehen die jährlich stattfindenden Leitheimer Schlosskonzerte zurück, die er 1959 zum ersten Mal veranstaltete und für die bis heute die Familie Tucher von Simmelsdorf verantwortlich ist. Der 1983 gegründete Freundeskreis Schloss Leitheim e. V. hat sich darüber hinaus den Erhalt des Schlosses als Kulturstätte zur Aufgabe gemacht; er fördert in diesem Sinne Kulturveranstaltungen und trägt zur Erforschung des Schlosses und seiner Historie bei. 1997 erfolgte mit der Unterstützung des Freistaates Bayern eine weitere Bestandssicherung und eine umfassende Sanierung der Anlage. Seit 2008 ist die Messerschmitt-Stiftung Eigentümerin des Gesamtkomplexes, d. h. von Schloss, Weingärtnerhaus und Hotel, und setzt sich für die Sanierung und den Erhalt der Gebäude im Sinne einer zeitgemäßen Nutzung ein. Denn auf Schloss Leitheim finden nicht nur die beliebten Schlosskonzerte sowie andere Kulturveranstaltungen wie z. B. Ausstellungen statt, sondern auch Trauungen und Hochzeitsfeiern, da sich die Anlage dafür geradezu anbietet. Kirchliche Trauungen werden direkt in der St.-Blasius-Kirche abgehalten, und für das anschließende Hochzeitsessen stehen unter anderem der prunkvolle Festsaal, aber auch die Räumlichkeiten des Restaurants zur Verfügung. Letzteres befindet sich in dem unmittelbar angrenzenden, 2014 renovierten „Weingärtnerhaus", dessen Name das Restaurant als geschichtlichen Rückbezug übernommen hat. Mit Rücksicht auf die historische Bausubstanz ist das 400 Jahre alte Gebäude einfühlsam restauriert worden und bietet nun in drei

▲ *Festsaal im Schloss*

◄ *Weingärtnerhaus, Restaurant*

REZEPT
aus der Schlossküche

HUMMER *mit* BOUILLABAISSESCHAUM *auf* GLASIERTEM SPARGEL *und* ERBSENPÜREE

Bouillabaisseschaum
3 Fenchelknollen
5 Schalotten
½ Stange Staudensellerie
8 Strauchtomaten
20 Kirschtomaten
1 Prise Meersalz und schwarzer Pfeffer aus der Mühle
100 ml Weißwein
100 ml Pernod
½ l Geflügelfond
3 Knoblauchzehen
200 g Fischkarkassen, gewässert (Seezunge)
Chiliöl, Meersalz, Piment d'Espelette, Safran
50 g Crème double
Ca. 50 ml Olivenöl

550–650 g ausgelöste Hummerschwänze pro Person

200 g weißer Spargel pro Person (Rohgewicht)

Erbsenpüree
400 g Erbsen (tiefgefroren)
100 g Sahne
25 g Butter
Ca. 125 ml Geflügelfond
5 Schalotten
1 Prise Salz, schwarzer Pfeffer und Zucker
1 Prise geriebene Muskatnuss

Die ausgelösten **Hummerschwänze** in eine Auflaufform geben und mit Weißwein und Butter verfeinern. Alles zusammen mit Klarsichtfolie abdecken und kühlstellen.

Bouillabaisseschaum
Zutaten kleinschneiden und alles – beginnend mit den Schalotten – in Olivenöl anschwitzen. Die Fischkarkassen gewässert und geschnitten hinzugeben und ebenfalls anschwitzen. Weißwein, Pernod und Geflügelfond hinzugeben und ca. 25 Minuten köcheln lassen. Den fertigen Fond durch ein feines Sieb passieren. Mit Chiliöl und den Gewürzen abschmecken.
Den Fond stark aufkochen lassen und die restlichen Zutaten (Crème double und Olivenöl) hinzugeben. Danach alles kräftig mit einem Mixstab aufschäumen. Der fertige Schaum kann bis zum Anrichten im Gefäß zur Seite gestellt werden.

Spargel schälen: Setzen Sie bei ca. ein bis zwei Zentimeter unterhalb des Kopfes an und schälen Sie gerade und mit leichtem Druck bis zum Ende der Stange, damit auch die härteren, holzigen Teile entfernt werden. Schneiden Sie vom trockenen Ende ca. zwei Zentimeter ab. Bringen Sie in einem ausreichend großen Topf Wasser zum Kochen. Anschließend den Spargel hineinlegen. Je nach Dicke der Stangen kann die Garzeit variieren, den Spargel ca. 5 Minuten kochen und in Eiswasser abschrecken.

Erbsenpüree
Die tiefgefrorenen Erbsen auftauen lassen und mit den fein geschnittenen Schalotten in etwas Butter anschwitzen. Danach mit Sahne und Geflügelfond weichkochen und das ganze reduzieren lassen. Sobald die Flüssigkeit weitestgehend verdampft ist, die Erbsen kräftig mixen und zu einem feinen Püree verarbeiten. Das

Püree mit Salz, Pfeffer, Muskat und Zucker abschmecken. Das fertige Erbsenpüree in einem Topf mit Deckel auf der ausgeschalteten Herdplatte warmhalten. Eventuell vor dem Anrichten noch einmal erwärmen.

Den Hummer in der Auflaufform im Ofen bei empfohlenen 63 °C dämpfen. Alternativ können Sie auch 74 °C Ober- und Unterhitze wählen und den Hummer dort ca. 7 Minuten warmziehen lassen.

Den gekochten Spargel in gleichmäßige Stücke schneiden und zusammen mit etwas Spargelkochwasser, Butter, Zucker und Zitronensaft in einer Pfanne glasieren.

Das Erbsenpüree tränenförmig mithilfe eines Löffels über den Tellerboden ziehen. Die glasierten Spargelspitzen im Erbsenpüree aufstellen, die übrigen glasierten Spargelstücke davor arrangieren. Nun können Sie den erwärmten Hummer auf die Spargelstücke legen. Den fertigen Bouillabaisseschaum nochmals aufmixen und um die bisherigen Zutaten auf dem Teller verteilen.

Räumen auf zwei Etagen erlesene Speisen in stilvollem Ambiente. Küchenchef Paul Zinsmeister steht für eine gehobene und zugleich bodenständige Küche, die v. a. frische regionale Produkte verarbeitet. Die monatlich wechselnde Speisekarte ist anspruchsvoll und darum bemüht, mit Gerichten wie Hummersuppe mit Edelfischpflanzerl, getrüffelten Waldpilzen, Nussbutterschaum, Brunnenkressepüree und weiteren Besonderheiten immer wieder neue kreative Highlights zu bieten. Bei schönem Wetter kann man auch direkt auf der Schlossterrasse Platz nehmen. Dem Weingärtnerhaus direkt gegenüber befindet sich das 2015 eröffnete Vier-Sterne-Hotel, das interessierten Gästen mit seinen 47 Zimmern und zwei Suiten die Möglichkeit zum Übernachten bietet und über ein umfangreiches Wellness- und Spa-Angebot verfügt. Allerdings kann das Schloss außerhalb von Kulturveranstaltungen nur über die angebotenen Schlossführungen zu bestimmten Terminen besichtigt werden.

▲▶ *Schloss Letzlingen, Gesamtansicht*

SCHLOSS LETZLINGEN

Das mit seinen zinnenbekrönten Rundtürmen und Mauern burgartig anmutende Schloss Letzlingen bei Magdeburg entstand in den Jahren nach 1843 unter der Schirmherrschaft des preußischen Königs Friedrich Wilhelm IV., der es auf den Mauern eines Vorgängerbauwerkes errichten ließ. Die Architekten Friedrich August Stüler und Ludwig Ferdinand Hesse schufen einen imposanten Schlosskomplex im Stil der englischen Tudorgotik.

Bis Mitte des 16. Jahrhunderts befand sich hier ein schlichtes Jagdhaus, das der aus dem Hause Hohenzollern stammende Johann Georg (1525–1598, ab 1571 Kurfürst von Brandenburg), der eine Vorliebe für diese wildreiche Umgebung hatte und eine Leidenschaft für die Jagd hegte, abreißen und durch eine repräsentative Jagdburg ersetzen ließ. Für diesen Bau war der Baumeister Lorenz Arndt verantwortlich, der ihn in den Jahren zwischen 1559 und 1562 errichtete. In anderen Quellen wird auch ein Baumeister Cunz erwähnt. Die kastellartige sogenannte Hirschburg bestand aus einem zentralen dreistöckigen Wohngebäude, umgeben von einer Ringmauer mit vier Ecktürmen und einem Wassergraben. Hier feierte Johann Georg 1577 die Hochzeit mit seiner dritten Gemahlin Elisabeth von Anhalt-Zerbst. Der Sohn Johann Georgs, Joachim Friedrich (1546–1608), fand ebenfalls Gefallen an dieser Nebenresidenz als Jagdsitz und ließ sich als Nachfolger seines Vaters zeitweise hier nieder. Spätere Herrscher hatten jedoch wenig Interesse am Anwesen, sodass dieses zunehmend verfiel und auch im Dreißigjährigen Krieg Schäden zu verzeichnen hatte. Im 18. Jahrhundert erfolgten dennoch diverse Instandsetzungs- und Baumaßnahmen, bis 1841

schließlich besagter König Friedrich Wilhelm IV. (1795–1861) das Bauwerk auf einer Reise durch die Altmark für sich entdeckte und die verfallene Jagdburg in ein neugotisches Schloss umwandeln ließ. Zuerst wurde der quadratische Hauptbau viergeschossig ausgebaut und mit kleinen Ecktürmen versehen, der Treppenturm in runder und höherer Form umgebaut und auch das Torhaus sowie die Ecktürme der Ringmauer – die man ebenso erhöhte – wurden dem gewählten Stil der Neugotik angepasst. Besonders deutlich zeigt sich dies in dem Zinnenkranz, der alle Gebäude einheitlich am Dachrand nach oben hin abschließt. Im Inneren erfolgte in den Jahren nach 1850 der Umbau von Speisesaal und Küche. Dies geschah ebenfalls nach Plänen Stülers, allerdings unter der Leitung seines Bruders, dem Architekten und Bauinspektor Karl Askan Stüler, bzw. des Baurates Karl Albert Rosenthal, dem 1859 auch die Bauleitung der Schlosskirche oblag, die Friedrich August Stüler entworfen hatte. 1868 war der Bau schließlich vollendet. Letztes Gebäude des Anwesens war das Kastellanhaus, das nach Plänen von Ludwig Ferdinand Hesse entstand und das Schlossensemble zusammen mit dem Kavalierhaus (1865) vervollständigte. Friedrich Wilhelm IV. war in der Zwischenzeit verstorben, sodass nicht er selbst, sondern erst sein Bruder und Nachfolger, Wilhelm I. (1797–1888), die Fertigstellung des neuen Herrschaftssitzes erlebte.

Bis 1912 fanden im Spätherbst alljährlich die sogenannten „Letzlinger Hofjagden“ statt, die seinerzeit ein bedeutsames gesellschaftliches Ereignis waren und sich über zwei Tage hinzogen. Im Zeitraum von 1843 ereigneten sich vor Ort insgesamt 59 dieser Jagdtreffen. Organisiert, d. h. vorbereitet, durchgeführt und finanziert, wurden diese vom Königlichen Hofmarschallamt in Berlin. Für die Einladungen der Gäste und deren Unterbringung sowie das Rahmenprogramm mit Musik und Speisenauswahl war das Berliner Oberhofmarschallamt zuständig. Tagsüber frönte man der Jagdlust und nutzte das Anwesen auch für politische Gespräche in entspannter Atmosphäre; abends fand man sich zum Umtrunk und festlichen

Abendessen an der Tafel im großen Saal zusammen. Zu den geladenen Jagdgästen der unter Wilhelm I. und Wilhelm II. (1859–1941) so beliebten Kaiserjagden zählten unter anderem der spätere Kaiser Franz Joseph I., Otto von Bismarck, russische Großfürsten usw. Gewichtige Staatsmänner und europäische Monarchen wie Zar Alexander II. von Russland, Erzherzog Franz Ferdinand von Österreich-Este oder Griechenlands Kronprinz Konstantin gingen derzeit im Schloss aus und ein. Mit der Abdankung von Kaiser Wilhelm II. verloren die Jagd als Höhepunkt gesellschaftlichen Lebens und das Schloss als Treffpunkt für Prominenz aus dem In- und Ausland allerdings an Bedeutung. Nach dem Ersten Weltkrieg ging das Schloss in den Besitz der preußischen Regierung über, und im Schloss richtete sich eine private Internatsschule ein, die von den Nationalsozialisten 1933 jedoch geschlossen und durch eine SA-Führerschule ersetzt wurde. Die Einrichtungsgegenstände waren längst auf andere Hohenzollernschlösser verteilt oder auf der Auktion des Jahres 1922 veräußert worden. Während des Zweiten Weltkrieges diente das Schloss zeitweise als Lazarett und nach 1945 dann als Außenstelle des Krankenhauses Gardelegen, die bis 1991 Bestand hatte. In dieser Zeit (1982) wurde das Gebäude zum Denkmal erklärt. Heute befindet sich das frühere Jagdschloss der Hohenzollern in der Obhut der Stiftung Dome und Schlösser in Sachsen-Anhalt, deren Aufgabe und erklärtes Ziel es ist, dieses und weitere Bauwerke zu verwalten, baulich zu betreuen, d. h. zu erforschen und zu erhalten, sowie der Öffentlichkeit zugänglich zu machen. Bis 2001 erfolgten umfangreiche Sanierungs- und Restaurierungsmaßnahmen, um das letzte erhaltene Hohenzollern-Schloss in Sachsen-Anhalt für Besucher öffnen zu können. In mehreren Räumen ist heute eine Dauerausstellung untergebracht, welche Einblicke in die Bau- und Nutzungsgeschichte des Anwesens gewährt und anhand von historischen Fotos, Gemälden und Grafiken, Jagdwaffen, Trophäen sowie der erhaltenen und durch originale Möbelstücke ergänzten Raumausstattung über das Schloss und die Jagd in der Colbitz-Letzlinger Heide informiert.

2001 eröffnete im Schloss auch das Restaurant „Kaiserhof", das seinen Gästen passend zum historisch-herrschaftlichen Ambiente eines Jagdschlosses eine gehobene deftige Küche bietet. Und neben Wildgerichten finden sich auf der Speisekarte unter anderem auch traditionelle regionale Speisen wie die „Altmärkische Hochzeitssuppe" sowie wechselnde saisonale Komponenten. Nach der Sanierung des Kavaliershauses im Jahre 2004 konnte auch der Hotelbetrieb aufgenommen werden. Das nach 2004 sanierte Kastellanhaus beherbergt diverse Appartements, während sich die Hotelzimmer im Kavaliershaus befinden.

◄ *Kaisersaal*

▼ *Viktoriazimmer, Restaurant „Kaiserhof"*

Im Hauptgebäude ist auch das Standesamt Südliche Altmark untergebracht und bietet Paaren die Möglichkeit, sich in den historischen Räumen des Schlosses bzw. in der gegenüberliegenden Schlosskirche das Jawort zu geben. Ein besonderes Highlight sind daher neben dem Turmzimmer im Nordwestturm v. a. die Hochzeitssuite im Südwestturm oder der große Kaisersaal, der für Feierlichkeiten gebucht werden kann. Letztgenannter ist das Schmuckstück unter den Sälen. In einem Nebenraum befindet sich auch die kaiserliche Tafel, welche die Stiftung 2015 für das Schloss zurückerworben hatte. Dabei handelt es sich um einen Eichentisch von 1,80 Metern Länge und 1,25 Metern Breite, der mithilfe eines Kulissenzuges und neun Einlegeplatten auf eine Länge von acht Metern vergrößert werden kann. Der 1901 erstmals eingedeckte Tisch war 1922 während einer Auktion im Letzlinger Schloss in private Hände verkauft worden. Ein originaler Bestandsaufkleber belegt die Echtheit des Möbelstückes. An dieser Tafel haben einst unter anderem Kaiser Wilhelm II., Erzherzog Franz Ferdinand von Österreich oder der Kronprinz Konstantin von Griechenland gespeist; heute ist er als museales Objekt wieder im Schloss zu bewundern. Neben Feierlichkeiten wie Hochzeiten stehen auch für Tagungen, Konferenzen und Ähnliches diverse Räume zur Verfügung, die so klangvolle Namen tragen wie Kaisers Frühstückszimmer oder Jäger- bzw. Viktoriazimmer.

SCHLOSS MESEBERG

Schloss Meseberg ist nicht allein wegen seiner Funktion als Gästehaus der Bundesregierung ein bedeutsames Objekt, sondern hat auch historisch wie architektonisch einiges vorzuweisen. Kulinarisch gesehen ist der Schlosswirt Meseberg in unmittelbarer Nähe des Schlosses die richtige Adresse für Feinschmecker. Circa 60 Kilometer nordwestlich von Berlin – in Meseberg, Ortsteil der Stadt Gransee, in der Ruppiner Heide – liegen Schloss und Schlosswirt direkt am Huwenowsee.

An der Stelle des heutigen Anwesens gab es ursprünglich ein Herrenhaus, welches sich seit der ersten Hälfte des 16. Jahrhunderts im Besitz der Familie von der Groeben befand. Da das Rittergut jedoch 1721 einem Brand zum Opfer fiel, entstand ab 1736/37 das heutige Schloss. Bauherr war Graf Hermann von Wartensleben (1700–1764), dessen Frau Dorothea von der Groeben das frühere Herrenhaus mit in die Ehe gebracht hatte. Bis 1739 entstand der zweigeschossige Hauptbau als rechteckiger Baukörper mit Mansardwalmdach, umgeben von einem barocken Terrassengarten. Die Mittelachse der Hofseite mit dem Eingangsportal – zu dem eine doppelläufige Freitreppe hinaufführt – wird von vier Dreiviertelsäulen akzentuiert, die einen Dreiecksgiebel tragen. Auch die Gartenseite wird durch einen Mittelrisalit betont, der hier durch Pilaster, eine Giebelkartusche und drei Vasen gestaltet ist. Im Jahre 1764 war Hermann von Wartensleben verstorben. Zehn Jahre später erwarb der Hohenzoller Prinz Friedrich Heinrich Ludwig von Preußen (1726–1802), der in Rheinsberg residierte, das Schloss und schenkte es seinem Günstling, dem Major Christian Ludwig von Kaphengst

(1743–1800), als Lohn für seine Dienste. Grund dafür mag aber auch die Auflage zur Entfernung des Beschenkten – der als verschwenderischer Lebemann galt – vom Rheinsberger Hof gewesen sein, die der Bruder des Prinzen – König Friedrich II. (1712–1786, Friedrich der Große) – angeordnet hatte. Prinz Heinrich war anschließend oft in Meseberg zu Gast. Kaphengst erweiterte den Schlosskomplex um mehrere Nebengebäude wie den Marstall und diverse Wirtschaftsbauten und es heißt, dass er einen wohl etwas überschwänglichen Lebensstil pflegte, der ihn letztlich in den Ruin getrieben haben soll. Er ließ im Schloss ein Theater einrichten sowie den Gartensaal von Christian Bernhard Rode ausmalen; Teil dessen waren diverse Porträts, z. B. das des Malers und auch eines von Prinz Heinrich. Im Jahre 1820 erwarb Friedrich Günther von Jagow (1847–1928), der Generaladjutant von König Friedrich Wilhelm III. (1770–1840), das Schloss von den Erben des Majors von Kaphengst, um hier

▲ *Luftaufnahme, im Zentrum das Schloss, vorn rechts im Bild die Gebäude des Schlosswirtes und des Hotels*

◄ *Blick auf das Eingangsportal des eingezäunten Schlosses*

◄ *Schlosswirt Meseberg, Hotelkomplex*

▼ *Schlosswirt Meseberg, Alte Schmiede*

die Hochzeit seiner Tochter mit Karl Johann Ludwig Freiherr von Thielau auszurichten. Er initiierte auch die Umgestaltung des Gartens durch Peter Joseph Lenné zum weitläufigeren Park entlang des Seeufers. Nach dem Tod von Jagows erfolgten mehrere Besitzerwechsel. Erwähnenswert ist hier v. a. die Zeit, in der die 1826 in den Adelsstand erhobene Familie Lessing im Besitz des Schlosses war. Ihr Familienwappen mit den drei Ringen aus der Ringparabel – einem zentralen Bestandteil des Dramas „Nathan der Weise“ von Gotthold Ephraim Lessing (1827–1911) – ist mehrfach am Schloss zu finden. Carl Robert Lessing hatte 1883 die Schlossanlage für seinen Sohn Gotthold Ephraim Lessing d. J. (1861–1919), Urgroßneffe des gleichnamigen Dichters, erworben. Dieser bewohnte das Schloss ab 1891 zusammen mit seiner Frau Anna, die es als Witwe dann 1934 verkaufen musste. In diesen Jahren wurde Schloss Meseberg zum Treffpunkt der geistigen Elite. Wie bedeutsam die Familie Lessing im Verlauf der Schlossgeschichte war, zeigt sich auch anhand der

im Haus befindlichen Gemälde, die Karl Friedrich Lessing und Konrad Lessing schufen, bzw. der Büsten von Otto Lessing, die mehrere Familienmitglieder abbilden. Ein überaus interessanter Fakt ist des Weiteren, dass Schloss Meseberg auch bei Theodor Fontane (1819–1998) Erwähnung findet, der es Ende der 80er Jahre des 19. Jahrhunderts in seinen fünfbändigen „Wanderungen durch die Mark Brandenburg“ als „Zauberschloss“ betitelt. Obendrein fand Fontane hier auch seinen Stoff für den weltberühmten Roman Effi Briest, der sich aus der Geschichte der Baronin Elisabeth von Ardenne ableitet, von der Carl Robert Lessings Ehefrau Emma von Gelbke ihm erzählt hatte. Nachdem Gotthold Ephraim Lessing 1919 kinderlos verstorben war, versuchte seine Frau Anna zunächst, das Gut zu halten, musste es 1934 jedoch verkaufen und hatte bereits wenige Jahre zuvor wertvolle Kunstwerke (Gemälde, Skulpturen, Büsten) per Auktion versteigern lassen. In den folgenden Jahren wechselte es durch Verkauf erneut mehrfach den Besitzer. Die nach dem Zweiten Weltkrieg von der Roten Armee vorgesehene Sprengung des Schlosses wurde glücklicherweise durch den Einsatz des damaligen Bürgermeisters Franz Rhode verhindert. Das Anwesen diente in dieser Zeit als Flüchtlingsunterkunft, Schule, Lebensmittelgeschäft, Gaststätte, Kindergarten, Gemeindebüro bzw. -bibliothek und Ähnliches. Die noch verbliebenen Reste der Ausstattung des Gutes verschwanden nach und nach. Diverse Vorhaben zur Nutzung des Schlosses,

▲ *Schlosswirt Meseberg, Festsaal*

z. B. als Erholungsheim des FDGB oder als Tagungsstätte der Akademie der Wissenschaften der DDR, scheiterten. Auch nach der Wende erfolgte keine Rückabwicklung der 1945 vorgenommenen Enteignung im Sinne einer Rückgabe an die Nachfahren der vormaligen Besitzer, und das Anwesen ging zunächst ungenutzt in den Besitz des Bundeslandes Brandenburg über – nötige Instandsetzungsmaßnahmen waren jahrzehntelang unterblieben. Das Schloss war dem Verfall überlassen, bis es 1995 in desolatem Zustand von der Messerschmitt-Stiftung erworben wurde, die das Anwesen sowie den Garten bzw. Park nach denkmalpflegerischen Gesichtspunkten restaurieren ließ. 2004 übergab man das Schloss an die Bundesregierung, die es der Nutzung als Gästehaus zuführte. So hat das Schloss über die Jahrhunderte bis heute eine Entwicklung vom Adelssitz zum Gästehaus für Politpromimenz vollzogen, in dem internationale Abkommen verabschiedet werden, die historische Tragweite haben. Von der Öffentlichkeit ist das Schloss aus Sicherheitsgründen mit einem hohen Metallzaun abgeschirmt und somit unzugänglich; es öffnet seine Pforten lediglich zum alljährlichen „Tag des offenen Schlosses“. Auf dem Schlossgelände stehen im Sinne seiner Nutzung als Gästehaus der Bundesregierung des Weiteren noch zwei Delegationsgebäude (früher Marstall und Kavaliershaus) mit Appartements zur Verfügung. Außerdem befindet sich der „Schlosswirt Meseberg“ in unmittelbarer Nähe zur Schlossanlage. Bert Groche betreibt das Hotel und das inzwischen für seine Küche recht bekannte Restaurant seit 2008. Er startete sein Unternehmen demnach ein Jahr nach der Übergabe der Schlossanlage an die Bundesregierung. In einem Backsteinbau, der ehemaligen Stellmacherei und Brennerei bzw. der Alten Schmiede, die im Rahmen der zehnjährigen Sanierung durch die Messerschmitt-Stiftung ebenso restauriert wurde, sind der Festsaal, ein Gewölbekeller, eine Lounge und die eigentlichen gastronomischen Räumlichkeiten untergebracht: das Kaminrestaurant mit Wintergarten und die Schankstube. Die Wände zieren Fotos der Politprominenz wie der Kanzlerin und diverser Staatsgäste. Der übereck anschließende langgestreckte Komplex – ein Neubau in Backsteinoptik –

REZEPT
aus der Schlossküche

MARINIERTER REHRÜCKEN *mit* ERBSPÜREE *und* KARTOFFELPLÄTZCHEN

für 4 Personen

Rehrücken
480 g Rehrücken
(Fleisch 24 Stunden vor dem Verzehr einlegen)
Frische Wildkräuter (roter Senf, Rosmarin, Thymian, Kerbel, Mizuna – eine asiatische Salatsorte)
Bertramwurzel
Knoblauchöl
Olivenöl

Erbspüree
300 g frische oder tiefgefrorene Erbsen
100 ml süße Sahne
Muskatnuss
Salz, Pfeffer

Kartoffelplätzchen
200 g mehlig kochende Kartoffeln
1 Eigelb
30 g Wildschinken
Muskatnuss
Salz, Pfeffer

Soße
300 ml Wildfond
Getrocknete Cranberries
60 ml Rotwein
Balsamico
Zartbitterkuvertüre
Galgant (Ingwergewächs)
Salz, Pfeffer

Dekoration
Hornveilchen
Johannisbeeren
Rosmarinzweig
Ringform für die Plätzchen (drei Zentimeter Durchmesser)

Rehrücken
Das Knoblauch- und Olivenöl erhitzen, die frischen Wildkräuter und die geriebene Bertramwurzel dazugeben und einmal erwärmen. Anschließend abkühlen lassen und das Fleisch für 24 Stunden einlegen. Die Marinade sollte das Fleisch gut bedecken. Den Rehrücken im Stück medium anbraten. Nach dem Braten ruhen lassen und dann erst in Tranchen schneiden. So bleibt der Saft im Fleisch.

Erbspüree
Die süße Sahne aufkochen und die frischen oder tiefgefrorenen Erbsen dazugeben. Kurz aufkochen. Anschließend vom Herd nehmen und mit einem Pürierstab zerkleinern, mit Muskatnuss, Salz und Pfeffer abschmecken. Die Masse durch ein Sieb streichen und die Ringform bis zur Hälfte damit füllen.

Kartoffelplätzchen
Die Kartoffeln kochen und dann mit einem Kartoffelstampfer zerkleinern. Den Wildschinken in Würfel schneiden. Das Eigelb und die Wildschinkenwürfel in die Kartoffelmasse geben und verrühren. Anschließend die Masse mit den Gewürzen abschmecken und mit einem Löffel zu einem Fladen formen, in der Pfanne anbraten und mit einer Ringform ein Kartoffelplätzchen ausstechen. Diese werden anschließend auf dem Erbspüree platziert.

Soße
Die getrockneten Cranberries in den Wildfond geben und aufkochen. Anschließend mit dem Rotwein vermischen und weiter köcheln. Das Ganze mit Salz, Pfeffer, Muskatnuss und Balsamico abschmecken. Zum Schluss mit dem geriebenen Galgant und der Zartbitterkuvertüre je nach Geschmack verfeinern.

Alle Komponenten mit Hornveilchen, Johannisbeeren und einem Rosmarinzweig anrichten und servieren.

beherbergt das Hotel auf Vier-Sterne-Niveau mit seinen 23 Zimmern. Da sich im Haus auch ein Standesamt befindet und die Umgebung mit Schloss und See eine passende Kulisse darstellt, bietet sich der Schlosswirt Meseberg natürlich besonders als Location für Hochzeiten an, aber auch Tagungen und Seminare werden hier regelmäßig ausgerichtet. Und wer einfach nur gut essen möchte, ist hier sicherlich ebenso am richtigen Ort, denn der Blick in die Speisekarte verspricht regionale wie internationale Erlebnisse auf höchstem Niveau. Dabei arbeitet man beim Schlosswirt eng mit den Erzeugern der Umgebung zusammen und bedient sich der Möglichkeiten vor Ort. So stammt das Wild z. B. direkt aus der Meseberger Schlossjagd. Die Speisenauswahl ist vergleichsweise vielfältig und dennoch sehr ausgewählt, individuell und außergewöhnlich. Je nach Saison werden immer wieder neue raffinierte Arrangements erstellt und ungewöhnliche Geschmacksnuancen miteinander kombiniert. Wer kulinarisch gesehen das Besondere sucht, sollte hier fündig werden. Königinpastete mit Entenragout, Latte Macchiato von getrüffelter Maronensuppe mit Muskatschaum, Müritzzander mit Flusskrebsen und hausgemachte Wildbratwürste auf Bertramwurzeljus deuten auf eine kreative und geschmacksintensive Küche hin. Und ein besonderes Markenzeichen des Hauses sind die hausgemachten Strudel. In der Küche gibt es keinen Chefkoch, der den Ton angibt, sondern ein Team aus vier Köchen und einen Auszubildenden. Man setzt also auf Teamarbeit und auf Regionalität, denn die meisten Zutaten stammen aus der näheren Umgebung. Gäste sind hier v. a. Tagungsreisende, Geschäftsleute oder Ausflügler. Wenn Staatsbesuche anstehen, dürfen im Schlosswirt keine Gäste empfangen werden, da die Räumlichkeiten, d. h. Festsaal und Restaurant, dann als Pressezentrum dienen und das gesamte Anwesen quasi abgeriegelt wird.

▲ *Schlosswirt Meseberg, Kaminrestaurant*

▼ *Wintergarten des Kaminrestaurants mit Blick auf das Schloss*

▲ *Schloss Moritzburg, Eingangsseite*

SCHLOSS MORITZBURG

Nicht umsonst diente Schloss Moritzburg bereits mehrfach als Kulisse für Dreharbeiten, bietet es doch mit seinen Türmen, dem podestartigen Sockelgeschoss, den geschwungenen zweiläufigen Treppen und seiner Lage im Schlossteich ein einzigartiges Ambiente für Film und Fernsehen. Im Winter 1972/73 dienten unter anderem das Schloss und seine Umgebung als Drehort für das tschechisch-deutsche Kultmärchen „Drei Haselnüsse für Aschenbrödel".

Das auf einer künstlichen Insel errichtete Wasserschloss Moritzburg bei Dresden geht auf das Jagdhaus von Herzog Moritz von Sachsen (1521–1553) zurück, von dem das spätere Schloss seinen Namen erhielt. Dieser war ein aus dem Hause der albertinischen Wettiner stammender Fürst und ab 1547 auch Kurfürst des Heiligen Römischen Reiches. 1542–46 hatte er sich ein Jagdhaus errichten und dieses mit entsprechenden Trophäen ausstatten lassen.

Verantwortlich für die Ausführung waren die Baumeister Caspar Voigt von Wierandt und Hans von Dehn-Rothfelser. Das Gebäude – eines der ersten bedeutenden Renaissancebauwerke Sachsens – besaß schon damals die vier dicken Rundtürme, welche der Anlage noch heute ihren imposanten und geradezu mächtig-wehrhaften, burgartigen Charakter verleihen. Die Türme waren durch Wehrmauern miteinander verbunden, die hölzerne Gänge enthielten; der Hauptbau befand sich freistehend in der Hofmitte. Bereits in der zweiten Hälfte des 17. Jahrhunderts wurde das Jagdhaus, das schon in den 80er und 90er Jahren des vorhergehenden Jahrhunderts umgestaltet und aufgestockt worden war, zum Schloss erweitert.

▲ *Schloss Moritzburg aus der Luft*

Die in der Geschichte des Schlosses wohl bedeutendste Persönlichkeit ist ohne Zweifel Friedrich August I. (1670– 1733), ein ebenso der albertinischen Linie der Wettiner entstammender Kurfürst von Sachsen und besser bekannt als August der Starke. Er war 1697 aus politischen Gründen – das heißt mit dem Ziel, König von Polen zu werden – zum katholischen Glauben übergetreten und fand in der 1661–1672 von Wolf Caspar von Klengel errichteten protestantischen Schlosskapelle von Moritzburg, die 1699 die katholische Weihe erhielt, den geeigneten Ort, diesem Glaubenswechsel Ausdruck zu verleihen. Der 1723 unter der Leitung von Matthäus Daniel Pöppelmann begonnene Umbau der Anlage zum barocken Jagd- und Lustschloss geht unter anderem auf dessen Pläne, aber auch auf Skizzen Augusts des Starken zurück, die bereits Anfang des Jahrhunderts entstanden waren, und wurde um 1733 – im Todesjahr Augusts – weitestgehend vollendet. Neben Pöppelmann waren die Architekten Zacharias Longuelune, Jean de Bodt sowie Marcus Conrad Dietze und die Bildhauer Balthasar Permoser, Johann Christian Kirchner und Benjamin Thomae maßgeblich am Bau beteiligt. Die separaten Renaissancegebäude wurden im Zuge der barocken Umgestaltung in ein symmetrisches Gesamtbauwerk integriert. Durch die Zusammenlegung zweier Teiche entstand die künstliche Insel, auf der sich die heutige Anlage erhebt. Die Türme wurden aufgestockt bzw. mussten teilweise neu errichtet werden. Als Gegenstück zur Schlosskapelle hatte man an der Ostseite den Speisesaalflügel angebaut, um so die axiale Symmetrie des barocken Grundrisses zu gewährleisten. Diesem Prinzip folgt auch die Umgebung des Schlosses mit den paarweise angeordneten Pavillons und dem geometrisch angelegten Garten. Die Gestaltung des weiteren Umfeldes des Schlosses mit dem Fasanenschlösschen, dem Moritzburger Leuchtturm und dem Venusbrunnen erfolgte in späteren Jahren unter Kurfürst Friedrich August III. von Sachsen (1750–1827), einem Urenkel Augusts des Starken, der ab 1806 bis zu seinem Tod 1827 der erste König Sachsens war.

Nach dem Sturz der Monarchie im Zuge des Ersten Weltkrieges gründete das ehemalige sächsische Königshaus den Verein „Haus Wettin Albertinischer Linie e. V.“, der 1924 Schloss Moritzburg vom Freistaat als Privatbesitz zugesprochen bekam. In den zwölf Jahren vor 1945, als die Wettiner enteignet und ihre Schätze von den sowjetischen Truppen zum Teil abtransportiert wurden, hatte Schloss Moritzburg dem Prinzen Ernst Heinrich von Sachsen (1896–1971) – jüngster Sohn des letzten sächsischen Königs Friedrich August III. (1865–1932) und Verwaltungsleiter des Vereins – als fester Wohnsitz gedient.

Bereits in den ersten Nachkriegsjahren richtete man eine Barockausstellung im Schloss ein, die bis heute existiert. Wertvolle Teile des ursprünglichen von sächsischen und europäischen Kunsthandwerkern geschaffenen Mobiliars gingen Ende des Zweiten Weltkrieges verloren, wurden aber durch originalgetreue Nachbauten oder Mobiliar aus anderen Schlössern ersetzt. Im Erdgeschoss erinnern die Eingangshallen mit ihren Kreuzgratgewölben noch an das für Herzog Moritz von Sachsen im Renaissancestil erbaute Jagdhaus. Im Obergeschoss befinden

▲ *Fest- bzw. Speisesaal*

sich unter anderem die vier großen Prunksäle (Speisesaal, Billardsaal, Steinsaal, Monströsensaal), die sich in der Höhe über zwei Etagen erstrecken, sowie die vier Kurfürstenzimmer. Die vier Türme dienten diversen Zwecken und werden nach ihrer Funktion als Küchen-, Back-, Amts- und Jägerturm bezeichnet. Sockelgeschoss und Keller nutzte man unter anderem als Lager- und Wirtschaftsräume. Im Rahmen von Führungen können Besucher die barocken Festsäle bzw. Prunkräume mit ihrer kostbaren und überwiegend originalgetreu rekonstruierten Ausstattung (Stuckdecken, Prunkmöbel, Ledertapeten, Monumentalmalereien, Gemälde, Porzellan, Jagdwaffen usw.) und das berühmte Federzimmer Augusts des Starken mit dem königlichen Paradebett besichtigen, dessen Wandbehänge wie das Bett selbst mit unzähligen Federn diverser Vögel verziert sind. Die Gesamtplanung der barocken Innenausstattung oblag seinerzeit Raymond Le Plat, und die meisten der wertvollen Gegenstände stammten aus sächsischen Manufakturen. Maler, Teppichwirker,

Vergolder und zahlreiche andere Künstler waren für August den Starken tätig, um dieses barocke Gesamtensemble zu schaffen. Mehrere Räume sind dem Jagdthema gewidmet und dementsprechend mit Geweihen geschmückt. Im Monströsensaal befinden sich krankhaft veränderte Geweihe, nach denen der Raum benannt ist. Das berühmteste Exemplar ist der sogenannte „66-Ender". Der Speisesaal (auch Festsaal genannt) enthält die beeindruckende Sammlung von 71 Rothirschgeweihen, die zum Teil 270 bis 400 Jahre alt sind und unter denen sich unter anderem das schwerste Geweih der Welt befindet. Es handelt sich um die bedeutendste europäische Sammlung dieser Art. Darüber hinaus sind im Saal noch vier zeitgenössische Schränke zu sehen, die seinerzeit unter anderem wertvolles Tafelgerät beinhalteten. Highlight des Raumes ist jedoch die fünfeinhalb Meter lange Tafel, die man im Jahre 2002 mit einem Speiseservice eindeckte, bei dem es sich um eine Sonderanfertigung der Porzellan-Manufaktur Meissen für das Schloss Moritzburg aus der Zeit um 1740 handelt. Die insgesamt 66 Teile (Teller, Schalen usw.) sind nach chinesischem Vorbild mit dem Dekor des Roten Drachen versehen. Mit dem Ziel, die höfische Tafelkultur des 18. Jahrhunderts für den heutigen Besucher erlebbar zu machen, versuchte man auf diesem Wege – anhand einer noch vorhandenen Planskizze –, eine barocke Hoftafel auf Schloss Moritzburg möglichst originalgetreu zu rekonstruieren.

Wenn August der Starke auf Schloss Moritzburg weilte, so brachte er einen ganzen Stab an Küchenpersonal mit und ließ opulente Bankette veranstalten. Neben Wild und Backwaren wurden Kaffee, Tee und Schokolade serviert, was zur damaligen Zeit rar und daher kostspielig war. Bis heute haben sich Speisenkataloge, Kücheninventare, Gästelisten und andere Zeugnisse der ausschweifenden Festkultur des sächsischen Hofes erhalten, die man in der 2004 eröffneten Dauerausstellung „Moritzburger Hofküchen-Geschichten" sehen und anhand derer man sich ein ungefähres Bild vom Alltag im Schloss zu Zeiten Augusts des Starken machen kann.

Vor allem er war berühmt-berüchtigt für seine Festkultur, seine prächtige Hofhaltung und Prunksucht, und so gab es auch auf Schloss Moritzburg vor allem zu dieser Zeit rauschende Feste, für die man unter anderem den entsprechenden räumlichen Rahmen benötigte. Nicht umsonst beherbergt das Schloss insgesamt über 200 Räume, um die kurfürstlich-königliche Familie, ihre Dienerschaft und Gäste unterzubringen. Im Mittelbau befindet sich eine Durchfahrt, damit die ankommenden Wagen direkt ins Schloss fahren konnten. Zu den hohen Gästen des sächsischen Hofes zählten neben zahlreichen Fürs-

▼ *Schlossrestaurant, gastronomisch genutzter Raum im Erdgeschoss des angrenzenden Turmes*

ten, Grafen, Königen und Prinzen (und deren jeweiligen weiblichen Pendants), die zu diversen Anlässen wie Hochzeiten, Geburtstagen, Taufen u. v. a. m. geladen waren, sogar Zar Peter I. von Russland oder Kaiser Napoleon Bonaparte. Im sogenannten augusteischen Zeitalter war Moritzburg neben Pillnitz das meistgenutzte Landschloss, in das sich die sächsischen Kurfürsten und Könige mit ihrem Gefolge und ihren Gästen zurückzogen, um bei Jagden, Theater- und Musikveranstaltungen, Schießwettkämpfen, theatralisch inszenierten Hoffesten mit Bootsfahrten, Schaufischen, Feuerwerk, Maskeraden, Fackelzügen, Tanz und allerlei anderen Vergnügungen den schönen Dingen des Lebens zu frönen und nach allen Regeln der Kunst zu feiern. Für manche teilweise tagelang andauernde Festivitäten wurden regelrechte Programme und Ablaufpläne erstellt sowie spezielle Festdekorationen und Tafelaufsätze aus Porzellan oder anderen edlen Materialien entworfen. Hunderte von Menschen – die üblichen Bediensteten inklusive Wachpersonal sowie Musiker, Sänger, Schauspieler und Komödianten, das Küchenpersonal u. v. a. m. – sorgten in diesen Tagen für Unterhaltung und das leibliche Wohl des Gastgebers und seiner Gäste. Angemessen zu tafeln, gehörte dabei natürlich auch dazu, und so trank man aus kunstvollen (zum Teil versilberten oder vergoldeten) Pokalen (teilweise in Tierform) oder geschliffenen Kristallgläsern und speiste erlesene Gerichte von goldenen (oder silbernen) Tellern oder feinem Porzellan aus der Manufaktur in Meißen. In der Regel wurden zwei Hauptgänge und das Dessert als dritter Gang serviert. Für Letzteres war die Hofkonditorei zuständig, die bei besonderen Festlichkeiten, hohen Feiertagen oder Banketten nicht nur Gebäck, Kuchen, Konfekt, Eis usw. auf die Tafel zauberte, sondern auch opulente Schaugerichte aus Zuckerwerk. Nicht selten sollen die Feste in maßlosen Saufereien geendet haben.

An einem Ort, an dem einst der sächsische Hof feierte und kurfürstlich tafelte, werden auch heutzutage erlesene Speisen aufgetischt. So bietet das Schlossrestaurant Moritzburger Traditionsspeisen, sächsische Spezialitäten und regionale Gerichte wie zum Beispiel Fasan, Wild aus sächsischen Wäldern und Karpfen aus den Moritzburger Tei-

▼ *Schlossrestaurant*

REZEPT
aus der Schlossküche

MORITZBURGER KARPFENFILET *im* SPECKMANTEL *auf* „ST. AFRA"-SOSSE *und* KARTOFFEL-WALNUSS-PÜREE

für 4 Personen

600 g Karpfenfilet mit Haut
120 g Bacon in dünnen Scheiben
2 TL brauner Zucker
1 Lorbeerblatt
½ l Meißner Schwerter „St. Afra"
25 g Soßenlebkuchen
2 Zwiebeln
8 Wacholderbeeren
2 EL Butter
½ unbehandelte Zitrone
Salz, Pfeffer, Muskat
60 g Walnusskerne
40 g Butter
1 kg mehlig kochende Kartoffeln
200 ml Milch

Die Zwiebeln schälen und fein schneiden. Lorbeerblatt und Wacholderbeeren im Mörser fein zerdrücken. Die Butter in einem Topf zerlassen, die Gewürze und Zwiebeln darin anbraten, mit dem brauner Zucker bestreuen und schmelzen lassen. Mit dem **Bier** aufgießen, die Zitrone heiß waschen und abtrocknen, die Schale fein reiben, auspressen und Saft und Schale dazugeben. Inzwischen die **Karpfenfilets** waschen, trockentupfen und in vier Portionen schneiden. Die **Baconscheiben** überlappend auslegen und die Portionsstücke darauflegen und einschlagen. Die Soße passieren und mit dem zerkrümelten Soßenlebkuchen abbinden sowie mit Salz, Pfeffer und eventuell Zucker abschmecken. Die Karpfenfilets in einer heißen Pfanne auf der überlappenden Seite braten. Zum Schluss etwas Butter in der Pfanne zerlassen und darin die grob gehackten Walnusskerne leicht rösten. Die **Kartoffeln** schälen und in Salzwasser kochen und noch heiß pressen. Die Milch mit der Butter aufkochen lassen und über die Kartoffelmasse geben. Mit Salz, Pfeffer und Muskat würzen. Die gerösteten **Walnüsse** unterheben. Mit einem Esslöffel drei Nocken vom Püree auf die Tellermitte setzen, das Karpfenfilet schräg anlegen und mit der Soße nappieren.

▲ *Schlossrestaurant*

chen. Vollendet wird dies durch mediterrane Akzente, die ihren Ursprung in der Leidenschaft Augusts des Starken haben, sich in verschiedener Hinsicht von fremden Kulturen inspirieren zu lassen.

Über mehr als zwei Jahre wurden die Räume des ehemaligen Speisesaaltraktes restauriert, sodass der Gast das Restaurant im Erdgeschoss über die originale Felderdielung des 18. Jahrhunderts betritt und zwischen Speisesaal und Küche eine über 300 Jahre alte Holzbalkendecke zu sehen ist. An den Wänden sind textile Wandbespannungen angebracht, die den Ledertapeten im Schloss nachempfunden sind. Besonderes Augenmerk legte man auf die Wiederherstellung der barocken Enfilade, d. h. die Aneinanderreihung der Räume zu einer Raumflucht mit gegenüberliegenden Türöffnungen. Der Ausbau des Gastronomiebereiches, in den der Freistaat Sachsen 3,5 Millionen Euro investierte, ist Teil umfassender Restaurierungsarbeiten das gesamte Schloss betreffend.

Das Moritzburger Schlossrestaurant wird von der Privatbrauerei Schwerter Meißen betrieben. Auch in diesem Punkt vereinen sich hier Tradition, Geschichte und Genuss, denn die älteste Privatbrauerei Sachsens reicht ebenso wie das Jagdhaus bis in das 16. Jahrhundert zurück. Zum Essen werden demnach charaktervolle Bierspezialitäten angeboten, die in guter handwerklicher Tradition gebraut werden. Darüber hinaus beherbergt der Weinkeller v. a. Wein und Sekt von heimischen Winzern und Weingütern, hält aber auch die besten internationalen Weine bereit. So ergibt sich für den Besucher in unverwechselbarem Ambiente ein einzigartiges Zusammenspiel aus kulinarischem Genuss und fürstlichem Flair, aus regionaler Tradition und Weltoffenheit.

SCHLOSS NEUSES AM SAND

Das Schloss Neuses am Sand im gleichnamigen Ortsteil von Prichsenstadt in Unterfranken ist seit 1998 besser bekannt als das Wellness-Hotel „Wörners Schloss“ mit Restaurant und Weingut.

Nahe dem Naturpark Steigerwald mit seinen Wäldern und Weinbergen will es eine Oase für Genuss und Entspannung bieten. Von dem früheren Wasserschloss aus dem 15. Jahrhundert sind heute noch drei Türme erhalten, die die zweigeschossige, mit Weinlaub berankte Anlage zieren und ihr ein romantisch-mittelalterliches Erscheinungsbild verleihen. Vom 16. bis in das 18. Jahrhundert treten in der Historie des Rittergutes bzw. des Schlosses zahlreiche Eigentümer aus Adelskreisen auf, so Hans Fuchs von Bimbach oder Hermann von Seinsheim sowie anschließend die Familie Fuchs, Wolf von Wolfsthal bzw. sein Sohn Philipp Gaston Graf Wolf von Wolfsthal († 1717) oder darauffolgend die Grafen von Schönborn-Wiesentheid. All jene haben am Bau ihre Spuren hinterlassen. Das 2005 restaurierte Wappen der Familie Fuchs z. B. ist noch heute am Eingang zu sehen. Die Wetterfahne auf der Turmspitze im Innenhof zeigt die Jahreszahl 1682 und den Namenszug des Philipp von Wolfsthal. Und das Wappen derer von Wolfsthal befindet sich am Portalgiebel des Treppenturmes. Am 9. Mai 1812 sollen Napoleon Bonaparte und seine Gattin Maria Luise im Schloss zu Gast gewesen sein. Anfang des 20. Jahrhunderts wurde das Schloss inklusive landwirtschaflicher Flächen unter mehreren Pächtern aufgeteilt, die jeweils prozentuale Eigentumsanteile erwarben. Drei Töchter der Familie Breitwieser (Pächter seit dem Jahre 1900) waren verheiratet mit Karl Rasp, Jakob Funk und Jakob Wörner. Der Erstgenannte erwarb zunächst 60 %, der Sohn des Zweitgenannten – Friedrich Funk – erstand 40 % des Besitzes. Um die Jahrhundertmitte kaufte der Sohn Jakob Wörners – Heinrich Wörner – die Eigentumsanteile der beiden anderen und war somit alleini-

▼ *Restaurant, Innenansicht*

REZEPT
aus der Schlossküche

PFLANZERL *vom* MILCHKALB *mit* BUNTEN GARTENKRÄUTERN, KARTOFFELSALAT *und* EINEM DUNKLEN KRÄUTERSÖSSCHEN

für 4 Personen

Pfanzerl
500 g Kalbfleisch, durch den Wolf gedreht
3 EL bunte Kräuter: Petersilie, Thymian, Salbei, Liebstöckel, wilder Majoran (Oregano)
Salz, Pfeffer aus der Mühle
2 Volleier
2 eingeweichte Brötchen
Einen Schuss süße Sahne
2 EL zerlassene Butter, in denen ein kleiner Bund Frühlingszwiebeln in Röllchen geschnitten glasig gedünstet wurde, dazu noch 3 EL edelsüßen dunklen Balsamico

Zutaten miteinander vermengen, Pflanzerl formen und anbraten.

Kartoffelsalat
8 mittelgroße gekochte Pellkartoffeln
2 reife Tomaten
1 Salatgurke
1 kleine Zucchini
100 g gewürfelte und gedünstete Schalotten
Petersilie gehackt (ca. 1 EL), Estragon
125 ml Brühe (heiß!)
Salz, Pfeffer, Zucker
Weißer Balsamico
Sonnenblumenöl (kein Olivenöl!)

Zutaten kleinschneiden und miteinander vermengen.

Kräutersößchen
125 ml übrig gebliebene Bratensoße
50 ml dunkler Balsamico
½ TL brauner Zucker
Alles, was Sie an fein gehackten Kräutern haben, außer Minze!

Soße aufkochen, Balsamico und Zucker dazu, passieren, die Kräuter dazu – fertig.

Weinempfehlung
Bioenergetischer Cosmowein Alte Rebe von über 50-jährigen Reben mit facettenreichem Aroma bei eleganter Fruchtigkeit

ger Pächter. Nachdem zwischenzeitlich eine Familie Popp als Pächter in Erscheinung trat, übernahm 1968 Albrecht Wörner das Schloss und die landwirtschaftliche Fläche, um hier ein Weingut aufzubauen. Seit dem Jahr 2000 führt der Winzer Harald Wörner mit seiner Familie den Betrieb weiter; das Hotel eröffnete bereits 1998 unter der Federführung von Sandra Wörner als gelernter Hotelfachfrau. 2006 konnte auch das Restaurant mit integriertem Wehrturm seine Türen für genussfreudige Gäste öffnen. Es bietet eine Mischung aus mediterranen Köstlichkeiten und regionalen fränkischen Spezialitäten sowie dazu natürlich die passenden vielfach prämierten Frankenweine des eigenen Weingutes; die gepflanzten Rebsorten sind Silvaner, Kerner und Domina. Klassische, immerwährende Standardgerichte werden ebenso angeboten wie täglich neu zusammengestellte Besonderheiten der gehobenen Küche – so ist für jeden Geschmack etwas dabei. Rotweinsüppchen, Orangen-Couscous, Rehragout und Basilikumsorbet sprechen sicherlich eher den anspruchsvolleren Gaumen an, aber auch der Gast mit weniger ausgesuchten Vorstellungen kommt kulinarisch auf seine Kosten. Die Philosophie des Hauses lautet: Im Einklang mit der Natur! So wird auch bezüglich der Speisen und der Weinherstellung v. a. auf Tradition und Natürlichkeit geachtet. Alleinstellungsmerkmal des Hauses ist der bioenergetische „Cosmowein", d. h. beim Weinanbau wird die Kosmologie (Mondphasen, Wasseradern usw.) berücksichtigt und bewusst auf Handarbeit und altes

▲ *Gedeckter Tisch im Wehrturm*

Brauchtum Wert gelegt und darauf, im Einklang mit der Natur zu produzieren. Weinproben und -feste, Kellerführungen, Weinbergwanderungen sowie kulinarische Events dürfen auf einem Weingut mit Wellness-Hotel und Restaurant natürlich auch nicht fehlen, sodass „Wörners Schloss" den geeigneten Rahmen für derartige Veranstaltungen sowie für Hochzeiten, Tagungen und Vernissagen bietet. Die Verbindung von Hotel, Wellness, Gastronomie, Kultur und Weingut macht „Wörners Schloss" zu einem einzigartigen Kleinod, das in besonderem Maße für Historie und Tradition sowie für Genuss und Ruhe steht.

JAGDSCHLOSS NIEDERWALD

Johann Friedrich Karl Maximilian Amor Maria Graf von Ostein ließ im Jahre 1764 nach Plänen des Mainzer Steinmetzen Anton Süß das bei Rüdesheim am Rhein liegende Jagdschloss Niederwald erbauen, das anschließend von Mainzer und Rüdesheimer Bildhauern und Malern ausgestaltet wurde.

Graf Maximilian (1735–1809) war der Neffe von Johann Friedrich Karl von Ostein (1689–1763) – Erzbischof und Kurfürst von Mainz und Bischof von Worms –, durch dessen Tod er 1763 im Alter von 28 Jahren reich geworden war. Den Niederwald ließen er und die folgenden Generationen zu einem mit Aussichtspunkten, künstlicher Ruine und einem Tempel ausgestatteten Landschaftspark umgestalten, der heute größtenteils unter Naturschutz steht.

Eine Sesselbahn verbindet das Schloss mit dem unterhalb am Rhein liegenden Ort Assmannshausen. An der Stelle des Schlosses – das heute als Hotel betrieben wird – befand sich im 16./17. Jahrhundert ein Lehenshof der Burg Ehrenfels, dessen Eigentümer die Grafen von Stadion waren, die dem schwäbischen Uradel entstammten. Um 1705 kaufte der Mainzer Fürstbischof den Hof für die Grafen von Ostein, seinerzeit die Kammerherren der Fürstbischöfe. Der erste Privatbesitzer des Niederwaldes war Johann Franz Sebastian von Ostein (1652–1718) – Vater des oben genannten Kurfürsten bzw. Erzbischofs.

Das 1764–66 entstandene Haupthaus wurde als schlichter Bau zweigeschossig auf rechteckigem Grundriss errichtet und mit einem Krüppelwalmdach versehen. Zum Anwesen gehörten seinerzeit noch eine Kapelle, diverse Wirtschafts- und Dienstgebäude und sogar ein Wirtshaus. Nach dem Tod von Graf Maximilian von Ostein – letzter Vertreter seiner Familie – im Jahre 1809 war das Schloss nach erbittertem Erbstreit in den Besitz der Grafen von Bassenheim übergegangen, genauer gesagt an Freiherr Friedrich Karl von Waldbott-Bassenheim (1779–1830), von dem es 1830 an den Sohn Hugo weitergegeben wurde. Wilhelm Georg August Heinrich Belgicus (1792–1839) – als Wilhelm I. Herzog von Nassau – kaufte 1835 das Schloss von den Vorbesitzern. Da das Herzogtum Nassau nur bis zu seiner Annexion durch das Königreich Preußen im Jahre 1866 existierte, war auch das Schloss von dem Jahr an preußisch. In der zweiten Jahrhunderthälfte soll das Gebäude noch um einen Saalbau und weitere Zimmer erweitert worden sein, da die Besucherschar der Schankwirtschaft enorm angewachsen war. 1883 weihte man im Niederwald anlässlich der Ernennung Kaiser Wilhelms I. ein über mehrere Jahre errichtetes Nationaldenkmal ein, das fortan unzählige Besucher anzog. 1884 folgte der Bau von Zahnradbahnen, die von Assmannshausen und Rüdesheim aus auf den

▼ *Jagdschloss Niederwald, Frontalansicht*

REZEPT
aus der Schlossküche

CONSOMMÉ *vom* HEIMISCHEN WILD

REHRÜCKEN *an einer* ROTWEIN-SCHALOTTEN-SOSSE
***mit* WINTERGEMÜSE *und* HASELNUSS-SPÄTZLE**

KIRSCHWASSERPARFAIT

Menü für 4 Personen

VORSPEISE

400 g Wildknochen vom Rehrücken
1–2 gebräunte Zwiebeln
100 g Karotten
100 g Sellerie
100 g Lauch
Lorbeer
3 Eiweiß
Eiswürfel
Wacholder
Schwarzer Pfeffer

Knochen und gebräunte Zwiebeln in kaltem Wasser langsam aufkochen lassen. Den entstandenen Schaum abschöpfen, da sonst die Brühe trüb werden kann. Gewürze und Gemüse hinzugeben, alles 2–3 Stunden leicht köcheln lassen. Die Brühe durch ein Passiertuch abpassieren und kaltstellen.
Das Wildfleisch, das restliche Gemüse, das Eiweiß, die Kräuter und die Eiswürfel vermengen und in die kalte Brühe geben. Das ist die sogenannte Klärmasse, die dafür sorgen soll, dass die Brühe nicht trüb wird. Das ganze langsam aufkochen lassen, ständig umrühren, sodass die Klärmasse nicht ansetzt. Wenn die Brühe aufgekocht hat, nicht mehr rühren und langsam ziehen lassen.
Den am Boden abgesetzten Klärkuchen beim vorsichtigen Abpassieren nicht zerstören. Die gewonnene Brühe nach Geschmack mit Salz, Pfeffer sowie Cognac abschmecken.

HAUPTSPEISE

Rehrücken mit Saisongemüse
500 g Rehrücken
100 g Karotten
100 g Blumenkohl
100 g Brokkoli
1–2 Schalotten

Rotwein-Schalotten-Soße
2 Schalotten
200 ml Rotwein

Haselnuss-Spätzle
4–5 Eier
40 g Mehl
40 ml Milch
1–2 TL Haselnüsse

Rehrücken mit Saisongemüse: Das Fleisch salzen, pfeffern und kurz anbraten. Anschließend für 10 Minuten bei 120 °C in den Backofen geben.
Zum Servieren schräg aufschneiden, dann das Gemüse in Wasser blanchieren, anschließend mit Butter und Zwiebeln anbraten, danach mit Salz und Pfeffer würzen.
Zum Anrichten die Soße zuerst auf den Teller geben, Gemüse einsetzen und Spätzle anlegen. Mit Kräutern verzieren.
Rotwein-Schalotten-Soße: Den Rotwein mit den Schalotten einkochen und mit Jus (Grundsoße) auffüllen.
Haselnuss-Spätzle: Alle Zutaten zu einem festen Teig schlagen, feine Streifen schneiden, in Wasser garen und anschließend in Butter anbraten.

DESSERT

Ca. 30–60 ml Kirschwasser, nach Geschmack
2 Eigelb
100 g Zucker
200 g Sahne
20 g eingelegte Sauerkirschen

Eigelb mit Zucker im angewärmten Wasserbad steifschlagen, danach kaltrühren. 200 g geschlagene Sahne dazu. Alles (bis auf die Kirschen) zu einer homogenen Masse verarbeiten. Anschließend das Kirschwasser langsam und vorsichtig unterheben. Kirschen beim Abfüllen in das Parfait drücken. Danach für 2–3 Stunden ins Gefrierfach stellen.
Anrichten: Amarenakirschen auf den Teller legen, das Parfait auflegen und nach Wahl garnieren.

Schlossberg bzw. zum Niederwalddenkmal hinaufführten; Letztere fiel den Bomben des Zweiten Weltkrieges zum Opfer. Sie wurde später (1954) durch eine moderne Kabinenseilbahn ersetzt, welche die heutigen Besucher zum Denkmal chauffiert. Nach einem Brand in den 20er Jahren des 20. Jahrhunderts hat man 1926 das Gebäude in abgewandelter Form – erweitert um Seitenflügel mit Mansarddächern – als Hotel wieder aufgebaut. Nach seiner Funktion als Lazarett im Zweiten Weltkrieg diente es amerikanischen Offizieren zeitweise als Freizeitheim. Historisch bedeutsam ist das Objekt nicht allein wegen seiner Baugeschichte und den jeweiligen Besitzverhältnissen, sondern auch im Hinblick auf die deutsche Verfassungsgeschichte. 1948 war es Treffpunkt von Konrad Adenauer und der elf westdeutschen Ministerpräsidenten, um in der sogenannten Niederwaldkonferenz – deren drei Sitzungen im Grünen Salon des Hauses stattfanden – unter anderem Grundlagen für ein deutsches Grundgesetz zu erarbeiten. Seit Mitte der 60er Jahre bemühte sich das Land Hessen um die Modernisierung des Hauses und dessen Nutzung als Hotel und Restaurant, da das Anwesen inzwischen hessischer Staatsbesitz ist. Und auch in jüngster Zeit (Januar bis April 2016) haben die heutigen Inhaber Richard und Ursula Müller umfangreiche Renovierungen vorgenommen, um Schloss Niederwald zu einem zeitgemäßen Vier-Sterne-Tagungshotel mit gehobener Gastronomie in stilvollem Ambiente auszubauen. Die Küche des Hauses setzt auf Raffinesse, die internationalen An-

▲ *Jagdschloss Niederwald, Nordseite*

sprüchen genügt, aber dennoch regional und ungekünstelt sein möchte. Dabei darf in dieser Gegend natürlich der Wein nicht fehlen, sodass zu den feinen Speisen auch die entsprechenden Weine aus der Region um Rüdesheim – z. B. Assmannshäuser Roter – gereicht werden. Die Speisekarte präsentiert eine Auswahl an Gerichten, die aus hochwertigen Zutaten und in klassisch-kreativer Manier ohne übertriebene Extravaganz zusammengestellt sind. Entenbrust mit getrüffelten Dauphinekartoffeln oder Entrecôte vom Simmertaler Rind sowie Kotelett vom irischen Salzwiesenlamm an Rosmarinjus verraten die Kombination regionaler und internationaler Komponenten im Sinne einer Küche gehobenen Niveaus, die ohne ungewöhnliche Experimente auskommt. Die angebotenen Menüs – in auffallend reicher und vielfältiger Auswahl, die demnach nicht leicht fallen dürfte – zeugen zusätzlich vom Ansinnen, auf die Gäste und deren verschiedene Ansprüche und Geschmacksvorlieben eingehen zu wollen. Wachtelcremesuppe, Kalbsrückensteak in Kräuterkruste an Holunderjus, Hummerschaumsüppchen oder Meeresfrüchte in Rieslinggelee lassen das Herz von Fleisch- und Fischliebhabern höherschlagen, und dabei gibt es mit Bisonfilet und Oktopus Komponenten, die ganz sicher nicht auf jeder Speisekarte zu finden sind und dem Besucher demnach die Möglichkeit bieten, mal etwas ganz Besonderes zu genießen, ohne kulinarisch überfordert zu werden. Und auch vegetarisch steht mit Kichererbsensuppe oder Belugalinsensalat und anderen Besonderheiten einiges zur Auswahl, sodass ein Besuch des Jagdschlosses in vielfacher Hinsicht lohnenswert sein dürfte.

Restaurant Jagdschloss Niederwald ▸

SCHLOSS NORDKIRCHEN

Das 25 Kilometer südlich von Münster gelegene Schloss Nordkirchen ist allein schon aufgrund der Größe des gesamten Gebäudekomplexes, eingebettet in einen 172 Hektar großen Park, beeindruckend und wird daher und natürlich wegen seiner Architektur auch als „Westfälisches Versailles“ bezeichnet, das jährlich über 500 000 Besucher anlockt. Mit dem Gebäude verbunden ist – wie man sich unschwer vorstellen kann – eine jahrhundertelange Baugeschichte und parallel dazu – im Hinblick auf die Besitzverhältnisse – eine wechselvolle Adelshistorie.

An der Stelle des heutigen von Wassergräben umgebenen Schlosses befand sich einst eine Wasserburg, die bereits Anfang des 15. Jahrhunderts als Sitz der Ritter von Morrien erwähnt und bis Ende des 17. Jahrhunderts von diesen erweitert bzw. zum Schloss ausgebaut wurde. 1694 kaufte der Fürstbischof von Münster, Friedrich Christian von Plettenberg (1644–1706), das Anwesen für 250.000 Reichstaler, als der letzte männliche Vertreter der Familie von Morrien verstorben war. Bis 1734 errichtete man – nach Abriss der bestehenden Gebäude – eine repräsentative Residenz, die heute die größte und bedeutendste in ganz Westfalen darstellt. Dabei handelte es sich um einen kompletten Neubau in den Formen des französisch-niederländischen Barock-Klassizimus. Als Mittelpunkt der Anlage entstand das zweigeschossige Corps de Logis mit seinem dreiachsigen Mittelrisalit, bekrönt von einem Architrav mit Attikageschoss und einem Dreiecksgiebel mit dem Wappen der von Plettenberg. Neben dem Hauptbau mit seinen Eckpavillons wurden weitere angrenzende Flügelbauten sowie Gebäude im weiteren Umkreis errichtet; dazu zählten unter anderem der Kapellenflügel mit der Schlosskapelle, ein Viehhaus, ein Pferdestall mit Reithaus und Kutschenremise sowie eine Orangerie (die spätere Oranienburg). Letztere ergänzte man noch durch eine weitere Orangerie zur Unterbringung von Orangen- und Lorbeerbäumen sowie anderen Gewächsen. Federführende Architekten waren dabei zunächst Gottfried Laurenz Pictorius und sein Bruder Peter Pictorius d. J. sowie anschließend (ab 1723) Johann Conrad Schlaun. Neben diesen waren zahlreiche derzeit führende Künstler wie Stuckateure, Kunstschreiner, Bildhauer usw. am Bau beteiligt. Das Interieur des Corps de Logis, d. h. die Wohnräume und das Speisezimmer des Schlossherrn im Hauptbau, gehören zu den schönsten Raumgestaltungen dieser Zeit in ganz Nordrhein-Westfalen. Der das Gebäude umgebende Garten, den man zu einem weitläufigen Barockpark im französischen Stil umgestaltet hatte, zählte seinerzeit zu den berühmtesten in ganz Europa: Wasserbassins mit Fontänen und Kaskaden, Boulingrins (Rasenflächen für das Boule-Spiel), Broderieparterre (symmetrisch nach bestimmten Mustern angelegte Beete), Boskette (Lustwäldchen aus geometrisch angelegten Hecken- und Baumpartien), ein Irrgarten, unzählige Skulpturen u. v. a. m. kennzeichneten sein Erscheinungsbild. Im Jahre 1719 zündete man auf dem Schlossgelände das erste private Feuerwerk in Westfalen. Anlass war der Besuch von Clemens August von Bayern (1700–1761), der eben gewählte Fürstbischof von Münster und Paderborn. Ferdinand von Plettenberg (1690–1737), Neffe des 1706 verstorbenen Friedrich Christian von Plettenberg und sein Nachfolger als Schlossbesitzer, wurde der einflussreichste Mann am kurfürstlichen Hof. Plettenbergs Stellung brachte ihm ein gutes Einkommen ein, das er u. a. in Schloss Nordkirchen investierte. In den 20er Jahren des 18. Jahrhunderts ernannte Clemens August von Bayern (inzwischen Erzbischof von Köln und Kurfürst des Heiligen Römischen Reiches) ihn zum Premierminister seiner Fürstentümer, und Kaiser Karl VI. (1685–1740) erhob ihn in den Reichsgrafenstand. Dieser sowie andere bedeutende Persönlichkeiten – wie der spätere Kaiser Franz von Lothringen (1708–1765) – gehörten zu den Gästen, die seinerzeit im Schloss ein und aus gingen. Der Schlossneubau und die Neugestaltung des Gartens verschlangen Unmengen von Geld, was in Plettenbergs Position als Günstling des Kurfürsten zunächst kein großes Problem darstellte. Un-

▲ *Schloss Nordkirchen mit Venusgarten*

◄ *Schloss Nordkirchen bei Nacht*

glücklicherweise war er kurz vor Beendigung der Arbeiten am Schloss bei Clemens August von Bayern allerdings in Ungnade gefallen, was ihn in eine finanziell prekäre Lage brachte. Friedrich Christian von Beverförde (1702–1768), der Vetter Ferdinand von Plettenbergs, hatte im Mai 1733 den Deutschordenskomtur Johann Baptist von Roll, der dem Kurfürsten offenbar sehr nahe stand, in einem Duell getötet. Obwohl von Plettenberg daran völlig unbeteiligt war, gab der Kurfürst ihm die Schuld daran und entließ ihn aus all seinen Ämtern. Daraufhin ging er nach Wien, wo er 1737 verstarb und seinen Nachkommen einen hoch verschuldeten Besitz hinterließ. Bis zum Jahre 1813, in dem die Familie von Plettenberg im Mannesstamm ausstarb, war die Verschuldung weiter angestiegen. Da die Erbtochter Maria von Plettenberg mit Graf Nikolaus Franz von Esterházy-Galántha verheiratet war, ging das Schloss schließlich in den Besitz einer neuen Adelsfamilie über. Dem Vormund Marias, Freiherr Maximilian Friedrich von Ketteler, war es durch Verkauf diverser Besitzungen und einzelner Teile aus dem Schlossinventar jedoch gelungen, den desolaten Finanzhaushalt des Schlosses zu konsolidieren und der Erbin ein solides Anwesen zu übergeben, das sie nun in gesundeter Form 1833 mit in ihre Ehe brachte. Die Esterházy, ein altes ungarisches Fürstenhaus, das seit Ende des 17. Jahrhunderts dem Hochadel angehörte, veränderten die Schlossanlage, indem sie Garten und Innenräume teilweise in ihrem Sinne umgestalteten. 1903 verkauften die Erben, d. h. die ungarischen Verwandten des letzten Schlossbesitzers, die wenig Interesse an dem Anwesen hatten, dieses an Herzog Engelbert-Maria von Arenberg (1872–1949). Er galt derzeit als der vermögendste Grundbesitzer in Westfalen und hatte das Schloss für stolze sechs Millionen Mark erworben. Anschließend ließ er es bis 1906 für weitere 200.000 Mark sanieren, modernisieren und teilweise umgestalten. Der von den Esterházy veränderte Park wurde nun rebarockisiert, allerdings

▼ *Jupitersaal*

nicht in der ursprünglichen Form, sondern nach neuen Entwürfen. Insgesamt wurden dafür bis 1910 weitere knapp 500.000 Mark aufgewendet. 1913/14 ließ der Herzog die bis dahin freistehenden Seitenflügel des Schlosses durch neobarocke quadratische Pavillonbauten (Erbprinzen- und Verwaltungsflügel) mit dem Hauptbau – dem Corps de Logis – zusammenführen, sodass nun der seitlich angrenzende Flügel, der die Schlosskapelle beherbergte (der Kapellenflügel mit Dachreiter und Glocke) und sein gegenüberliegendes Pendant (der Dienerschaftsflügel mit Sonnenuhr) direkt mit dem Hauptbau bzw. dessen Eckpavillons verbunden waren. Grund dafür war, dass man mehr Wohnraum schaffen wollte, da Kaiser Wilhelm II. (1859–1941) angekündigt hatte, im September 1914 mit seinem Gefolge Quartier im Schloss zu beziehen. Diese architektonische Veränderung, die dem Schloss sein heutiges Aussehen verlieh, ließ es darüber hinaus dem Schloss Versailles immer ähnlicher werden. Seit dieser Zeit ist wohl auch die Bezeichnung „Westfälisches Versailles“ für Nordkirchen nachzuweisen, das französische, aber auch typisch westfälische Elemente wie den roten Backstein als Baumaterial verarbeitet. Neben der Umgestaltung des Schlosses wurden auch die umliegenden Wirtschaftsgebäude abgerissen und durch Neubauten mit Mansarddächern ersetzt. Auch die unter Ferdinand von Plettenberg errichtete erste Orangerie (heute Oranienburg genannt) wurde umgebaut, indem man sie um zwei Seitenflügel erweiterte. Der zweigeschossige Ziegelbau mit Mansarddächern entwickelte sich so zu einem eigenständigen kleinen Parkschloss, in dessen Erdgeschoss schon seinerzeit ein prächtiger Saal für diverse Feste eingerichtet wurde. Durch den Ersten Weltkrieg kamen die Arbeiten an Schloss und Garten jedoch zum Erliegen, sodass viele Pläne nicht mehr oder nur teilweise umgesetzt wurden. Nach dem Krieg diente das Schloss der Familie Arenberg nicht mehr als Wohnsitz, da sich diese nach Belgien zurückgezogen hatte, wohin man auch Teile des Schlossinventars verbrachte. 1922–30 betrieb die Reichspost ein Erholungsheim im Schloss. Die Auslastung war jedoch nicht ausreichend und die finanziellen Mittel für die nötigen Sanierungen waren nicht vorhanden, sodass das Anwesen inklusive der Parkanlage, deren gärtnerische Pflege vollends vernachlässigt wurde, zunehmend verfiel. 1933–40 nutzte die NSDAP das Schloss als Gauführerschule. Auch in diesen Jahren unterblieben

REZEPT
aus der Schlossküche

MIKADO VON SPARGEL *mit* MARINIERTEM LACHS

für 4 Personen

Spargel
500 g Spargel
Spargel schälen, längs schneiden, mit Zitronensaft leicht beträufeln. Kurz vor dem Servieren mit Salz und Pfeffer würzen.

Lachs
300 g sauber parierter Lachs

Marinade
1 Karotte schälen und in kleine Stücke schneiden
½ Porree in Scheiben schneiden
50 g Sellerieknolle schälen und in kleine Stücke schneiden
1 Halm Zitronengras in Stücke schneiden
50 g frischen Ingwer reiben
1 Sternanis
5 g Koriander
1 unbehandelte Orange in Scheiben schneiden
1 unbehandelte Zitrone in Scheiben schneiden
125 g Salz
200 g Zucker
1 Zweig Dill
50 g Meerrettich schälen und reiben
50 g Rote-Bete-Pulver
150 g Rote-Bete-Saft

Alle Zutaten der Marinade vermischen. Den Lachs vierteln und in der Marinade einlegen. Nach 24 Stunden herausnehmen und mit Frischhaltefolie zugedeckt bis zum Servieren im Kühlschrank aufbewahren.

Gemüsesoße
1 rote Paprika entkernen und würfeln
50 g Zwiebel würfeln
5 g geschälten Knoblauch zerdrücken
1 g gemahlener Kreuzkümmel
1 g rotes Paprikapulver
20 g Olivenöl

Alle Zutaten in der Pfanne dünsten, abkühlen lassen, im Mixer pürieren und danach durch ein Sieb passieren. Mit Champagner-Essig, Salz und Pfeffer nach eigenem Geschmack würzen.

Anrichten
„Spargelstäbchen“ luftig – wie im Mikadospiel – auf Teller legen. Lachs auf der Seite platzieren und mit Gemüsesoße abrunden.

▲ *Carpe Diem, Vorraum zum Bach-Salon*

die nötigen Instandsetzungsmaßnahmen. Im Zweiten Weltkrieg diente das Anwesen dann schließlich als Kriegsgefangenenlager und Kunstdepot verschiedener Museen. Nach Kriegsende stand es leer und war damit dem weiteren Verfall überlassen. Engelbert Karl von Arenberg (1899– 1974), Sohn des einstigen Schlossbesitzers, übernahm 1949 nach dem Tod seines Vaters das Schloss und vermietete es für die symbolische Gebühr von einer Mark pro Jahr an das Land Nordrhein-Westfalen. Als Gegenleistung war das Land für die Unterhaltung des Schlosses – in dem die Landesfinanzschule eingerichtet wurde – verantwortlich. Der baufällige Kapellenflügel, der 1953 obendrein durch ein Feuer stark beschädigt worden war, wurde 1957 in seinem Inneren im Sinne einer modernen Bibliothek mit Lesesaal umgebaut. Eine Ausnahme bildet die Schlosskapelle selbst, die man 1973/74 restaurierte und in der heute ca. 500 Trauungen jährlich stattfinden. 1958 erwarb das Land den kompletten Schlosskomplex und einen Teil des Parks für 3,5 Millionen Mark. 1973 kaufte man schließlich noch den anderen Parkbereich mit der Oranienburg hinzu, deren Saal nach der Restaurierung des Gebäudes – wie schon zur damaligen Zeit – für Festlichkeiten, aber auch Tagungen und Konzerte (wie die Nordkirchener Schlosskonzerte) genutzt wird. Seit 1977 ist in der Oranienburg auch die Verwaltung der Fachhochschule untergebracht. Schloss und Gärten befanden sich zum Zeitpunkt des Kaufes durch das Land Nordrhein-Westfalen in einem desolaten Zustand. Bis 1991 erfolgten umfassende und längst überfällige Restaurierungsmaßnahmen. Neben der Rekonstruktion diverser Garten- und Parkbereiche nach Originalentwürfen und alten Luftbildern und der Sanierung einzelner Gebäudeteile (ab 1975 z. B. des Corps de Logis' und in den 90er Jahren der ehemaligen Stallgebäude) entstanden aufgrund der Nutzung der Anlage als Lehranstalt auch weitere

Bach-Salon ▶

▲ *Restaurant „Venus"*

neue Gebäude (Mensa, Hallenbad, Wohnheim). Und im Zuge der Instandsetzungsarbeiten am Schloss wurden umgebende Gebäude umgebaut oder teilweise sogar abgerissen und im Sinne der schulischen Nutzung in zweckdienlicher Form wiedererrichtet. Die UNESCO stellte Schloss und Park als „Gesamtkunstwerk von internationalem Rang" unter Denkmalschutz. Bis heute ist im Gebäude die Fachhochschule für Finanzen Nordrhein-Westfalen untergebracht; bestimmte Bereiche des Schlosses sind Besuchern im Rahmen von Führungen oder während bestimmter Veranstaltungen (Konzerte, Tagungen) zugänglich. Das Corps de Logis war seinerzeit zum einen den Wohnräumen des Schlossherrn und zum anderen der Unterbringung hoher Gäste vorbehalten. Im Inneren ist das barocke Interieur weitestgehend erhalten geblieben. Bezüglich der einzelnen Räumlichkeiten sind v. a. der Jupitersaal (bzw. Herkulessaal) – benannt nach seinem Deckengemälde – und die sogenannten Kaiserzimmer – benannt in Erinnerung an den Besuch von Kaiser Karl VI. bzw. Franz Stephan I. im Schloss Nordkirchen – erwähnenswert. Als Herzstück der Prunkräume ist der Jupitersaal als Festraum mit seiner Stuckdecke, den Tapisserien, Gemälden und Einrichtungsgegenständen ein ganz besonderes Juwel, in dem heute unter anderem Konzerte und andere Festlichkeiten stattfinden.

Das Restaurant des Schlosses Nordkirchen verfügt über verschiedene Räumlichkeiten, die in den letzten Jahren einer Renovierung unterzogen wurden. Im Erdgeschoss, mit Blick auf den Barockgarten, befindet sich zunächst das Restaurant „Venus" mit angrenzendem Kaminzimmer. Der Gewölbekeller beherbergt das Gesellschaftszimmer „Bach-Salon" mit dem dazugehörigen – „Carpe Diem" genannten – Vorraum. Das mit modernen Kunstwerken ausgestattete Kreuzgratgewölbe aus rotem Backstein bietet schon allein von seiner Räumlichkeit her ein einzigartiges Flair. Die Besonderheit daran ist, dass die Gemälde, welche die Wände zieren, vom Chef des Hauses – dem Sternekoch Franz L. Lauter – selbst stammen. Sein Küchenteam unter der Leitung von Norbert Parzych bietet dem Gast eine mehrfach prämierte innovative deutsche Küche. Ein Blick in die Karte verspricht Gaumenfreuden von Kalbstatar über Burgunderlachs bis hin zu Entenbrust in Kastanienhonigsoße und Spätzle in Pfefferdüften sowie diversen süßen Überraschungen.

SCHLOSS NYMPHENBURG

Schloss Nymphenburg liegt im Westen der Stadt München, ist mit seiner stolzen Breite von 500 Metern eines der größten Königsschlösser Europas und ein vielbesuchter Touristenmagnet. Das Gesamtkunstwerk von Architektur und Gartengestaltung war einst die Sommerresidenz der Wittelsbacher – eines der ältesten deutschen Adelshäuser, aus dem vom 12. bis in das 20. Jahrhundert unter anderem die Herzöge, Kurfürsten und Könige von Bayern hervorgingen.

Kurfürst Ferdinand Maria (1636–1679) hatte 1664 – anlässlich der Geburt des Thronerben Max Emanuel zwei Jahre zuvor – den Auftrag zum Bau des Schlosses als Geschenk für seine Frau Henriette Adelheid von Savoyen (1636–1676) erteilt. Der Thronfolger selbst ließ die Anlage Anfang des 18. Jahrhunderts erweitern und bestimmte damit maßgeblich das heutige Erscheinungsbild des Schlosses. Zunächst wurde jedoch bis Mitte/Ende der 70er Jahre des 17. Jahrhunderts ein fünfgeschossiger kubischer Bau im Stil eines italienischen Landhauses errichtet – das „Lusthauß Nymphenburg“, das beidseitig über doppelläufige Treppen verfügte. Westlich befand sich ein kleiner Garten, und umgeben war das Anwesen von einigen wenigen Wirtschafts- und Nebengebäuden. Zu diesen gehörte auch die kurfürstliche Schwaige, ein Gutshof, der älter ist als der erste Schlossbau

(d. h. äußeren) nördlichen Pavillon wurde unter der Leitung von Giovanni Antonio Viscardi mit dem Bau der Schlosskapelle begonnen. Durch den Spanischen Erbfolgekrieg kamen die Baumaßnahmen zunächst jedoch teilweise zum Erliegen, da Max Emanuel sich bis 1715 außerhalb Bayerns aufhielt. Als der Kurfürst aus Paris zurückkehrte, kamen mit ihm mehrere französische bzw. in Frankreich geschulte Künstler nach München. Unter ihnen befand sich der zum Hofarchitekten berufene Joseph Effner, der z. B. auch die Schlosskapelle vollendete. Er gestaltete 1716 auch die Fassade des Hauptbaus als dem zentralen Punkt der Anlage nach französischem Vorbild um. Diese

◂ *Mittelbau mit angrenzenden Pavillons von der Parkseite aus gesehen*

▾ *Mittelbau, Stadtseite*

selbst, in den er dann später – im Zuge der Erweiterung der Schlossanlage – integriert wurde. Den „Schwaighof" hatte Kurfürst Ferdinand Maria für 10.000 Gulden erworben, um in unmittelbarer Nähe sein Lusthaus errichten zu lassen. Architekt war der aus Bologna stammende Agostino Barelli, der als Hofbaumeister nach München berufen worden war; 1674 folgte ihm Enrico Zuccalli auf diesen Posten. Letzterer errichtete im Auftrag von Max Emanuel (1662–1726) in den ersten Jahren des 18. Jahrhunderts schließlich die beiden seitlich an den Hauptbau anschließenden Galerien sowie die insgesamt vier angrenzenden Pavillons. Im zweiten

erhielt damit ihr heutiges Erscheinungsbild mit Rundbogenfenstern und kannelierten Pilastern in der Mittelzone. Zusammen mit dem Gartenbaukünstler Dominique Girard – der in Versailles tätig gewesen und dem bayerischen Kurfürsten vom französischen König Ludwig XIV. zur Verfügung gestellt worden war – entwickelte Effner für Schloss Nymphenburg einen Gesamtplan, anhand dessen die Anlage weiter ausgebaut wurde. Im Zuge dessen begann der Neubau der Nebengebäude südlich und nördlich des bestehenden Komplexes, die als Vierflügelanlagen vorgesehen waren. Der Garten erfuhr eine umfassende Umgestaltung und Erweiterung im Stil des französischen Barock. Dabei wurden die das Schloss umgebenden Kanäle mit dem großen Gartenparterre in der Mitte sowie die Kaskade am Ende des Mittelkanals und einzelne Wasserbecken angelegt. Stadtseitig entstand ein Wasserparterre mit Bassins und Fontäne. Die höfische Gesellschaft konnte sich nun in prächtig verzierten venezianischen Gondeln durch die Kanäle fahren lassen. Darüber hinaus erfolgte in dieser Zeit auch die Innenausstattung der kurfürstlichen Appartements. Der Nachfolger Max Emanuels, sein Sohn Kurfürst Karl Albrecht (1697–1745), setzte die Baumaßnahmen seines Vaters fort, ließ die beiden Bauten für die Orangerie (Norden) und den Marstall (Süden) und deren Verbindungsflügel zu den Pavillons des Hauptbaus errichten und die Anlage noch durch die Rondellbauten erweitern, in damaliger Zeit eine architektonische Sensation. In einem Halbkreis befinden sich ausgehend von den äußeren Bauten in symmetrischer Anordnung beidseitig je fünf Palais, die zur Unterbringung von Hofbediensteten vorgesehen waren. Kurfürst Max III. Joseph (1727–1777) ließ bis ca. 1757 das Herzstück des Schlosses, den über drei Geschosse reichenden großen Festsaal (auch „Steinerner Saal" genannt), ausgestalten. François Cuvilliés d. Ä. und Johann Baptist Zimmermann waren verantwortlich für diese monumentale Raumschöpfung, die zum einen gekennzeichnet ist von einem Deckengemälde mit der Darstellung des Götterhimmels, das u. a. die zur Göttin gewordene Nymphe Flora zeigt, umgeben von weiteren Nymphen. Diese Szene war namensgebend für die gesamte Schlossanlage, was die Bedeutung dieses Raumes verdeutlicht. Zum anderen sind es aber v. a. die üppigen Stuckaturen im Stil des Rokoko und das Zusammenspiel mit den prächtigen Vergoldungen und den eingebetteten Fresken, welche die Faszination dieses Raumes – der seit seiner Entstehung unverändert erhalten geblieben ist – ausmachen. Die weiteren Räume (Vor-, Au-

◄ *Mittelbau, Parkseite*

dienz- und Schlafzimmer der Kurfürsten usw.) zeigen teilweise die originale Barockdekoration bzw. die unter den späteren Kurfürsten vorgenommenen Umgestaltungen im Sinne des Rokoko und des Klassizismus; Anfang des 19. Jahrhunderts hatte Kurfürst Max IV. Joseph (1756–1825, ab 1806 der erste König von Bayern) einzelne Räume in klassizistischem Sinne umformen lassen. Mehrere Räume sind mit Porträts der kurfürstlich-königlichen Schlossbewohner ausgestattet; Wandbespannungen aus Seidenbrokatell, Vorhänge aus Damast und Prunkmöbel aus Edelhölzern zeugen von dem damaligen Ansinnen, das Schloss mit einer luxuriös-repräsentativen Ausstattung zu versehen. Immerhin war Nymphenburg die Lieblingsresidenz der bayerischen Könige, die hier zum Teil sogar geboren wurden (wie 1845 König Ludwig II. von Bayern) oder verstarben (wie 1825 König Max I. Joseph). Die Gestaltung des weitläufigen Schlossparks im romantischen Stil englischer Gärten mit Bachläufen, Kaskaden, Brücken, künstlichen Seen, Statuen sowie kleinen – bereits im 18. Jahrhundert geschaffenen – Burgen bzw. Schlösschen geht auf die erste Hälfte des 19. Jahrhunderts zurück und bildet zusammen mit der Schlossanlage ein prachtvolles Gesamtkunstwerk. Das Areal mit einer Fläche von insgesamt 229 Hektar steht unter Denkmalschutz und zählt als Landschaftsschutzgebiet. Von der Umgestaltung in einen englischen Landschaftspark weitestgehend unberührt blieb jedoch der französische Barockgarten mit dem großen Gartenparterre direkt am Schloss, das zusammen mit dem Kanal, den beidseitigen Alleen mit den Schlossauffahrten und der großen Kaskade sowie dem stadtseitigen Wasserparterre bereits im 18. Jahrhundert entstanden war. Schon derzeit waren Teile des Schlosses (Nordtrakt) von den Kapuzinern und darauffolgend von den Augustiner-Chorfrauen zum Zwecke der Erziehung von Mädchen genutzt worden. Nach 1835 setzten dann die sogenannten „Englischen Fräulein" dieses Vorhaben im Sinne eines Mädcheninternates bis 1937 weiter fort. Nach dem Ersten Weltkrieg fiel Schloss Nymphenburg als Staatseigentum in die Obhut der Bayerischen Verwaltung der staatlichen Schlösser, Gärten und Seen, die es – mit dem Hauptsitz auf dem Schloss selbst – zusammen mit zahlreichen anderen Objekten unter Wahrung denkmalpflegerischer wie kultureller Belange betreut. Die Wittelsbacher haben aber als ureigene Besitzer ein gewisses Wohnrecht. Dieses

▲ *Schlosswirtschaft Schwaige*

nutzt das derzeitige Oberhaupt des Hauses Wittelsbach Franz Herzog von Bayern. Teile des Schlosses dienen heute musealen Zwecken, so befindet sich seit 1990 im Nordflügel das Museum Mensch und Natur. Und in den ehemaligen Stallungen der südlichen Kavaliersgebäude ist seit 1952 das Marstallmuseum mit Kutschen, Reitausrüstungen usw. untergebracht. Im Obergeschoss ist die Porzellansammlung zu sehen. Die seit 1761 existierende Porzellanmanufaktur hat ihren Sitz in einem der Pavillons des nördlichen Schlossrondells und fertigt heute nach Entwürfen zeitgenössischer Künstler und Designer.

Im Südflügel des Schlosses, direkt neben dem Marstallmuseum, bietet die „Schlosswirtschaft Schwaige" Schlossbesuchern die Möglichkeit zur Einkehr und zeichnet sich durch kulinarische

▲ *Schlosswirtschaft Schwaige, König-Ludwig-Stüberl*

▶ *Schlosswirtschaft Schwaige, Max-Emanuel-Saal*

Erlebnisse der besonderen Art aus. Der Wirt Peter Kinner betreibt das Restaurant seit 2008; nach dem Umbau stehen auf zwei Etagen sechs verschiedene Räumlichkeiten mit jeweils unterschiedlichem Charakter zur Verfügung, die neben dem Gastronomiebetrieb im Hauptrestaurant für diverse Sonderveranstaltungen genutzt werden bzw. buchbar sind. Die Speisekarte verzeichnet eine gehobene Küche, bei der Küchenchef Dietmar Weiß u. a. bayeri-

REZEPT
aus der Schlossküche

ENTE *in* HONIG-BIER-KRUSTE *mit* BLAUKRAUT *und* KARTOFFELKNÖDELN

für 4 Personen

Ente
1 Bayerische Ente, ca. 2400 g

Marinade
100 g Tannenhonig
100 ml dunkles Bier
50 ml Rapsöl
75 g Butter
10 g Paprikapulver
Thymian

Die Ente mit Salz und Pfeffer würzen und im Ofen bei 95 °C 8 Stunden garen. Nach 2 Stunden jede halbe Stunde mit der Marinade bestreichen. Die letzten 10 Minuten auf 180 °C garen, bis eine schöne Kruste entsteht.

Blaukraut
1 kg Blaukraut
Salz, Honig, Himbeeressig, Pfeffer
Je 125 ml Rotwein, Apfelsaft, Orangensaft
40 g Preiselbeer-Kompott
1 Prise Zimt
Abrieb von ½ Orange
100 g Apfelmus
2 Lorbeerblätter
3 Nelken
1 große Zwiebel
100 g Entenfett
250 ml Brühe

Die äußeren Blätter vom Blaukraut entfernen und mit einem Messer oder Hobel in feine Streifen schneiden. Das Kraut mit Salz, Honig, Himbeeressig und Pfeffer kneten und anschließend die Säfte, den Rotwein, Preiselbeeren und Apfelmus zugeben. Die Gewürze am besten in ein Teeei füllen und zum Blaukraut dazugeben. Mindestens einen Tag abgedeckt im Kühlschrank stehen lassen.

Die Zwiebeln in feine Streifen schneiden und im Fett glasig dünsten. Das marinierte Blaukraut zugeben, mit der Brühe aufgießen und ca. 1 Stunde schmoren lassen. Eventuell mit Salz, Pfeffer und etwas Zimt abschmecken.

Kartoffelknödel
1 Scheibe Toastbrot
1 EL Butter
400 g Kartoffeln
Salz, Pfeffer, Muskat
30 g Mehl
40 g Kartoffelstärke
1 Eigelb

Die Toastbrotscheibe würfeln und in einer Pfanne mit der Butter bei mittlerer Hitze goldgelb bräunen. Die Kartoffeln in Salz-Kümmel-Wasser ca. 20–25 Minuten weichkochen. Das Wasser abgießen und die Kartoffeln im Topf ausdampfen lasse, anschließend schälen, durch eine Kartoffelpresse drücken und auskühlen lassen. Mit Salz, Pfeffer und Muskat würzen. Eigelb, Mehl und Stärke hinzugeben und alles zu einem Teig verkneten. Daraus vier Knödel formen und mit den Brotcroutons füllen. Wasser in einem Topf mit reichlich Salz zum Kochen bringen und die Knödel dazugeben. Einmal aufkochen lassen und dann bei mittlerer Hitze 15–20 Minuten ziehen lassen. Wenn die Knödel aufsteigen, mit einer Schaumkelle aus dem Wasser nehmen und in Bröselbutter wälzen.

sche Klassiker wie Knödel, Fleischpflanzerl oder Obazda auf individuelle Art verfeinert und dabei ganz eigene ausgefallene Variationen entstehen. Das À-la-carte-Angebot ist vielversprechend, denn neben deftigen Kreationen laden edle Kompositionen wie Kalbsleberscheiben an Portweinjus oder Zanderfilet mit Spargelschaum sowie Melonen-Estragon-Kaltschale oder Mohnmousse mit Mango-Zitronengras-Ragout dazu ein, sich kulinarisch verwöhnen zu lassen. Dabei ist man auch auf Abwechslung bedacht, da neben der Speisekarte ein ständig wechselndes Mittagsmenü geboten wird. Doch damit nicht genug, verzeichnet das Veranstaltungsprogramm regelmäßige Dinner-Abende zu verschiedenen Themenbereichen. Neben Sisi-Menü oder Candle-Light-Dinner ist v. a. das König-Ludwig-Dinner ein einzigartiges kulinarisches Erlebnis – während dem Gast in edlem Ambiente Gerichte aus dem handgeschriebenen Kochbuch des Monarchen serviert werden, erfährt dieser ganz nebenbei noch allerlei historische Hintergründe und kann unterhaltsamen Geschichten über den bayerischen Märchenkönig und die Kaiserin Sisi lauschen. Und natürlich darf auch die Bierprobe nicht fehlen, die hier allerdings auf eine etwas andere Art erfolgt, denn zu einem exquisiten Drei-Gänge-Menü werden speziell dazu ausgewählte einheimische, aber auch fremdländisch-exotische Biere gereicht. Ergänzt wird dies auch hier mit informativen und unterhaltsamen kulturgeschichtlichen Hintergründen. Und wem dies noch nicht einmalig genug ist, der kann Schloss Nymphenburg auch bei einer individuellen Gondelfahrt über den Kanal genießen und anhand dieser Tradition, die schon zu Zeiten des Kurfürsten Max Emanuel bestand, das Schloss aus einer ganz anderen Perspektive erfahren. Dazu bietet die Schlosswirtschaft Schwaige mit gepacktem Picknickkorb für unterwegs und anschließendem Menü das kulinarische Rahmenprogramm.

SCHLOSS PILLNITZ

Das malerisch an der Elbe gelegene Schloss Pillnitz ist mit seinen prächtigen Palaisbauten und schönen Grünanlagen ein Anziehungspunkt für Touristen und ein beliebtes Ausflugsziel der Dresdner.

Das heutige Erscheinungsbild der einstigen Sommerresidenz des sächsischen Königshauses geht im Wesentlichen auf das 18. Jahrhundert zurück, allerdings befand sich an der Stelle des Neuen Palais ursprünglich ein im Stil der Spätrenaissance gestalteter Vierflügelbau, der aus einem mittelalterlichen Rittergut hervorgegangen war, dessen Geschichte wiederum bis in das 15. Jahrhundert zurückreicht. Das dazugehörige Lusthaus lag im Bereich des Mittelteils des heutigen Wasserpalais. Im 16. Jahrhundert existierten bereits auch ein Lustgarten und eine Schlosskapelle, die 1725 allerdings dem Bau von Longuelunes Venustempel zum Opfer fiel. Des Weiteren war das Schloss von mehreren Wirtschaftsgebäuden umgeben. Ende des 17. Jahrhunderts hatte Kurfürst Johann Georg IV. von Sachsen (1668–1694) das Renaissanceschloss erworben, um es seiner Mätresse Magdalena Sibylla von Neitschütz, Reichsgräfin von Rochlitz, zu schenken. Nach dem frühen Tod des Kurfürsten und seiner Geliebten übernahm Kurfürst Friedrich August I., Herzog von Sachsen (1670–1733) – Bruder Georgs IV. und besser bekannt als August der

▲ *Bergpalais*

▶ *Mittelbau des Wasserpalais mit der vorgelagerten Treppe hinab zur Elbe*

Starke – das Schloss, um es wiederum seiner Mätresse – Anna Constantia Reichsgräfin von Cosel (1680–1765) – als Sommersitz zu übereignen. Sie ließ die Gärten in französischem Stil modernisieren und die Heckenquartiere in Labyrinthform anlegen, die bis heute in ihrer Grundstruktur erhalten sind. Die als geistreich und ehrgeizig, aber auch sehr eigensinnig, berechnend und ungestüm geltende Gräfin fiel bei August jedoch schnell in Ungnade, da sie sich zunehmend in die Politik einmischte und sich damit mehr und mehr den Unmut der Minister und auch Friedrich Augusts I. (als August II. auch König von Polen) zuzog, bis er sich schließlich von ihr abwandte bzw. sie letztlich auf die Burg Stolpen verbannte. Schloss Pillnitz ging daraufhin wieder in seinen Besitz über. Ziel Augusts des Starken war es nun, dieses in ein repräsentatives Anwesen zum Zwecke der Unterhaltung der Dresdner Hofgesellschaft umzuwandeln. Zudem wollte er seine politische Machtposition – als Reichsvikar hatte er 1711 immerhin zeitweilig sogar die kaiserliche Stel-

▲ *Initialen „AR" (Augustus Rex) am Geländer des Wasserpalais*

▼ *Mittelbau des Bergpalais*

lung eingenommen – natürlich auch äußerlich durch repräsentative Prachtbauten und pompöse Festlichkeiten, bei denen weder Kosten noch Mühen gescheut wurden, präsentiert wissen. August der Starke – der auf seiner Kavalierstour durch Italien und Frankreich die Paläste Europas sah und bewunderte, hatte die Vorstellung von einem gewaltigen barocken Lustschloss, das so allerdings nie verwirklicht wurde (das Areal des ursprünglichen Idealplans war viermal so groß wie die heutige Anlage), wobei dank ihm in Pillnitz dennoch eine der großartigsten barocken Schloss- und Parkanlagen Europas entstand. Hier wurden wie auch andernorts rauschende Feste gefeiert und diverse An-

▲ *Wasserpalais von der gegenüberliegenden Elbseite aus gesehen*

▼ *Neues Palais*

lässe mit großem Aufwand feierlich begangen, so z. B. 1719 die Vermählung des späteren Kurfürsten Friedrich August II. (1696–1763, Sohn Augusts des Starken) mit der Kaisertochter Maria Josepha von Österreich oder 1738 die Hochzeit von Prinzessin Maria Amalia von Sachsen mit König Karl III. von Sizilien sowie die Vermählung von Prinzessin Maria Anna von Sachsen mit dem Kurfürsten Maximilian III. Joseph von Bayern im Jahre 1747. Mit dem Baubeginn des Wasserpalais, der den Abriss des alten Lusthauses erforderte, begann 1721 nach Plänen von Matthäus Daniel Pöppelmann und Zacharias Longuelune die barocke Umgestaltung des Schlosses, das französische wie italienische Vorbilder verarbeitet. Die drei zunächst einzeln errichteten Pavillonbauten des unmittelbar an der Elbe gelegenen Palais wurden durch niedrige Gänge miteinander verbunden. Die Geländer zeigen das auch an anderer Stelle angebrachte Monogramm „AR" für „Augustus Rex", mit dem der Kurfürst-König August der Starke auch hier seinem Repräsentationswillen Ausdruck verlieh. Vom Obergeschoss des Mittelbaus führt eine geschwungene, doppelläufige Treppe zum Uferweg hinab, die dort in eine zweite, 1725 angelegte Treppenanlage übergeht, welche sich bis zur Anlegestelle an der Elbe fortsetzt. Diese in einem weiten Bogen verlaufende Treppe mit dem mittig thronenden Wasserpalais bot die ideale Kulisse für prächtige Empfänge für hohe Gäste, die per Schiff anreisten. Und von hier aus pendelte man auch mit Gondeln zwischen dem Schloss Pillnitz und der Residenz in Dresden hin und her. Eine dieser Gondeln ist im Schlosspark aufgestellt, wobei es sich um eine Rekonstruktion aus Teilen von zwei Booten aus der Zeit um 1800 handelt, die nach Entwürfen von Christian Friedrich Schuricht für Kurfürst Friedrich August III. von Sachsen geschaffen worden war. Die Steinstufen der breiten, im Halbkreis angelegten Treppe unterhalb des Wasserpalais sind beidseitig von mächtigen Sphingen flankiert, die majestätisch auf gewaltigen Sockeln ruhen. Die geschwungenen Dächer und die chinoisen Malereien in den breiten Hohlkehlen verleihen den Gebäuden einen exotischen Reiz und sind Beispiele für die Chinamode, die sich in der Barockzeit großer Beliebtheit erfreute und die einer prinzipiellen Begeisterung für die gesamte fernöstlich-ostasiatische Welt als einer fantastisch-exotischen Fremde gleichkam. Das dem Wasserpalais gegenüberliegende Bergpalais entstand 1723/24 und

stellt mit dem vorgelagerten Säulenportikus das symmetrisch gestaltete Spiegelbild desselben dar. Von der ursprünglichen Innenraumgestaltung der Palais ist heute kaum noch etwas erhalten; die heutige Ausstattung stammt im Wesentlichen aus dem späteren 19. Jahrhundert und ist dem Stil des Neorokoko zuzuordnen. Zwischen den beiden Palais erstreckt sich der über die Jahrhunderte mehrfach umgestaltete Lustgarten, der seine heutige Gestalt schließlich in der zweiten Hälfte des 19. Jahrhunderts erhielt, als um vier zentrale Wasserbecken mit Fontänen Beete anlegt wurden. Die breite Kastanienallee in Richtung Dresden entstand wie das sogenannte Ringrenngebäude ebenso in den zwanziger Jahren des 18. Jahrhunderts und diente als lange Bahn für das Maillespiel. Letzteres wurde allerdings 1799 bzw. 1874 zur Orangerie erweitert bzw. umgebaut. Das Ringrenngebäude, in dem Damen auf Karussellpferden mit Lanzen nach Ringen stachen, ist nur ein Beispiel für die vielgestaltigen Varianten des Spiels (Reitturniere, Bogenschießen, Ball- und Kegelspiele, Krocket usw.), denen man zu verschiedenen Feierlichkeiten in der Parkanlage des Schlosses Pillnitz nachging. Das Wappenschild am Haupteingang verweist mit der Darstellung von Kugeln, Ring und Pfeil noch auf die ursprüngliche Nutzung des Bauwerkes. Ein Ereignis, das sicher einen Höhepunkt der Feierlichkeiten auf Schloss Pillnitz markierte, war 1725 die Hochzeit von Heinrich Friedrich von Friesen und Auguste Constantia, einer Tochter Augusts des Starken und der Gräfin Cosel, die sich über ganze drei Wochen hingezogen haben soll. August der Starke verlor nach Errichtung der genannten Gebäude das Interesse an Pillnitz und wandte sich verstärkt anderen Anwesen, wie z. B. dem ebenfalls bei Dresden gelegenen Schloss Moritzburg, zu. Kurfürst Friedrich August III. von Sachsen (1750–1827) – ein Urenkel Augusts des Starken und der erste König Sachsens – hatte 1765 Pillnitz schließlich zu seiner Sommerresidenz auserkoren und ergänzte die Anlage Jahre später (um 1780) um einen Englischen Garten. Nach einem Entwurf von Christian Traugott Weinlig und Johann Daniel Schade entstand hier der Englische Pavillon, dem der Bramante-Tempietto in Rom als Vorbild diente. Dem folgte noch ein Holländischer Garten mit Gewächshäusern, die zur Unterbringung exotischer Pflanzen dienten – heute befindet ich hier das kurz nach der Mitte

◄ *Orangerie, Innenaufnahme*

▼ *Außenansicht der Orangerie*

des 19. Jahrhunderts errichtete Palmenhaus. 1788–91 fügte Christian Friedrich Exner nach Entwürfen von Schade und Weinlig an Berg- und Wasserpalais halbrunde Galerien und doppelgeschossige Seitenflügel an, die sich mit ihren geschweiften Dächern, den Schornsteinen und Gaupen sowie den Hohlkehlen an die chinoisen Palaisbauten anpassen. In dieser Zeit wurden auch die zwischen Pavillons und Mittelbau verlaufenden Verbindungsgänge des Wasserpalais aufgestockt, was beim Bergpalais schon früher geschehen war. Im August 1791 – nach Fertigstellung aller Baumaßnahmen an Wasser- und Bergpalais – fand auf Schloss Pillnitz eine Fürstenzusammenkunft statt, deren Ergebnis – die sogenannte „Pillnitzer Deklaration" – in die Weltgeschichte einging. Diese war eine Erklärung Österreichs (d. h. Leopolds II., Erzherzog von Österreich und Kaiser des Heiligen Römischen Reiches) und Preußens (d. h. König Friedrich Wilhelms II. von Preußen) zur Unterstützung König Ludwigs XVI. von Frankreich während der Französischen Revolution. Und auch das Fürstentreffen diente als Anlass für opulente Feierlichkeiten, bei denen prunkvoll getafelt wurde. Schloss und Park waren mit unzähligen Lampen erleuchtet, und sogar ein Feuerwerk soll es gegeben haben. Anfang des 19. Jahrhunderts folgten dann weitere bedeutende Veränderungen der Schlossanlage. So entstand 1804 der Garten mit dem Chinesischen Pavillon von Christian Friedrich Schuricht. Dieser schuf auch das am östlichen Ende zwischen Berg- und Wasserpalais gelegene Neue Palais, das 1818–1826 nach dem Brand des alten Renaissanceschlosses – der auch den Venustempel verwüstete – errichtet wurde und durch viertelkreisförmige Galerien mit Berg- und Wasserpalais verbunden ist. Der von König Friedrich August I. beauftragte Neubau – in dem sich heute das Schlossmuseum befindet – verdeutlicht den Übergang vom Barock zum Klassizismus, der sich bereits in den Flügelbauten der Palais angedeutet hatte. Einer ungegliederten, lediglich von Rundbogenfenstern durchbrochenen Wand sind im Mitteltrakt korinthische Säulen vorgelagert. Die geschwungenen, chinoisen Dächer greifen die Gestaltung der beiden angrenzenden Palaisbauten auf. Besonderer Akzent des Gebäudes ist der zentrale Dachreiter mit Uhr, der ein Motiv des alten Schlossbaus aufgreift. Im Mittelbau befindet sich ein großer Kuppelsaal, der als Fest- und Speisesaal diente; zur Elbe hin schließt sich ein Flügel an, der seinerzeit die Hofküche beherbergte, während zur anderen Seite ein Flügel errichtet wurde, der die katholische Hofkapelle aufnimmt. Beide Flügelbauten umschließen den 1828 angelegten schlichten Fliederhof, benannt nach der Bepflanzung mit ursprünglich über 100 Fliederbäumen. Die Hofküche bestand aus mehreren Bereichen, die sich – wie man es vom alten Schloss über-

nommen hatte – in der Raumabfolge widerspiegelte. Es war ihre Aufgabe, die königliche Familie und den gesamten Hofstaat mit allen Bediensteten zu versorgen. Vor allem bei großen Feierlichkeiten war eine reibungslose Organisation vonnöten, wofür der Küchenmeister verantwortlich war. Auch wenn durch den Brand von 1818 bereits ein großer Teil des Inventars verlorengegangen war und die Räumlichkeiten nach dem Ende der sächsischen Monarchie 1918 anderweitig genutzt wurden – seit 1924 befindet sich die Anlage in Staatsbesitz –, zeigt das Schlossmuseum die Königliche Hofküche heute in rekonstruierter Form mit historisch korrekten Nachbauten von Mobiliar und Küchenmaschinen sowie bei Auktionen getätigten Ankäufen von Küchenkupfer des sächsischen Hofes. Und im Wasser- und Bergpalais ist seit den 60er Jahren das Kunstgewerbemuseum der Staatlichen Kunstsammlungen Dresden untergebracht. Anfang der 90er Jahre begannen umfassende Restaurierungen der Palaisgebäude und der anderen Bauten im Schlosspark. 1998/99 entstand nach Abriss der früheren Bebauung das Gebäudeensemble des Schloss Hotels Dresden-Pillnitz. Die noch zum alten Renaissanceschloss gehörigen Gebäude, die sich an dieser Stelle – d. h. hinter dem Kapellenflügel des Neuen Palais – einst befanden, dienten bereits zu Zeiten Augusts des Starken unter anderem als Herberge und Wirtshaus. So werden in den historischen Quellen diverse Pächter dieser Schlossrestauration sowie deren Umbau, Erweiterung und Neugestaltung im Laufe des 19./20. Jahrhunderts erwähnt. Der Namenszug „Schloss-Schänke" am Gebäude ist lediglich eine historische Anlehnung an die Zeit vor dem Bau des Schlosshotels. Betreiber des heutigen Vier-Sterne-Hotels mit Gastronomie ist von der ersten Stunde

REZEPT
aus der Schlossküche

GEBRATENES ZANDERFILET *im* SCHINKENMANTEL

für 4 Personen

4 Zanderfilets ohne Haut à 120 g
8 dünne Scheiben „Dürrranoschinken"
(Schinken aus Dürrröhrsdorf)
4 Blatt Salbei
Salz, Pfeffer
Butterschmalz zum Braten

Die Zanderfilets leicht salzen und pfeffern und in jeweils zwei Scheiben Dürrranoschinken mit dem Salbei einwickeln. Nun die Filets langsam in Butterschmalz anbraten, nach ca. 4 Minuten wenden. Wer mag, kann die Filets vor dem Anrichten auf ein Küchentuch legen, damit das überschüssige Fett aufgesogen wird.

Beilage: Himmel und Erde

für 2 Portionen

200 g Hausmacher Blutwurst
600 g gekochte Kartoffeln (Laura)
2 Äpfel (Boskoop)
1 Bund Majoran
1 Schalotte (Würfel)
Mehl zum melieren
Öl zum Braten
Salz, Pfeffer, Puderzucker

Kartoffeln und Blutwurst in Scheiben schneiden und die Wurst leicht melieren. Danach die Kartoffeln in wenig Fett anbraten. In der Zwischenzeit die Äpfel in Spalten schneiden und das Kerngehäuse entfernen. Die Apfelspalten in einer separaten Pfanne ohne Fett anrösten, mit etwas Puderzucker bestäuben, karamellisieren und kurz vor Garzeit mit einer Butterflocke vollenden. Zur gleichen Zeit die vorbereiteten Blutwurstscheiben anbraten. Die Bratkartoffeln mit Schalottenwürfeln, Majoran, Salz und Pfeffer abschmecken.

◂ *Fliederhof, Saal*

◄ *Kaminrestaurant*

an Familie Zepp. Die große Elbflut im August 2002 mit einem historischen Höchststand der Elbe von 9,40 Meter verursachte große Schäden an der gesamten Schlossanlage. Auch das Hotel musste zunächst schließen, konnte jedoch nach eingehender Renovierung im Dezember desselben Jahres wieder eröffnen. Kulinarisch gesehen garantiert das Kaminrestaurant bzw. sein Chefkoch Tilo Hamann Feinschmeckern genussvolle Tafelkultur. Inmitten der historischen Kulisse lässt es sich stilvoll speisen, wobei internationale Kochkunst auf hohem Niveau mit sächsischer Tradition verknüpft wird. Eine Besonderheit dabei ist, dass das Schlosshotel Pillnitz seit April 2016 Mitglied der GREEN CHEFS ist, die sich durch den respektvollen Umgang mit Lebensmitteln auszeichnen und u. a. Wert auf Regionalität und Nachhaltigkeit legen. Die Speisekarte präsentiert außergewöhnliche Gerichte, die in individuell Kompositionen einzigartig und kreativ zusammengestellt sind. Die Verwendung ausgefallener Gewürze und frischer Kräuter sowie der Fokus auf ein besonderes, frisches Geschmackserlebnis werden schon auf den ersten Blick deutlich: Macadamia-Selleriebrûlée, Stör-Safran, Rapsspinat, Elb-Wels-Zitrone-Estragon, Ziegenklein-Ziegenmilch-Lavendel und vieles mehr zeugt von einem einmaligen kulinarischen Erlebnis, das in der Form sicher kaum ein Gast schon kennen wird. Darüber hinaus werden thematisch an bestimmte Sonderausstellungen angepasste Menüs angeboten, die sich u. a. mit dem Thema exotischer ferner Länder beschäftigen, die schon zu Zeiten Augusts des Starken für Faszination sorgten. Im separaten Weinkeller direkt im Schloss werden Weinproben und sogenannte Kellermeisterbuffets veranstaltet, bei denen der Gast an der längsten Tafel Dresdens Platz nehmen und die Weine sächsischer sowie internationaler Winzer genießen kann. Für Feierlichkeiten stehen diverse Räumlichkeiten zur Verfügung. So besteht die Möglichkeit, für private Feiern u. a. den Saal der Orangerie anzumieten, wo bereits August der Starke Jahrhunderte zuvor mit seinem Hofstaat und zahlreichen hohen Gästen ausschweifende Feste feierte.

Schloss Hotel Dresden-Pillnitz ►

SCHLOSS PURSCHENSTEIN

Schloss Purschenstein im Erzgebirge ist eines der ältesten Schlösser – genau genommen eine der ältesten Ritterburgen – in Sachsen. Sein Name leitet sich vermutlich von einem böhmischen Ritter Borso ab, von dem angenommen wird, dass er hier – an einem von Leipzig in Richtung Prag verlaufenden Fernhandelsweg – um 1200 eine Burg errichten ließ.

Mitte des 13. Jahrhunderts ging das 1289 erstmals urkundlich erwähnte Anwesen in den Besitz der Markgrafen von Meißen über. In der Folgezeit wechselten die Eigentümer mehrfach, bis in der zweiten Hälfte des 14. Jahrhunderts schließlich die Herren von Schönberg die Anlage übernahmen und sie ab Mitte des 16. Jahrhunderts zum Renaissanceschloss umbauen ließen. Unter Caspar von Schönberg (1451–1463) entstand seinerzeit zunächst der dreigeschossige Mittelbau, den der anschließende – etwas später errichtete – Wendelstein erschließt. Im 17. Jahrhundert wurde der etwas abseits stehende Uhrenturm mit der Hauskapelle erbaut. Bis zum Ende des Zweiten Weltkrieges verblieb das Anwesen im Besitz der Familie von Schönberg, die das Schloss im 18. Jahrhundert weiter ausbaute und im barocken Stil umgestaltete. Im Zuge dessen wurde 1776–78 unter Adam Rudolph von Schönberg (1712–1795) zum Beispiel der Südflügel zur Kapelle um- und der Nordflügel ausgebaut, in

dem er Wohnräume einrichten ließ. Die Türme versah man mit barocken Turmhauben mit Laternenbekrönung. Allerdings ist diese nur am Uhrturm erhalten geblieben. Der seinerzeit angelegte barocke Schlossgarten mit dem geometrisch gestalteten Gartenparterre erfuhr im 20. Jahrhundert eine Erneuerung. Hier befindet sich auch die Familiengruft. Schon im Dreißigjährigen Krieg waren 1642/43 große Teile des Schlosses zerstört (anschließend jedoch wieder aufgebaut) worden, und 1842 hatte ein Brand weitere schwere Schäden verursacht. Daher und natürlich auch aufgrund der Umbauten sind heute nur noch wenige Bauteile der ursprünglichen Burg – wie z. B. der 42 Meter hohe Bergfried aus dem 13./14. Jahrhundert – erhalten. Dieser zeugt mit seinen fast 3 Meter dicken Mauern noch von der Wehrhaftigkeit der einstigen Ritterburg. Des Weiteren wurden im 19. Jahrhundert am Außenbau neugotische Veränderungen vorgenommen, und der Uhrturm erhielt einen kleinen Vorbau in klassizistischen Formen. Letzter Besitzer war bis 1945 Georg von Schönberg. Er hatte das Schloss zunächst der von ihm selbst gegründeten Familienstiftung übertragen, was es leider nicht vor Enteignung und Plünderung schützte. Nach dem Zweiten Weltkrieg wurde das Schloss verschiedenen Nutzungen zugeführt, diente als Parteischule, Kinderheim und Kulturhaus. Im April 1989 fiel die Anlage erneut einem Brand zum Opfer. In den Jahren von 1990 bis 2001 wurde das Schloss in Teilen saniert; anschließend brachte man in den Räumlichkeiten eine Gaststätte, eine Motorradsammlung und einen Trausaal unter. Teile des nur noch spärlich vorhandenen Inventars waren an die von Schönberg'sche Stiftung übergeben worden, welche diese restaurieren ließ und heute im Rahmen einer Ausstellung auf Schloss Nossen präsentiert. 2005 kaufte die aus den Niederlanden stammende Familie Praagman das Schloss und wandelte es nach dem denkmalgerechten Wiederaufbau in ein Schlosshotel auf Vier-Serne-Niveau mit Gastronomie gehobener Kategorie um. Im ehemaligen Kutscherhaus befindet sich das Restaurant „Remise", in dem Chefkoch Jens Franke seinen Gästen klassische, aber modern interpretierte Gerichte aus frischen Produkten serviert. Möbel in antikem Design, herrschaftliche Kronleuchter und die noch erhaltene Pferdetränke sorgen in dem schönen holzvertäfelten Gewölberaum

◄ *Schloss Purschenstein, Gesamtansicht*

▼ *Schloss Purschenstein aus der Luft*

für historisches Flair. Die jahreszeitlich angepasste Speisekarte verrät Kreativität und präsentiert ein ausgefallenes Angebot aus zumeist wenigen, aber edlen und mit frischen Kräutern außergewöhnlich verfeinerten bzw. fantasievoll kombinierten hochwertigen Zutaten. Man konzentriert sich auf das Wesentliche: den Geschmack. Ravioli von Steinpilzen mit Wildhasenrücken, Nüsschen vom Reh in Cassissoße mit glasiertem Kürbis und hausgemachten Schupfnudeln oder Kokossorbet mit warmem Passionsfruchtmark und weißer Schokolade zeugen von dem Wunsch, dem Gast etwas zu bieten, das er so sicherlich noch nicht kennt. Im traditionellen Weinkeller des Hauses lagern die dazu passenden Weine aus verschiedenen Anbaugebieten weltweit. Und auch die Purschensteiner Pralinenvariation ist eine Besonderheit des Hauses, die ihresgleichen sucht. Für Feierlichkeiten verschiedenster Art steht außerdem auch noch der Schlosssaal zur Verfügung; im historischen Trauzimmer können Paare sich das Jawort geben und anschließend in der romantischen Suite im Schlossturm übernachten.

REZEPT
aus der Schlossküche

RAVIOLI *von* GERÄUCHERTEN NAVETTEN *mit* KANINCHENKOMPOTT *und* TRÜFFEL

für 4 Personen

Ravioli
125 g Mehl
125 g Hartweizengrieß
2 Eier
2 Eigelb
1 El Olivenöl
1 Messerspitze Safran
Alle Zutaten zu einem glatten Teig verarbeiten und abgedeckt mindestens 1 Stunde kühl ruhen lassen.

Füllung
200 g Navetten (geschält und geräuchert)
1 Schalotte, gewürfelt
50 g Butter
200 ml Sahne
50 ml Weißwein
1 Prise Agar-Agar, Salz, Pfeffer, Muskat
Die Navetten in einem geeigneten Gefäß mit Buchenspänen räuchern. Anschließend die Schalottenwürfel mit den Navetten in der Butter anschwitzen und mit den restlichen Zutaten auffüllen. Mit Salz, Pfeffer und Muskat würzen und weichkochen, danach pürieren. Die Masse nun ca. 1 Stunde kühlstellen.

Kompott
4 Kaninchenkeulen
3 EL Tomatenmark
400 ml Rotwein
250 g Wurzelgemüse (gewürfelt)
1,5 l Gemüse- oder Rinderfond
Gewürze (Salz, Pfeffer, Lorbeer, Thymian, Rosmarin, Knoblauch, Piment)
2 EL Kakao
1 EL Stärke
100 ml Sonnenblumenöl
Die gewürzten Kaninchenkeulen scharf mit dem Gemüse anbraten, nun das Tomatenmark mitrösten und mit dem Rotwein ablöschen, anschließend mit den Gewürzen und dem Fond auffüllen und weichschmoren. Nun die weichen Keulen auslösen und in einem zweiten Topf beiseitestellen. Die Soße passieren, einkochen, abschmecken (mit Kakao) und mit der Stärke binden. Das Fleisch jetzt mit der Soße vermischen und nochmals leicht erwärmen.

Fertigstellung
Den Nudelteig dünn ausrollen, mit Eiweiß bestreichen und mit der Raviolifüllung (ca. 1 TL pro Ravioli) belegen. Nun eine zweite Bahn Nudelteig darüber, die Ränder gut andrücken und ausstechen bzw. ausschneiden und in gesalzenem Wasser abkochen. Das Ragout zusammen mit den Ravioli in einem Pastateller anrichten und mit gehackter Petersilie und gehobeltem Trüffel dekorieren.

▸ *Chefkoch Jens Franke im Restaurant „Remise“*

▲▼ *Restaurant „Remise" im ehemaligen Kutscherhaus*

WASSERSCHLOSS RAESFELD

Die Geschichte des Wasserschlosses Raesfeld geht bis in das 12. Jahrhundert zurück. Zum Schutz vor feindlichen Angriffen war laut den Urkunden von dem Edelherrn Rabodo von dem Berge mitten in einer Sumpflandschaft (wohl etwas weiter nördlich des heutigen Schlosses) eine Burg errichtet worden, die in der zweiten Hälfte des 13. Jahrhunderts niederbrannte und nicht wieder aufgebaut wurde.

Stattdessen ließ ein gewisser Symon von Gemen, der sich später Simon von Raesfeld nannte und bereits die vorherige Burg verwaltet und gekauft hatte, seinerzeit wohl an der Stelle des heutigen Schlosses eine neue Burg errichten. Bytter von Raesfeld ersetzte diese schließlich im 14. Jahrhundert durch eine neuere und deutlich größere Version mit zwei Ecktürmen. Die einstige Ritterburg befand sich jahrhundertelang im Besitz der Herren von Raesfeld; unter Johann II. von Raesfeld (1375–1468) soll sie an der Wende vom 14. zum 15. Jahrhundert ein wahres Nest für Raubritter gewesen sein und war gefürchtet bei Kaufleuten, die es auf dem Weg nach Münster passierten, da diese immer mit Überfällen rechnen mussten. Im 16. Jahrhundert kamen nach einem Erbstreit und durch das Urteil des Reichskammergerichts die Herren von Velen – hochrangige kaiserliche Militärs – in den Besitz der Burg, und Reichsgraf Alexander II. von Velen (1599–1675) ließ diese 1643–58 zum Residenzschloss mit Kapelle ausbauen und einen Park anlegen. Er war als Soldat des Kaisers und des Fürstbischofs Ferdinand von Bayern zu Ruhm und Ehre gelangt und hatte letztlich sogar das Kommando über alle Streitkräfte des Fürstbistums übernommen. Der Reichtum, zu dem er dadurch gekommen war, erlaubte es ihm, seine Burg zur repräsentativen Residenz auszubauen. Er fügte dem bestehenden Bau drei weitere Flügel im Renaissancestil hinzu, sodass sich eine geschlossene Anlage um einen rechteckigen Innenhof ergab. Besonders imposant ist der sechsstöckige Turm mit dem dreistufigen Helm, der bis heute existiert. In diesen Jahren entstand auch die Vorburg mit dem sogenannten Sterndeutertum, die durch einen Wassergraben von der Hauptburg getrennt ist und für Wirtschafts- und Verwaltungsräume vorgesehen war. Der Name des Turms leitet sich von der Annahme ab, dass Alexander II. von Velen ihn zu astrologischen Beobachtungen nutzte. Als Baumaterial für die gesamte Anlage dienten Backsteinziegel, die ihr einen ganz eigenen Charme verleihen.

◂ Luftaufnahme Schloss Raesfeld

▸ Blick über die Schlossgräfte in Richtung Schloss

Auffällig ist die rot-gelbe Farbgestaltung von Fensterläden und Toren bzw. Türen. Dies war als Anlehnung an das rotgoldene Wappen der von Velen gedacht. Im Rahmen der Schlosserweiterung erfolgte auch die repräsentative Innenraumgestaltung mit Ledertapeten, Gobelins, barocken Stuckaturen und Ausmalungen. In den Jahren unter Alexander II. erlebte das Anwesen eine wahre Blütezeit, in der sich der Fürstbischof von Münster (Christoph Bernhard von Galen), Kurfürst Friedrich Wilhelm von Brandenburg und andere hohe Gäste zu Jagdveranstaltungen vor Ort einfanden. Zu diesem Zweck ließ Alexander II. sogar einen weitläufigen Tiergarten für heimisches Wild anlegen, den man 2004 wieder revitalisiert hat. Nach seinem Tod 1675 übernahm sein Sohn Ferdinand Gottfried (1626–1685) das Schloss, dessen Glanzzeit damit ein jähes Ende fand. Er galt als Verschwender und häufte enorme Schulden an, die noch die nachfolgenden Generationen abzutragen hatten. 1733 war das Geschlecht der von Velen im Mannesstamm ausgestorben, und Otto Ernst Leopold Graf von Limburg-Styrum (1684–1754) übernahm das Schloss,

▲ *Rittersaal*

Sterndeuterturm ►

▲ *Schloss Raesfeld, Eingangsbereich*

der sich allerdings nicht um dessen Erhalt bemühte, genauso wenig wie später die Freiherren von Bömelsberg-Boineburg, an die der Besitz an der Wende zum 19. Jahrhundert gefallen war. Das Anwesen verfiel zusehends, bis man schließlich Teile davon abreißen ließ und es diverse Besitzer bzw. Pächter (seit 1822 Freiherr Ignaz von Landsberg-Velen, 1788–1863) einer landwirtschaftlichen Nutzung zuführten, im Zuge derer man z. B. den Rittersaal zum Getreidespeicher und den verwilderten Park zum Ackerland umfunktionierte. Von den einst vier Flügeln der Anlage sind heute nur noch der Westflügel mit seinem markanten mehrstufigen Turm und der im Norden angrenzende Altbau mit dem 1960 wieder aufgebauten Rundturm erhalten. In den 1930er Jahren diente das Schloss nach Renovierung und Neueinrichtung zeitweise einer katholischen Jugendbewegung als Treffpunkt bzw. Tagungsstätte. 1942 trat der Handwerkerverein Raesfeld e. V. als neuer Besitzer des Schlosses auf und ließ die verbliebenen Überreste restaurieren. Während des Zweiten Weltkrieges nutzte man die Gebäude teilweise jedoch auch als Unterkunft für Soldaten, als Verbandsplatz und Kriegsgefangenenlager bzw. in den Nachkriegsjahren als Notunterkunft für Flüchtlinge. Vom Inventar ist vor Ort nahezu nichts mehr erhalten. Anfang der 80er Jahre des 20. Jahrhunderts erfolgte die Grundsanierung der Vorburg. Von dieser führt eine Brücke über einen Wassergraben in Richtung der 1658 errichteten Schlosskapelle St. Sebastian – unter deren Chorraum sich die Familiengruft befindet, in der auch Alexander II. von Velen seine letzte Ruhe fand – und zur Schlossfreiheit. Letztere umfasste im 18. Jahrhundert ca. 30 Häuser, in denen die Bediensteten der Schlossherren lebten; einige stehen heute unter Denkmalschutz. Bis heute ist das Schloss als „Akademie des Handwerks“, die man 1952 hier einrichtete, Sitz der Fort- und Weiterbildungseinrichtung der sieben Handwerkskammern des Landes Nordrhein-Westfalen,

▼ Wintergarten *Restaurant ▲*

REZEPT
aus der Schlossküche

WESTFÄLISCHE KARTOFFELSUPPE *mit* BRUNNENKRESSE

für 6–8 Personen

1,5 l Fleischbrühe
8 dicke Kartoffeln
1 Zwiebel
1 Möhre
1 Stange Lauch
6 Petersilienwurzeln
100 g Brunnenkresse
250 g Speckwürfel
Butterschmalz
200 ml Sahne
Salz, Pfeffer, Muskat

Zunächst die Kartoffeln schälen, die Hälfte der Kartoffeln in kleine Würfel schneiden und die andere Hälfte reiben. Zwiebeln schälen und fein würfeln. Die Möhre schälen und ein Stück davon in Julienne schneiden, den Rest in kleine Würfel. Lauch säubern, halbieren und in feine Streifen schneiden. Petersilienwurzeln schälen und fein würfeln. Brunnenkresse gut waschen und in etwas Fleischbrühe pürieren. Etwas Butterschmalz in einem Topf erhitzen und die Petersilienwurzeln zusammen mit Lauch, Karotten- und Kartoffelwürfeln gut anschwitzen. Mit heißer Fleischbrühe ablöschen. Speck und Zwiebeln in einer Pfanne anrösten und zu dem Kartoffelsuppenansatz geben. Alles kräftig mit Salz, Pfeffer und Muskat würzen und auf kleiner Hitze köcheln lassen, bis die Kartoffeln gerade noch Biss haben. Nun die Sahne und die pürierte Brunnenkresse unterrühren und die Suppe 10 Minuten leicht köcheln lassen. Je nach Geschmack noch etwas Salz, Pfeffer oder Muskat zugeben.

wird darüber hinaus aber auch für Kulturveranstaltungen genutzt und beherbergt ein Restaurant. Im Rahmen der Sanierung der 50er Jahre ist auch das Innere des Schlosses umgestaltet, d. h. Wände sind teilweise entfernt oder neue Fensterdurchbrüche geschaffen worden. Zur Realisierung der Schlossgastronomie wurde in der nördlichen Ecke zwischen West- und Nordflügel ein Küchentrakt angefügt. Das Restaurant bietet dem Besucher, der im Gewölbe des 17. Jahrhunderts Platz nimmt, eine kulinarische Zeitreise. In den alten Gemäuern des Schlosses, in denen einst die Burgherren tafelten, kann man heute eine abwechslungsreiche saisonale Küche genießen, die nicht übermäßig extravagant sein will, sondern den Fokus eher auf ausgewählte regionale Produkte und deren guten Geschmack legt. Ein besonderes Highlight und sicherlich ein echtes Erlebnis ist die „Tafeley im Schlossgemäuer", die regelmäßig im Rittersaal veranstaltet wird. Begleitet von Barden und Gauklern in historischer Kostümierung wird dem Gast ein Rittermahl mit mehreren Gängen serviert, begleitet von Musik und diversen Erzählungen. Im Rittersaal, der mit den Deckenbalken und der hochwertigen Wandgestaltung aus Holz und Stuckmarmor für ein herrschaftliches Ambiente sorgt, finden darüber hinaus regelmäßig Konzerte, literarische Veranstaltungen, aber auch private Feierlichkeiten statt. Das Schmuckstück des sich im Obergeschoss von Schloss Raesfeld befindlichen Prunksaales ist der historische Kamin mit dem Ehewappen von Alexander II. und seiner ersten Frau Alexandrine. Neben dem Rittersaal stehen weitere historische Räumlichkeiten (z. B. Verlies und Zunftstube) für diverse Feierlichkeiten zur Verfügung. Moderne und Historie wurden jeweils geschickt kombiniert, wie z. B. auch im Wintergarten deutlich wird. Dieser gibt durch seine moderne Verglasung den Blick auf den Tiergarten frei, präsentiert aber auch historische Details, denn hier befindet sich die älteste Mauer des Schlosses.

SCHLOSS RALSWIEK

Ralswiek auf Rügen war der Sitz verschiedener Adelsfamilien. Unweit des heutigen Schlosses am Großen Jasmunder Bodden befindet sich bis heute das alte Herrenhaus, ein ursprünglich eingeschossiges, im Kern mittelalterliches Gebäude, das jedoch im 16. Jahrhundert umgebaut und Ende des 19. Jahrhunderts abgerissen und durch ein zweistöckiges ersetzt worden war.

1891 kaufte Hugo Sholto Oskar Georg Graf von Douglas (1837–1912) das Gut. Der Schriftsteller und Unternehmer – der obendrein Mitglied des Preußischen Landtages und des Staatsrates war – stammte vom schottischen Geschlecht der Douglas ab, das sich bis in das 12. Jahrhundert zurückverfolgen lässt und sich in der zweiten Hälfte des 18. Jahrhunderts unter anderem auch in Aschersleben niederließ. Die aus Glaubensgründen aus Schottland ausgewanderte Familie war dort durch Braunkohlebergbau reich geworden, und Hugo Sholto Oskar Georg Douglas trat in die Fußstapfen seines Vaters als Unternehmer. Neben dem Braunkohletagebau entdeckte er die Salzgewinnung als zusätzliches Betätigungsfeld und gründete das „Kali- und Steinsalz-Bergwerk Douglashall“ bei Westeregeln, Ende des 19. Jahrhunderts eines der größten Kaliwerke weltweit. Er war der Entdecker des nach ihm benannten Kalisalzes Douglasit. 1886 war Hugo Sholto Douglas in den Freiherrenstand und 1888 in den Grafenstand erhoben worden. Mit dem Kauf des Gutes Ralswiek

◂ Schaufront des Schlosses in Richtung Jasmunder Bodden

▴ Eingangsbereich mit Achteckturm

als Fideikommissgut wurde sein Grafentitel erblich. Auf einem Hügel oberhalb des Großen Jasmunder Boddens ließ er 1893–96 schließlich das heutige Schloss errichten. Entwerfender Architekt war der aus Berlin stammende Gustav Stroh, der sich für Ralswiek die französischen Loireschlösser zum Vorbild nahm und das Herrenhaus im Stil der Neorenaissance erbaute. Es erhebt sich zweigeschossig über rechteckigem Grundriss mit überdachtem Innenhof und verfügt über zwei Rundtürme mit kegelförmigen Dächern an den beiden Außenseiten der zum Bodden hin gewandten Schaufront. Auf der Rückseite ziert ein achteckiger Turm mit welscher Haube den Portaleingang, über dem das Familienwappen angebracht ist. Die Fassadenseite mit den beiden runden Türmen ist darüber hinaus mittig mit einem aufwendigen Giebelfeld und einem Altan versehen. Dem Erdgeschoss ist eine Terrasse vorgelagert. Die beiden Schmalseiten sind durch mittige Risalite gestaltet. An der Nordseite ist schräg noch ein

◂ Schloss Ralswiek aus der Luft

Speisesaal angefügt, wodurch sich eine ungewöhnliche Baugestalt ergibt. In unmittelbarer Nähe zum Schloss entstand außerdem eine zweigeschossige Reithalle mit einem Staffelgiebel und vier kleinen Ecktürmchen. Hugo Sholto Graf von Douglas wurde nach seinem Tod im Jahre 1912 in der Nähe des Schlosses beerdigt. Aufgrund seines Engagements im sozialen Bereich ernannte man ihn zum Ehrenbürger von Aschersleben. Von Douglas' Sohn Angus Karl Konstantin (1870–1938) beauftrage später – nach dem Tod seines Vaters – Henry van de Velde mit der Neuausstattung des Schlosses im Sinne des Jugendstils, was 1912–15 erfolgte, jedoch bereits zu Lebzeiten des Vaters geplant war. Ihm sind unter anderem die Gestaltung der Eingangshalle mit dem prächtigen Kamin und das Treppenhaus sowie Details wie Vertäfelungen, Glasfenster, Wandleuchten und Türgriffe zuzuschreiben. Darüber hinaus lieferte er auch die Entwürfe für den Verbindungsbau zwischen Schloss, d. h. dem symmetrisch angefügten Speisesaal, und dem Reithaus.

Die Umsetzung der Entwürfe van de Veldes im Inneren des Hauses und die Errichtung des Verbindungsbaus zwischen Marstall und Schloss unterlag der Leitung des Baumeisters Franz Juhre. Zu Beginn des Zweiten Weltkrieges hatte die Marineverwaltung Schloss Ralswiek erworben. Nach Enteignung des Gutes 1945 wurde das Schloss verschiedenen Nutzungen zugeführt, diente als Alten-, später als Behindertenheim und wurde von verschiedenen Familien bewohnt. Nach umfangreicher Sanierung wird das Haus nun seit 2002 als Hotel betrieben. Bei der feierlichen Eröffnung waren auch der Enkel und Urenkel von Hugo Scholto Graf von Douglas als Ehrengäste anwesend. Seither können Gäste in einem der 62 Zimmer oder einer der drei Suiten übernachten, die im Stil des früheren Landadels eingerichtet sind und somit eine geradezu gräfliche Atmosphäre bieten. Einzelne Zimmer sind nach

Restaurant ▲▶

REZEPT
aus der Schlossküche

RÜGENER FISCHSUPPE

für 4 Personen

Fond
1 kg Fischkarkassen
(Zander, Dorsch oder Hecht)
2 Zwiebeln
1 Karotte
½ Stange Porree
¼ Sellerie
Etwas abgeriebene Zitronenschale
2 Lorbeerblätter
6 Pimentkörner
1 EL Senfkörner
Salz, schwarzer Pfeffer

Einlage
3 Karotten
¼ Sellerie
400 g Fischfilet (Zander, Dorsch oder Hecht)
1 Bund Lauchzwiebeln
Dill, Petersilie

Fischkarkassen gründlich unter fließendem Wasser abspülen. Diese mit dem Suppengrün in kaltem Wasser ansetzen und aufkochen. Salz, Gewürze und den Abrieb von etwas Zitronenschale dazugeben und ca. 1 Stunde sanft köcheln lassen. Anschließend den Fond durch ein Tuch oder ein feines Sieb passieren und mit Salz und Pfeffer abschmecken. Für die **Suppeneinlage** Karotten und Sellerie putzen und in Rauten schneiden, dann im Fischfond garköcheln. Den Lauch waschen und in Ringe schneiden. Das Fischfilet in drei Zentimeter breite Streifen schneiden und mit den Lauchringen zum Gemüse geben und garziehen lassen. Die Rügener Fischsuppe in eine Suppenterrine füllen und mit gehacktem Dill und Petersilie garnieren.

▲ *Weißer Saal*

ihrer ursprünglichen Nutzung während der Zeit, in der das Schloss als Sommersitz der Grafenfamilie Douglas diente, benannt, so z. B. das „Schlafzimmer des Grafen", das „Ankleidezimmer der Gräfin", die „Schlossküche", das „Kinderzimmer des Grafen" oder das „Gästezimmer des Grafen". Für diverse Festlichkeiten – wie z. B. Hochzeiten – stehen verschiedene Räumlichkeiten – wie z. B. der „Weiße Saal" – zur Verfügung. Nicht zuletzt wegen der nahegelegenen Naturbühne, auf der im Sommer die Störtebeker-Festspiele aufgeführt werden, ist das Schloss ein beliebtes Ziel für Touristen. Diese haben vom Schlossrestaurant – besser noch von der vorgelagerten Terrasse aus – einen direkten Blick auf den Bodden und die Festspielbühne. Im Restaurant setzt man auf „regionale Esskultur", was nicht bloß ein Versprechen an die Gäste, sondern eine Auszeichnung im Zusammenhang mit dem Europaprojekt „Kulinarisches Erbe" ist. Sie wird an Gastronomen bzw. Erzeuger auf der Insel Rügen verliehen und steht für regionaltypische Speisen bzw. regional erzeugte Produkte und natürlich letztlich für Qualität. Die auf der Speisekarte verzeichneten Gerichte wie die Rügener Fischterrine oder das Rügener Wildragout setzen sich also v. a. aus regional bezogenen Erzeugnissen zusammen, was bedeutet, das Wild stammt aus den Rügener Wäldern und der Fisch aus dem Bodden, Eier, Molkereiprodukte usw. von Höfen und Herstellern aus der Umgebung. Oberste Priorität haben bei Chefkoch Bernd Krage und seinem Team also Frische, Qualität und Regionalität, um auf gehobenem Niveau gute, schmackhafte Gerichte zu servieren. Extravaganz oder ausgefallen-spektakuläre Kreationen sind eher nachrangig. Dennoch sprechen Gerichte wie rosa gebratener Kalbsrücken an Kapernsoße mit geröstetem Fenchel oder Wildragout in Sauerrahmsoße mit Rosmarin-Aprikosen und Semmelknödel auch den Feinschmeckergaumen mit Sicherheit an und erfüllen dessen Wünsche an eine kreative hochwertige Küche.

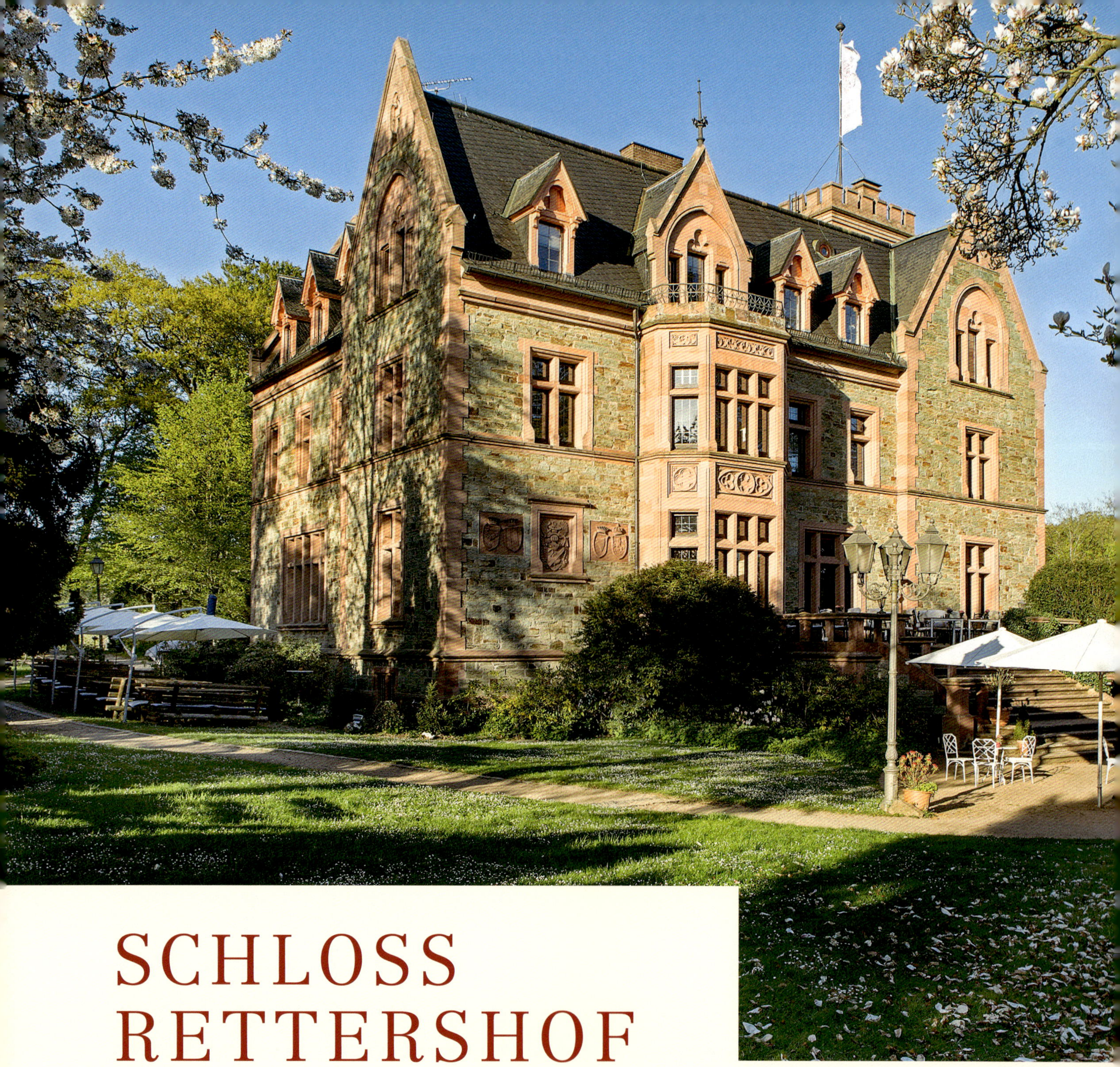

SCHLOSS RETTERSHOF

Das heutige Schlosshotel Rettershof in Kelkheim bei Frankfurt befindet sich in unmittelbarer Nähe zum gleichnamigen Hofgut, das bis in die Mitte des 16. Jahrhunderts als Prämonstratenser-Frauenkloster diente.

In den 30er Jahren des 12. Jahrhunderts hatten sich Chorfrauen des Klosters Steinbach (Westerwald) in dieser Gegend angesiedelt, und Graf Gerhard von Nürings – Eigentümer der umliegenden Ländereien – ließ kurze Zeit später ein Kloster errichten. Anfangs lebten hier wohl auch Chorherren,

nach 1200 jedoch nur noch Ordensfrauen, die zumeist dem niederen Adel angehörten. Ursprünglich soll es ein Kloster des Augustinerordens gewesen sein, alsbald gehörte es jedoch als Filialkloster zur Abtei Rommersdorf bei Neuwied, die als älteste Prämonstratenserabtei des Erzbistums Trier anzusehen ist.

An der Wende vom 13. zum 14. Jahrhundert – das Kloster war inzwischen zu wirtschaftlicher Blüte gelangt – etablierten sich die Herren von Eppstein als Klosterherren, die es nach und nach in ihre Abhängigkeit gebracht hatten. Die Blütezeit währte jedoch nicht sehr lang, denn ab Mitte des 14. Jahrhunderts begann der wirtschaftliche Niedergang, begleitet von Plünderungen und Familienfehden, da sich die Herren von Eppstein inzwischen in zwei Linien verzweigt hatten. Nach dem Tod des letzten männlichen Vertreters der Grafenfamilie im Jahre 1535 ging das Kloster an die Herren von Stolberg. Ludwig von Stolberg-Königstein (1505–1574) führte nach 1540 in seiner Grafschaft die Reformation ein, wodurch die Klöster nach und nach aufgelöst wurden.

◄▼ Schloss Rettershof, Hauptgebäude mit Terrasse

Abgesehen davon waren viele Ordensfrauen der Pest zum Opfer gefallen, und 1559 starb mit Anna von Riedesel die letzte Äbtissin des Klosters, dessen Auflösung damit besiegelt war. Die noch hier lebenden Ordensfrauen mussten das Kloster räumen. Es folgten mehrfache Besitzerwechsel; lange Zeit unterstand der Hof, der im Dreißigjährigen Krieg geplündert und zerstört, allerdings umgehend wieder aufgebaut und anschließend von diversen Pächtern betrieben wurde, den Kurfürsten von Mainz. Seit Anfang des 19. Jahrhunderts befand sich das Gut in Staatsbesitz; so befand es sich zunächst unter der Obhut der Herzöge von Nassau, nach 1866 der Könige von Preußen. 1884 kaufte Frederik Arnold Rodewald zu Feldheim den Rettershof und ließ unweit davon im darauffolgenden Jahr ein Schloss im Stil englischer Neugotik errichten, das als Wohnsitz für seine

Tochter – verheiratet mit Oskar Freiherr von Dieskau (später mit dessen Bruder Leopold) – gedacht war. Anfang des 20. Jahrhunderts kauften Friedrich Freiherr von Vincke (1867–1925) und seine Frau Sybille, Prinzessin von Hessen (1877–1925) Hof und Schloss; 1924 wurde das gesamte Anwesen wiederum an Felix von Richter (1877–1958) und seine Frau Hertha, geborene vom Rath (1899–1990) – heutige Gräfin Rotkirch –, weiterverkauft, die auf dem Gelände eine Reitschule einrichten und das Anwesen umfassend renovieren ließen. Von den ursprünglichen Klostergebäuden ist heute bis auf die Grundmauern nichts mehr erhalten. Der heutige Vierseithof in Fachwerkbauweise entstand in den 20er/30er Jahren des 20. Jahrhunderts unter der Familie Richter, die sich nach ihrem Stammsitz Richter-Rettershof nannte. Erwähnenswert ist das auch in dieser Zeit entstandene gusseiserne Tor, an dem Wappen diverser Adelshäuser angebracht wurden, die mit dem Gut in Verbindung standen. Nach dem Zweiten Weltkrieg diente das Schloss verschiedenen Zwecken, unter anderem als Sprachschule; das Gut wurde weiterhin von der Familie Richter-Rettershof betrieben. 1980 kaufte die Stadt Kelkheim das Hofgut zusammen mit dem Schloss und über 100 Hektarn Land für neun Millionen DM und bau-

▲ *Gourmetrestaurant „Retter's"*

▼ *Gläserner Verbindungsgang zwischen Hauptgebäude und Anbau*

REZEPT
aus der Schlossküche

GESCHMORTES KALBSBÄCKCHEN *in* BAROLOSOSSE *mit* SÜSSKARTOFFELCONFIT, KARTOFFELSTROH *und* FINGERMÖHREN

für 4 Personen

Kalbsbäckchen
8 Kalbsbäckchen
2 EL Rapsöl
500 g Röstgemüse (Zwiebel, Lauch, Karotte, Sellerie)
1 EL Tomatenmark
300 ml Rotwein
1 l dunkler Kalbsfond
1 Knoblauchzehe
1 Zweig Thymian
1 Zweig Rosmarin
10 Pfefferkörner
2 Pimentkörner
2 Lorbeerblätter
100 ml Barolo (Rotwein)
Alter Balsamico

Steckrübenconfit
500 g Steckrüben
250 g Möhren
5 Schalotten
300 ml Geflügelfond
Salz, Pfeffer
300 g Kartoffeln, mehlig

Kartoffelstroh
1 Kartoffel
1 Lila Kartoffel
500 g Rapsöl

Fingermöhren
8 Fingermöhren
25 g Butter
1 EL Zucker
100 ml Geflügelfond (von der Steckrübe)

Die **Kalbsbäckchen** putzen und von Fett und Sehnen befreien. Diese in einer Pfanne rundherum scharf anbraten, dann das Gemüse zugeben, mit anrösten und Tomatenmark hinzufügen. Nach und nach mit dem Rotwein ablöschen und glasieren, dann den Kalbsfond und die Gewürze zufügen. Die Kalbsbäckchen im Ofen bei 200 °C zugedeckt etwa 1 Stunde schmoren, bis das Fleisch saftig weich ist und von der Fleischgabel gleitet. Dann die Kalbsbäckchen aus dem Fond nehmen und in Alufolie beiseitelegen. Den Barolo in einem Topf fast komplett einkochen, den Schmorfond durch ein feines Sieb passieren und dazugeben, je nach Konsistenz noch etwas einkochen und mit etwas altem Balsamico abschmecken. **Steckrüben und Möhren** schälen und grob schneiden, Schalotten würfeln und mit den anderen Zutaten weichdünsten, Fond abgießen und das Gemüse gleichmäßig stampfen. Kartoffeln kochen, durch eine Kartoffelpresse drücken und unter das Steckrübenpüree rühren. Abschließend nochmals abschmecken. Beide **Kartoffeln** schälen und in ganz feine Scheiben schneiden. Mit dem Küchenmesser wiederum in ganz feine Streifen schneiden. Das Öl auf etwa 140 °C erhitzen und die Kartoffelstreifen darin knusprig frittieren. Auf etwas Küchenpapier abtropfen lassen. Die **Karotten** schälen und das Grün auf etwa einen Zentimeter kürzen. Die Butter zusammen mit dem Zucker schmelzen, die Karotten hinzugeben und mit dem Fond aufgießen. Den Fond komplett einkochen lassen und die Karotten damit glasieren, bis sie weich sind.

te das heute unter Denkmalschutz stehende Schlösschen zum Hotel aus. Um allen Gästen ausreichend Platz bieten zu können, ergänzte man das Haupthaus um einen Anbau und verband beide Gebäude durch einen verglasten Verbindungsgang. Darüber hinaus erfolgte auch die Renovierung des Gutshofes, der seitdem für Kulturveranstaltungen und als Reiterhof genutzt wird, weshalb man im Jahr 2000 eine große Reithalle errichtete. Das 1984 eröffnete Schlosshotel Rettershof wird seit 2012 von den Pächtern Daniela Schwarz und Hans-Jürgen Laumeister betrieben, die über einschlägige Erfahrungen im Bereich der Hotellerie und Gastronomie verfügen und weitere Renovierungen vornehmen ließen. Seit 2014 zählt Hochzeits-, Tagungs- und Eventhotel obendrein zu den „Romantik Hotels“ und verbindet Tradition und Moderne, historisches Ambiente und zeitgemäßen Komfort. Im Gourmetrestaurant „Retter's“ bieten Küchenchef Philip Raubach und Souschefin Stefanie Kohm mit ihrem Team eine frische regionale Küche mit internationalem Flair. Saisonale Speisen und klassische Gerichte sind auf der Speisekarte ebenso zu finden wie außergewöhnliche Kreationen mit ausgefallenen Zutaten. Vom Wiener Schnitzel mit Bratkartoffeln bis hin zur Fjordforelle mit confiertem Rhabarber, Fregola Sarda und Pistazienschaum bietet sich dem Gast eine Bandbreite, bei der für jeden Geschmack etwas dabei sein sollte.

BURG RHEINFELS

▲ *Blick auf Burg Rheinfels vom gegenüberliegenden Rheinufer aus*

Die Ruine der Burg Rheinfels erhebt sich eindrucksvoll über der am Rhein gelegenen Stadt St. Goar, unweit des berühmten, steil über einer Rheinkurve aufragenden Loreley-Felsens. Sie gehört zum UNESCO-Welterbe Oberes Mittelrheintal und war bzw. ist – nach der Festung Ehrenbreitstein – die größte Festung zwischen Koblenz und Bingen.

Die auf einem Bergsporn errichtete Burg entstand ab 1245 unter Graf Diether V. von Katzenelnbogen († 1276) als Sicherung der Zollstation für die rheinaufwärts fahrenden Schiffe. Die Burg wurde – als der Bau bereits im Gange war – als Lehen der Abtei Prüm an die Grafen von Katzenelnbogen gegeben. Über 100 Jahre später entstand auf der gegenüberliegenden Seite zum gleichen Zweck – allerdings für die rheinabwärts fahrenden Schiffe – die Burg Katz. Der einjährigen Belagerung durch das Heer des Rheinischen Städtebundes im Jahre 1255/56 hielt Burg Rheinfels erfolgreich stand. Die Abschaffung des Rheinzolles war demnach nicht geglückt, und die Burg blieb ein mächtiger Stützpunkt der Katzenelnbogen. Graf Wilhelm II. von Katzenelnbogen (1315–1385) ließ die zunächst auf relativ kleinem quadratischem Grundriss errichtete Kernburg nach

1360 umfangreich ausbauen. Die Anlage wurde zunehmend zur Residenz und zum Verwaltungszentrum des Grafengeschlechts, welches zu einer der führenden Adelsfamilien am Mittelrhein aufgestiegen war. Sie avancierte dadurch zum kulturellen Mittelpunkt höfischen Lebens und war damit auch Schauplatz herrschaftlicher Empfänge und opulenter Festmahle, bei denen zu den vielfältigsten Anlässen Gäste verschiedenster Couleur zugegen waren – eine Tradition, an die man im Hinblick auf die gastronomische Vielfalt gewissermaßen bis heute anknüpft. Nach dem Aussterben der Familie Katzenelnbogen durch den Tod Philipps I. (1402–1479) als letztem männlichem Vertreter (seine beiden Söhne waren vor ihm verstorben) fiel die Grafschaft Katzenelnbogen und damit auch die Burg im Jahre 1479 an die Landgrafen von Hessen, da Heinrich III. von Hessen-Marburg (1440–1483) – aufgrund des Erbes auch „der Reiche" genannt – mit der Tochter Philipps I. (Anna) verheiratet war. Landgraf Wilhelm III. von Hessen (1471–1500) und Philipp der Großmütige (1504–1567) ließen die Burg im 16. Jahrhundert zum repräsentativen Schloss im Stil der Renaissance umgestalten bzw. erweitern und veranlassten auch den

▲ *Burg Rheinfels, Luftaufnahme*

Ausbau zur Festung; diesem Vorhaben folgte auch Landgraf Philipp II. von Hessen-Rheinfels (1541–1583), der 1567–83 hier residierte. Höfische Repräsentation und Wohnbedürfnisse standen im Vergleich zur Wehrfunktion im 16. Jahrhundert jedoch deutlich im Vordergrund. Im 17. Jahrhundert wurde Rheinfels – im Rahmen jahrzehntelang andauernder Auseinandersetzungen um die Erbfolge – zum Streitobjekt zwischen den Landgrafen von Hessen-Kassel und Hessen-Darmstadt. Nach langwierigen Belagerungen, Kämpfen

▲ *Nische mit Blick über den Rhein*

und Eroberungen teilte man das Erbe unter den familiären Linien auf. In der Zeit von 1649 bis 1692 war die Burg Residenz des Landgrafen Ernst von Hessen-Rheinfels-Rotenburg (1623–1693, Sohn des Landgrafen Moritz von Hessen-Kassel), der sie weiter zur Festung ausbaute. Denn aufgrund der Erfahrungen im Dreißigjährigen Krieg war man bestrebt, die Burg den Anforderungen moderner Kriegsbaukunst anzupassen. Im Pfälzischen Erbfolgekrieg geriet die Burg im Zuge der Belagerung durch französische Truppen erneut in Bedrängnis; es gelang dem Haus Hessen-Kassel jedoch, die Franzosen zum Abzug zu bewegen. Anfang des 18. Jahrhunderts kam es zu erneuten Erbstreitigkeiten, diesmal zwischen Hessen-Kassel und Hessen-Rheinfels-Rotenburg, die beide Anspruch auf die Burg erhoben. Im 1713 zwischen England, den Niederlanden und Frankreich geschlossenen Friedensvertrag (Frieden von Utrecht) hatte man die Burg und die Stadt St. Goar dem Hause Hessen-Kassel zugesprochen; nach anschließendem Rechtsstreit und wiederholtem Wechsel zwischen den Linien ging die Burg 1735 in das Eigentum der Grafen von Hessen-Kassel über. In der zweiten Hälfte des 18. Jahrhunderts befand sie sich allerdings wieder in der Obhut von Hessen-Rotenburg. Während dieser Zeit gelang es französischen Revolutionstruppen, die Burg einzunehmen und zu zerstören – Festungswerke und Burgpalas (Darmstädter Bau) wurden 1796/97 gesprengt. Die Ruine – nun französisches Staatseigentum – verkaufte man um 1812 an den Kaufmann Peter Glass aus St. Goar. Sie diente fortan als Steinbruch für den Wiederaufbau der Festung Ehrenbreitstein bei Koblenz. 1843 wurde sie von Prinz Wilhelm von Preußen (1797–1888, ab 1871 als Wilhelm I. erster Deutscher Kaiser) erworben, der dem Raubbau am Gemäuer ein Ende setzte. Übriggeblieben ist heute gerade mal ein Drittel des ehemals noch weitläufigeren Festungskomplexes, was anhand der aktuellen Größe kaum vorstellbar ist. Aus der Anfangszeit, d. h. aus dem 13. Jahrhundert, sind lediglich Fundamente des Bergfrieds und Teile der Schildmauer erhalten. Noch existent sind der um 1300 entstandene Uhrturm der Vorburg und die viergeschossige Front des sogenannten Darmstädter Baus sowie die Schildmauer zwischen Uhrturm und Büchsenmeisterturm, die dem Ausbau der Kernburg im 14. Jahrhundert zuzurechnen sind.

▲ *Burgschänke*

In diese Zeit gehört auch der heute museal genutzte dreigeschossige Frauenbau mit den beiden Türmen. Der im 14. oder 15. Jahrhundert (hier gehen die Angaben in der Literatur auseinander) auf die stattliche Höhe von 54 Metern aufgestockte Bergfried, der damit zu den höchsten auf deutschem Gebiet gehörte, wurde im Siebenjährigen Krieg von den Franzosen zerstört, und auch vom Büchsenmeisterturm ist nur noch der Stumpf zu sehen; ebenso weitestgehend nicht mehr erhalten ist der Marstall, der sich im Bereich der Vorburg befand. Ein imposanter Teil der Burg ist der große Gewölbekeller, der in den 80er Jahren des 16. Jahrhunderts überwölbt wurde und mit einer Länge von 24 Metern und einer Breite von 16 Metern der wohl größte freitragende Gewölbekeller Europas ist. Hier war ein Fass untergebracht, das 200 000 Liter Wein aufnehmen konnte. Seit der Renovierung 1997 wird der Keller für Konzerte und andere Kulturveranstaltungen oder Feierlichkeiten genutzt. Die Kernburg der Anlage beherbergt heute das Burgmuseum. Bei der äußeren Vorburg handelt es sich um die im 17. Jahrhundert hinzugefügten Festungsbauten. In diesem Bereich ist heute das Hotel untergebracht. 1925 ging die Burg in den Besitz der Stadt St. Goar über, und in der zweiten Hälfte des 20. Jahrhunderts erfolgten mehrfache Restaurierungen. In dieser Zeit richtete man auch das Hotel ein, welches über 20 Jahre von Gerd Ripp geführt wurde, bis dieser es 2003 käuflich erwarb. Seither erfolgten weitere umfassende Renovierungen sowie Umbau- und Erweiterungsmaßnahmen. 2005 hat sich Schloss Rheinfels in die Liste der „Romantik Hotels" eingereiht. Die exponierte Lage, der einzigartige Reiz der Ruine und die harmonische Einfügung des Hotels in die historischen Mauern machen es zu einem beliebten Anziehungspunkt für Besucher. Die zu Hotelzwecken genutzten

▼ *Hansensaal*

Gebäude wurden nach denkmalpflegerischen Gesichtspunkten restauriert und mit einer edlen Innenausstattung versehen. Zur Hotelanlage gehören außerdem ein Appartementhaus und die Villa Rheinfels, die vorrangig für Tagungen genutzt wird. Gastronomisch bieten gleich mehrere Restaurants den Gästen eine kulinarische Vielfalt, die in dieser Form wohl selten anzutreffen ist. Das 2011 modernisierte Schlossrestaurant „Auf Scharffeneck“ mit Wintergarten, die 1993 eingerichtete Burgschänke „Der Landgraf“ mit Rheinter-

▲ *Gourmetrestaurant „Silcher Stuben“*

◄ *Schlossrestaurant „Auf Scharffeneck“*

REZEPT
aus der Schlossküche

KALBSFILET *mit* SAUCE COLBERT, GRÜNEM SPARGEL *und* KARTOFFELGRATIN

für 4 Personen

Kalbsfilet
800 g Kalbsfilet
Salz und Pfeffer aus der Mühle

Das Kalbsfilet parieren (Fett und Sehnen ablösen) und mit einem Fleischerfaden binden. Butter erwärmen, sodass die Molke sich absetzt, die klare Butter abschöpfen. Die geklärte Butter in eine heiße Pfanne geben, sodass der Boden der Pfanne dünn bedeckt ist. Das Kalbsfilet von allen Seiten anbraten und würzen. Bei 85 °C Heißluft im Ofen fertiggaren, die Kerntemperatur sollte ca. 52 °C haben, warmstellen und kurz vor dem Anrichten nochmals bei 180 °C Heißluft ca. 5 Minuten garen.

Sauce Colbert
2,5 kg Kalbsknochen und Kalbsabschnitte
jeweils 600 g Zwiebeln, Karotten, Sellerie, Lauch
30 g Tomatenmark
600 ml Rotwein
100 ml Portwein
2 l Wasser
250 g Butter
30 g Salz und Pfeffer aus der Mühle
Olivenöl

Maisstärke mit Wasser anrühren. Zwiebeln, Karotten, Sellerie und Lauch waschen, schälen und grob würfeln. Die Kalbsknochen ca. 10–15 Minuten bei ca. 220 °C im Backofen rösten. Einen großen Bräter oder Topf erhitzen und die gerösteten Knochen zugeben. Gemüse (außer Lauch) und Tomatenmark zugeben und mit anrösten. Mit Rotwein in drei Zügen ablöschen, reduzieren und beim dritten Zug auch den Portwein zugeben und einreduzieren lassen. Wasser zugeben und für ca. 2 Stunden köcheln lassen. Den Fond durch ein feines Sieb in einen Topf geben, mit Salz und Pfeffer abschmecken. Aufkochen und mit der angerührten Maisstärke abbinden. Kurz vor dem Anrichten die Butter in grobe Würfel schneiden und zur Demi Glace geben, mit einem Zauberstab montieren.

Spargel
15 Stangen grüner Spargel
Zucker, Salz und Pfeffer aus der Mühle

Den Spargel waschen und die holzigen Enden abschneiden. Einen Topf mit Wasser und Salz aufkochen, den Spargel für ca. 3–5 Minuten blanchieren und mit einer Messerspitze die Festigkeit prüfen. Aus dem Wasser nehmen und mit Eiswasser abschrecken. Den blanchierten Spargel in einer heißen Pfanne in geklärter Butter anschwitzen und mit Salz, Zucker und Pfeffer würzen.

Kartoffelgratin
2 kg Kartoffeln
½ l Sahne
1 Knoblauchzehe
100 g Zwiebeln

Kartoffeln waschen, schälen und in dünne Scheiben schneiden, die Zwiebeln schälen und in kleine Würfel schneiden. Eine Backform mit Butter bestreichen. Die Zwiebeln in einem Topf in geklärter Butter anschwitzen. Knoblauch dazugeben und auch anschwitzen. Die Sahne auffüllen und die Kartoffelscheiben unterheben. Diese Mischung in die Backform geben und im Backofen bei 160 C° für ca. 45 Minuten garen. Mit einer Messerspitze die Garstufe prüfen.

rasse und das 2011 eröffnete Gourmetrestaurant „Silcher Stuben“ bieten von rustikaler, regionaler Gastronomie bis hin zu gehobener internationaler Feinschmeckerküche eine außergewöhnliche Bandbreite. Das Schloss-Rheinfels-Küchenteam legt dabei vor allem Wert auf die Verwendung frischer heimischer Produkte als Garantie für die Hochwertigkeit der Gerichte. In der Burgschänke werden Backwaren sowie diverse kleinere Mahlzeiten angeboten. Im Schlossrestaurant präsentiert die Karte edle Speisen für einen anspruchsvollen Gaumen: Carpaccio von Buntbarsch und Lachs auf sautierten Pfifferlingen oder Consommé von Edelfischen sowie weitere regionale und saisonale Spezialitäten bieten Besuchern eine hochwertige kulinarische Auswahl. Spitzenküche auf Feinschmeckerniveau erwartet den Gast schließlich in den „Silcher Stuben“; hier sorgen zwei verschiedene 7-Gang-Menüs für ein exquisites Geschmackserlebnis der besonderen Art. Die malerische Lage am Rhein, die historische Entwicklung von der Zollburg zur gräflichen Residenz und wehrhaften Festung und die heutige Nutzung eines Teilbereiches als erstklassiges Hotel mit Gastronomie der Spitzenklasse machen Burg Rheinfels zu einem unverwechselbaren Kleinod, das es auf vielfache Art und Weise zu entdecken gilt.

SCHLOSS RIBBECK

Das Schloss bzw. Herrenhaus Ribbeck befindet sich im Landkreis Havelland im westlichen Brandenburg, 30 Kilometer von Berlin entfernt, und ist – wie der Name schon preisgibt – historisch fest mit der Familie von Ribbeck verbunden. An seiner Stelle existierte zuvor ein einstöckiges Landhaus aus den 20er Jahren des 19. Jahrhunderts.

Das heutige Schloss ließ Hans Georg Henning von Ribbeck 1893–95 nach einem Brand des alten Hauses im Stil des Neobarock errichten; allerdings erinnert die Jahreszahl 1822 (MDCCCXXII) am Südgiebel noch an den Vorgängerbau, der auch in einem Gedicht von Theodor Fontane („Herr von Ribbeck auf Ribbeck im Havelland", 1889) als „Doppeldachhaus" Erwähnung findet. Gutsherr Hans Georg Karl Friedrich Ernst von Ribbeck (1799–1882) hatte es seinerzeit (d. h. in den Jahren zwischen 1822 und 1826) erbauen lassen, wohl ebenso aufgrund eines Brandes eines älteren Gebäudes. Die Bezeichnung Fontanes in seinem Gedicht ist vermutlich auf das damalige Krüppelwalmdach zurückzuführen. Man nimmt an, dass es sich beim heutigen Schloss um eine Erweiterung des früheren

▲ *Schloss Ribbeck, Seitenansicht*

◀ *Schloss Ribbeck, Westfassade*

Landhauses handelt, die teilweise auf dessen Grundmauern und Fundamentresten erfolgte. Bis 1943 war das Herrenhaus der Wohnsitz der von Ribbeck, die in diesem Jahr in das Inspektorenhaus, welches sich gegenüber der Kirche befand, umziehen mussten. Während des Krieges diente das Herrenhaus als Quartier der Luftwaffe und blieb weitestgehend unbeschädigt; allerdings wurden Möbel und weiteres Inventar geplündert. 1947 war die Familie von Ribbeck im Zuge der Bodenreform ausgewiesen worden und musste das Gut unverzüglich verlassen. Der letzte Gutsbesitzer der Familie war Rittmeister Hans Georg Karl Anton von Ribbeck (1880–1945) gewesen, der aufgrund seiner offen geäußerten Position als Gegner Hitlers 1944 von der Gestapo in das Konzentrationslager Sachsenhausen verbracht wurde, wo er Anfang des Folgejahres starb. Damit ging eine Ära zu Ende, in der die Familie von Ribbeck – erstmals im 13. Jahrhundert mit Heinrich von Ribbeck, Priester in Brandenburg, erwähnt – die Geschichte des Gutes und seiner Umgebung über 600 Jahre lang bestimmt hatte. Seit den 50er Jahren, als das Schloss in den Besitz des Kreises Nauen übergegangen war, erfuhr das Gebäude mehrfache bauliche Veränderungen, bei denen eine zunehmende Vereinfachung (v. a. im Bereich der Giebel) zu verzeichnen war. Bis 2004 wurde es als Alten- bzw. Pflegeheim genutzt. Die nach der Wiedervereinigung durch die Nachfahren der von Ribbeck gestellten Ansprüche im Sinne einer Rückübereignung wurden vor dem Verwaltungsgericht mit einem Vergleich entschieden, d. h. die Familie wurde für den Vermögensverlust entschädigt. Direkt am Schloss befindet sich die Familiengrablege, und bis heute leben Nachfahren der von Ribbeck im Ort und setzen – unter anderem durch den Kauf der „Alten Brennerei“ im Jah re 2001 und deren mühevolle Sanierung – die alte Familientradition derer von Ribbeck fort. Das Schloss ging in den Besitz des Landkreises Havelland über und erfuhr mit einem Kostenaufwand von 5,6 Millionen Euro bis 2009 eine umfangreiche denkmalgerechte Sanierung, bei der man die baulichen Veränderungen der 50er Jahre weitestgehend wieder rückgängig gemacht hat. Das zweigeschossige Bauwerk erhebt sich über einem hohen Sockelgeschoss und wird von einem ausgebauten Mansarddach bekrönt. Gesimsbänder und

Rechteckfenster gliedern die Fassade. Ein Mittelrisalit mit Altan und geschweiftem Giebel mit Ovalfenster akzentuiert den Haupteingang auf der Westseite. Die Ostseite zeigt eine ähnliche Gestaltung. Die in dieser Zeit vorgenommene Innenraumgestaltung zeigt einen gründerzeitlich-historistischen Stil. Die feierliche Eröffnung des Hauses mit Konzert und Feuerwerk erfolgte am 4. Juli 2009. Das Schloss beherbergt ein Museum, das v. a. über seine Geschichte, die Familie von Ribbeck sowie über Leben und Werk Theodor Fontanes informiert. Im Sinne eines kulturtouristischen Zentrums veranstaltet die Schloss Ribbeck GmbH regelmäßig

Veranstaltungen wie Konzerte, Lesungen oder Theateraufführungen und steht auch für Tagungen oder private Feierlichkeiten wie Hochzeiten zur Verfügung, da im Gebäude nicht nur ein Trauzimmer eingerichtet, sondern auch eine Außenstelle des Standesamtes der Stadt Nauen untergebracht ist. Für die Feierlichkeiten steht der Große Saal zur Verfügung. Darüber hinaus bietet ein Restaurant Besuchern kulinarische Ge-

▲▲ *Großer Saal* ▲ *Blauer Salon*

◄ *Schloss Ribbecks gute Stube*

REZEPT

aus der Schlossküche

GEBRATENE KALBSLEBER *an* KARTOFFELSTAMPF *mit* SAUTIERTEN RIBBECKER BIRNENSEGMENTEN *und* AUSGEBACKENEN ZWIEBELRINGEN, *dazu eine* HONIG-ROSMARIN-JUS

für 2 Personen

350 g mehlig kochende Kartoffeln
80 ml Sahne
120 ml Milch
200 g Mehl
250 g Butter
200 g Kalbsleber
1 Gemüsezwiebel
1 EL Honig
200 ml Jus (Bratensoße)
1 Birne
Salz, Pfeffer, Muskatnuss etc.
Petersilie (glatt), Rosmarin

Kartoffeln schälen, waschen und in Salzwasser garen. Milch, Sahne, 100 g Butter und Muskatnuss erwärmen. Die Kartoffeln abgießen und die erwärmte Milch darübergießen, dann mit dem Kartoffelstampfer alles gut vermengen und mit Salz und Muskatnuss abschmecken.
Die **Zwiebeln** pellen und in Ringe schneiden, Zwiebelringe gut melieren und im Fett ausbacken. Wenn sie die gewünschte Bräune haben, auf ein Krepppapier (Küchenrolle) geben und leicht salzen.

Einen Esslöffel **Honig** in einen Topf geben und karamellisieren lassen, feingehackten **Rosmarin** dazugeben und das Ganze mit der Jus auffüllen, abschmecken.
Die **Kalbsleber** portionieren und melieren, in die heiße Pfanne geben, von beiden Seiten 2 Minuten braten und dann im Ofen bei 120 °C ruhen lassen.
Die Ribbecker **Birne** in sechs bis acht Segmente schneiden und mit Rosmarin sowie Butter in der Pfanne sautieren.
Kartoffelstampf auf der oberen Hälfte des Tellers in Nocken anrichten, Birnensegmente in Fächerform darauf anrichten, gebratene Kalbsleber davorlegen, die ausgebackenen Zwiebelringe darüber verteilen und mit der Honig-Rosmarin-Jus verzieren.

nüsse in historischem Umfeld. Die Gerichte sind jahreszeitlich abgestimmt, in der Auswahl klassisch und dennoch kreativ in der Aufmachung. Dabei wird Wert gelegt auf die Verwendung heimischer havelländischer Produkte. Ein Weinkeller bietet die passenden Weine; eine Besonderheit vor Ort ist aber v. a. der angebotene Birnenbrand. In diversen Speisen und Getränken ist die Birne als Zutat gewählt, und dies natürlich nicht zufällig, sondern mit historischem Bezug auf das eingangs erwähnte Gedicht von Theodor Fontane. So befindet sich hinter dem Anwesen auch der Deutsche Birnengarten, in dem 2008/09 für jedes Bundesland als Symbol für eine gemeinsame deutsche Kultur und Geschichte ein Birnbaum gepflanzt wurde. Ausgehend von Fontanes Gedicht, in dem Herr von Ribbeck auf Ribbeck im Havelland die Früchte seines Birnbaumes an Kinder verschenkt, sollte als Reminiszenz an die Wiedervereinigung Deutschlands ein Symbol für Großzügigkeit gesetzt werden. Auf dem Gutshof befand sich seit Mitte des 19. Jahrhunderts auch eine Brennerei, die heute von Friedrich-Carl und Ute von Ribbeck als Ort für Festlichkeiten, Kulturveranstaltungen, Seminare, Verkostungen der unter der Wortmarke „Herr von Ribbeck" geschützten Edelbrände usw. genutzt wird, aber nicht mehr zur Herstellung der Brände dient, die inzwischen im Elsass erfolgt. Seit 2007 stellt die Familie von Ribbeck in der „Alten Brennerei" allerdings Birnenessig her und knüpft damit an alte Traditionen an.

◂ *Restaurant*

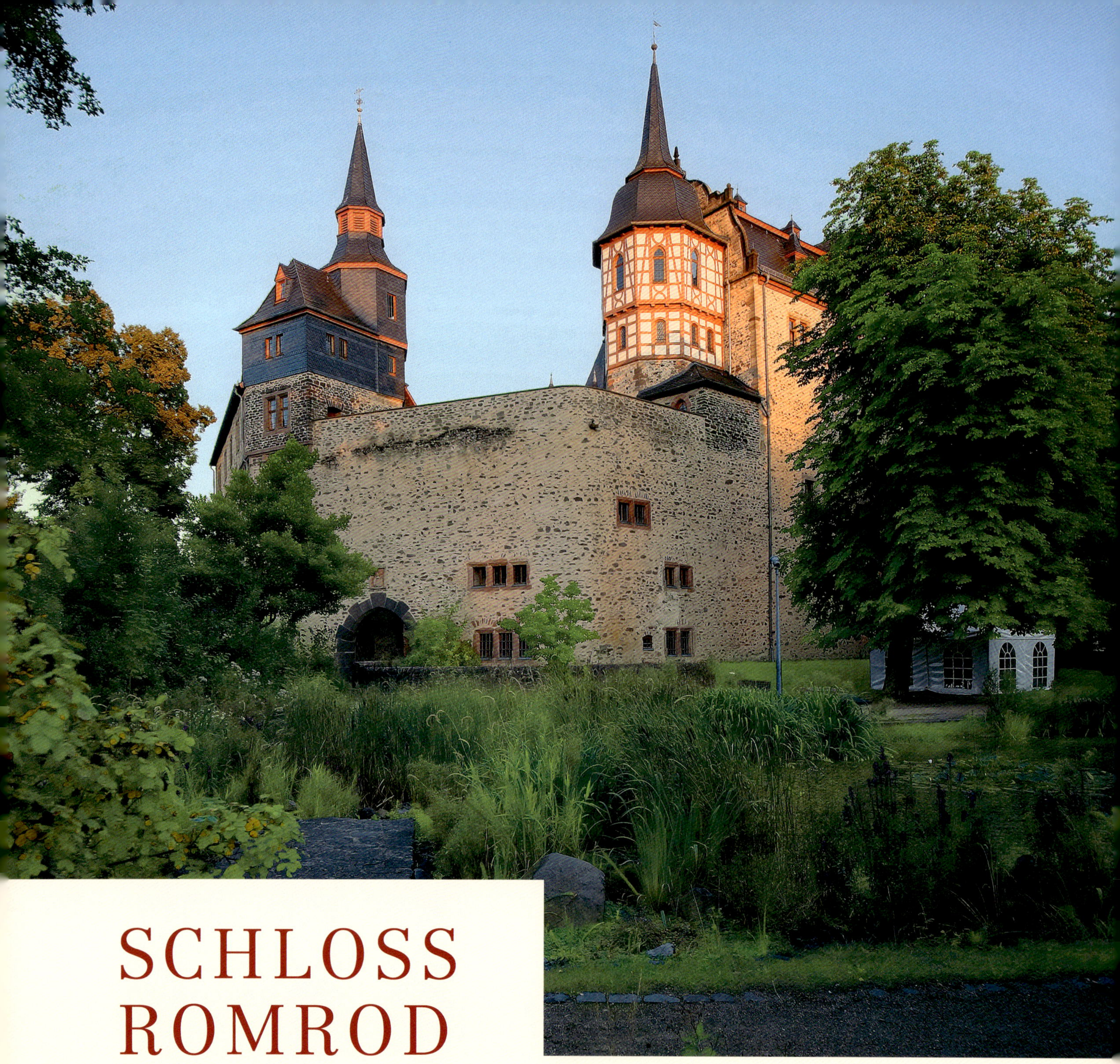

SCHLOSS ROMROD

Im Tal zwischen Antrift und Ocherbach (nahe Alsfeld) errichteten die Herren von Romrod Ende des 12. Jahrhunderts eine Wasserburg, da sich hier eine wirtschaftlich und militärisch bedeutsame Straße befand. Mehrere Gebäude gruppieren sich um einen nahezu kreisförmigen Innenhof.

Die genaue Baugeschichte und Gestalt dieser frühen Burg ist nicht geklärt. Aufgrund von Grabungen und dendrochronologischen Befunden wird angenommen, dass die erste Anlage aus mehreren Holzgebäuden bestand, die sich vermutlich um einen hölzernen Turm gruppierten. Für das 12./13. Jahrhundert konnten schließlich ein steinerner – heute nicht mehr erhaltener – Bergfried und eine in späteren Jahrhunderten veränderte und ergänzte Ringmauer nachgewiesen werden, innerhalb derer man nach und nach die Holzgebäude durch Steinbauten ersetzte. Nördlich der Kernburg gab es eine Vorburg. Baureste aus dieser Zeit sind in den bestehenden Gebäuden nachgewiesen. Mitte des 14. Jahrhunderts waren die Herren von Romrod im Mannesstamm ausgestorben; die Landgrafen von Hessen – Heinrich II. (1302–1376) und Otto II. (1322–1366) – kauften die Burg, machten sie zu ihrem Amtssitz und ließen sie nach und nach zum Jagdschloss ausbauen. In dieser Zeit entstand der spätgotische Kanzleiturm mit seinem Fachwerkobergeschoss, der damit zu den älteren, noch heute erhaltenen Gebäudeteilen des Schlosses zählt. In der zweiten Hälfte des 16. Jahrhunderts hatte Landgraf Ludwig IV. von Hessen-Marburg (1537–1604) große Teile der Burg wegen Baufälligkeit abreißen und durch Neubauten ersetzen lassen, die das heutige Erscheinungsbild des Schlosses festlegten. Der Baumeister Eberhard Baldewein nahm unter Verwendung älterer Bausubstanz die Aus- und Umbauten vor und ließ im Westen den viergeschossigen rechtwinklig angelegten Herrenbau mit hohem Untergeschoss und Mansardgiebeldach sowie im Norden den dreigeschossigen Küchenbau errichten bzw. bereits vorhandene Gebäudeteile umbauen. Beide Gebäude verfügen über einen polygonalen Treppenturm, wobei unter anderem die Fachwerkgeschosse des Treppenturmes am Herrenbau erst aus dem 19. Jahrhundert stammen. Anfang des

▲ *Blick in den Innenhof in Richtung Küchenbau*

◄ *Blick in den Innenhof in Richtung Kanzleiturm*

17. Jahrhunderts ging das Anwesen in den Besitz der Landgrafen von Hessen-Darmstadt über. Ein erneuter Umbau erfolgte 1878/79–85 unter Großherzog Ludwig IV. (1837–1892), bei dem man die Anlage im Stil des Historismus renovierte, mit dem Ziel der großherzoglichen Familie, sie fortan als Sommerresidenz zu nutzen. Im Zuge dessen wurde der Wassergraben verfüllt und das umliegende Gelände zu einem Landschaftspark umgestaltet. Wenige Jahre später fügte man am Kanzleiturm die Ecktürmchen hinzu. Das Schloss war in diesen Jahren Treffpunkt für hochrangige Angehörige des europäischen Adels. 1910 soll Zar Nikolaus zu Gast gewesen sein. Eigens für den Empfang der herrschaftlichen Gäste aus gehobenen Kreisen ließ man im nächstgelegenen Bahnhof sogar ein Fürstenzimmer einrichten. In der Auseinandersetzung von Ernst Ludwig Karl Albrecht Wilhelm von Hessen und bei

▼ Gesamtansicht des Schlosses mit Herrenbau, Küchenbau und Kanzleiturm

REZEPT
aus der Schlossküche

GEFÜLLTER KANINCHENRÜCKEN *auf* TOMATISIERTEM MEDITERRANEM GEMÜSE *mit* HAUSGEMACHTEN GNOCCHIS *und* ROSMARINJUS

für 4 Personen

4 frische Kaninchenrücken mit Bauchlappen
200 g Kalbsfleisch
8 Scheiben Bacon
100 ml Sahne
3 Eigelb
200 g Pfifferlinge (oder Shiitake-Pilze)
Zucchini, je 1 gelbe und 1 grüne
1 Aubergine
Paprika, je 1 rote und 1 gelbe
12 Cocktailtomaten
Salz, Pfeffer, Muskat
Olivenöl
1 EL Butterschmalz
2 EL Tomatenmark
1 Knoblauchzehe
Thymian
400 ml dunkle Grundsoße
1 kg mehlig kochende Kartoffeln
250 g Mehl
2 Eier
Salz, evtl. Muskatnuss
Mehl zum Bestäuben

Kaninchenrücken
Für die Farce die Fleischwürfel in einer Küchenmaschine mit Salz und 20 ml Sahne zerkleinern, nach und nach die restliche Sahne dazugeben und weiterpürieren, bis eine cremige Masse entsteht. Pfifferlinge putzen, kleinschneiden und anschließend in einer Pfanne mit Butterschmalz und feinen Zwiebelwürfeln kurz anschwitzen und mit Salz, Pfeffer und etwas Muskat würzen. Wenn die Pilze abgekühlt sind, vorsichtig unter

die Farce rühren. Den ausgelösten Kaninchenrücken auf der Arbeitsfläche ausbreiten, salzen, pfeffern und mit einem Teil der Farce bestreichen. Kaninchenleber in die Mitte legen, die Bauchlappen darüberklappen und mit dem Bacon umwickeln, am besten mit einem Zahnstocher fixieren.
Die Kaninchenroulade ringsherum in Öl anbraten, danach zur Seite stellen.

Tomatisiertes mediterranes Gemüse
Das Gemüse waschen und anschließend putzen, die Paprika vierteln und in drei Zentimeter große Rauten schneiden, ebenso die Aubergine und die Zucchini. Die Cocktailtomaten halbieren. Pfanne mit der Knoblauchzehe ausreiben, Olivenöl hineingeben und Paprika, Zucchini und Aubergine bei mittlerer Hitze anschwitzen, mit Salz, Pfeffer und etwas Zucker würzen. Den gehackten Thymian und das Tomatenmark dazugeben und durchschwenken.

Gnocchi
Kartoffeln circa 25 Minuten in Salzwasser garen und anschließend abgießen. Kartoffeln pellen, so lange diese noch heiß sind, durch eine Kartoffelpresse drücken und ausdampfen lassen. Mehl, Eier sowie Salz und Muskat nach Belieben dazugeben und alles zu einem Teig vermengen. Diesen in gleichmäßig dicke Rollen formen, mit Mehl bestäuben und mindestens 15 Minuten ruhen lassen. Mit einem Messer etwa einen Zentimeter dicke Stücke abschneiden. Diese in längliche Kugeln rollen und mit einer Gabel das typische Gnocchi-Muster in den Teig drücken. Gnocchi in kochendem Salzwasser garen. Wenn die Klößchen an der Wasseroberfläche schwimmen, sind sie gar.
Tipp: Gnocchi-Teig zum Beispiel mit Kräutern oder Spinat verfeinern. Statt Kartoffeln kann man auch Kürbis verwenden.

Rosmarinjus
Die dunkle Grundsoße in einen kleinen Topf geben, gehackten Rosmarin dazugeben und auf die Hälfte einreduzieren lassen; mit Salz, Pfeffer würzen und wenn gewünscht noch einen Spritzer dunklen Balsamico dazugeben.

Anrichten
Kaninchenrücken im Backofen ca. 20 Minuten bei 80 °C garen (bei Niedertemperatur verliert das Fleisch nicht den Saft). Gemüse erwärmen, Cocktailtomaten dazugeben; Gnocchi kochen und anschließend anrichten.
Zum Garnieren ggf. Oliven, Kräuterzweige und frittierte blaue Kartoffeln verwenden.

Rhein mit dem Volksstaat Hessen erreichte der letzte Großherzog von Hessen-Darmstadt, dass man ihm das Schloss zusprach. Nach seinem Tod 1938 – so war es vertraglich geregelt worden – ging es jedoch in staatlichen Besitz über. Es diente seither verschiedenen Zwecken, nach dem Zweiten Weltkrieg z. B. als Flüchtlingsunterkunft und Bleibe für Obdachlose. Danach stand es über viele Jahre leer und verfiel zunehmend. 1996/97 kaufte die Deutsche Stiftung Denkmalschutz das Schloss und ließ es bis 2002 unter denkmalpflegerischen Gesichtspunkten sanieren. In dieser Zeit durchgeführte archäologische Grabungen brachten viele interessante Details zur Baugeschichte der Anlage zutage. Heute beherbergt das Anwesen ein Hotel mit Tagungs- und Bankettträumen sowie einem Restaurant. Die Innenausstattung des Schlosses ging im Zweiten Weltkrieg verloren; im Zuge der Sanierung wurde ein stilvolles und elegantes Interieur geschaffen, das modernen Komfort im historischen Gewand bie-

▲ *Restaurant „mathilde"*

tet. Das neu gestaltete Restaurant „mathilde" bietet Gaumenfreuden aus aller Welt und neu interpretierte regionale Köstlichkeiten. Die Namenswahl bezieht sich offenbar auf eine vor vielen hundert Jahren als gute Seele der Schlossküche existierende Person. Die Speisekarte zeichnet sich durch eine kleine, aber damit hochwertige Auswahl an ideenreich zusammengestellten Gerichten aus. Kalbsfilet in Shiitake-Pilz-Kruste mit hausgemachten Spinat-Sesam-Nudeln und Trüffelschaum oder Seeteufelfilet im Pancetta-Mantel sind nur zwei Beispiele dafür, dass sich der Besuch des Schlosses in vielfacher Hinsicht lohnen dürfte.

SCHLOSS SCHKOPAU

Schloss Schkopau liegt im gleichnamigen Ort nur wenige Kilometer südlich von Halle (Saale) und ist im Hinblick auf seine Größe, Baugestalt und Farbgestaltung ein imposantes und prachtvolles Ensemble. Bergfried und angrenzende Wehrmauer gehen auf eine Festungsanlage aus dem 9./10. Jahrhundert zurück, die man im 12. Jahrhundert zur Burg ausgebaut hatte, während die restlichen Bauteile jüngeren Ursprungs sind.

Seit der zweiten Hälfte des 15. Jahrhunderts war die Familie von Trotha Eigentümer der Anlage und ließ sie im Laufe der Jahre zu einem prächtigen Renaissanceschloss ausbauen. Dabei wandelte man Mitte des 16. Jahrhunderts die Wehrburg in ein Wohnschloss um, integrierte allerdings den mittelalterlichen Bergfried in das neue Anwesen. Es wurde zum gesellschaftlichen Mittelpunkt der Region; viele hohe

Bergfried ▸

Gäste aus Königshäusern und Adelskreisen verkehrten hier. Bis zum Ende des Zweiten Weltkrieges, d. h. bis zur Enteignung des Besitzes, nutzten die von Trotha das Schloss als Wohnsitz und nahmen über die Jahrhunderte immer wieder Veränderungen vor, sodass die Anlage durch verschiedene Epochen geprägt wurde. Dem prächtigen Renaissanceschloss hat man im 18. Jahrhundert barocke Elemente hinzugefügt; Klassizismus und spätere Stile spielten eher bei der Inneneinrichtung eine Rolle. Nach einem Brand im Jahre 1830

◄▼ Schloss Schkopau, Neorenaissancefassade mit Treppenturm

Zwerchhäuser, die sich links und rechts der Toreinfahrt aus der Dachlandschaft erheben, wobei die linksseitigen wie die gesamte Fassade in diesem Bereich durch die deutlich intensivere Farbgestaltung und den stärkeren Einsatz von Schmuckelementen – v. a. im Giebelbereich – weit mehr herausgestellt sind. Auch wenn das Schloss den Zweiten Weltkrieg weitgehend unbeschadet überstanden hatte, wurde es anschließend durch die Nutzung als Flüchtlingsunterkunft und zu Verwaltungszwecken stark in Mitleidenschaft gezogen. Und der darauffolgende jahrelange Leerstand gab es dann dem allmähli-

◂ *Schlossinnenhof*

▾ *Schloss Schkopau aus der Luft*

war der Nordtrakt wieder aufgebaut worden; 1876 erfolgte die Umgestaltung der Anlage, die man in den Formen der Neorenaissance vornahm. An den zweigeschossigen, in einem weiten Bogen verlaufenden Gebäudekomplex schließt nahezu rechtwinklig ein weiterer Bau an, der sich in Richtung Bergfried erstreckt und vor diesem in ein weiteres zweigeschossiges Gebäude mündet, das in den Innenhof hineinragt. Markant ist die Farbgestaltung des Mittelteils der Fassade, die obendrein durch den schmalen runden Turm neben der Hofeinfahrt akzentuiert wird: Gliederungs- und Schmuckelemente wie die Gewände der Rechteckfenster und die sie teilweise schmückenden Dreiecksgiebel, Gesimsbänder und Lisenen sind farblich deutlich von der weißen Fassade abgesetzt. Architektonisch auffallend sind hingegen v. a. die

REZEPT
aus der Schlossküche

PAPAGEIFISCHFILET *im* BANANENBLATT *mit* CREMIGEM SAFRAN-COUSCOUS

für 2 Personen

1 küchenfertiger Papageifisch (ca. 600 g)
6 EL Olivenöl
50 ml Fischfond
Alufolie
6 mittelgroße Bananenblätter
2 EL Fenchelgrün
3 kleine Peperoni
1 TL grüner Pfeffer
1 Limone
2 Stangen Zitronengras (halbieren)
Meersalz, brauner Zucker
150 g Couscous
1 Messerspitze Safran
80 ml Sahne
1 TL Butter

Den **Papageifisch** waschen und trockentupfen, die geschuppte Haut vorsichtig und gleichmäßig einschneiden. Anschließend mit Salz, braunem Zucker und dem Saft aus der Limette einreiben. Ca. 1 Stunde abgedeckt im Kühlschrank einwirken lassen. Den Backofen auf 180 °C vorheizen. Ein großes Stück Alufolie doppelt falten, die Hälfte des Olivenöls darauf verteilen und die Hälfte der **Bananenblätter** auflegen. Den Fisch mittig platzieren, Fenchelgrün, Peperoni, grünen Pfeffer und das Zitronengras sowohl im Bauch als auch auf dem Fisch verteilen. Die Seiten der Alufolie hochschlagen und den Fischfond sowie das restliche Olivenöl darübergießen. Anschließend die restlichen Bananenblätter auflegen und mit einem zweiten, doppelt gelegten Stück Alufolie luftdicht verschließen. Den Fisch für ca. 30 Minuten in den vorgeheizten Backofen geben und anschließend für 5 Minuten ziehen lassen. In der Zwischenzeit 150 ml Wasser zusammen mit etwas Salz, der Butter und dem Safran aufkochen und den **Couscous** hineingeben. Zur Seite ziehen und quellen lassen, kurz vor Ende der Garzeit vom Papageifisch die angewärmte Sahne zum Couscous geben, kräftig durchrühren und in einer Schüssel anrichten. Die Alufolie vorsichtig mit zwei Gabeln öffnen und alles auf Tellern anrichten.

▲ *Grüner Salon*

chen Verfall preis. Erst Ende der 90er Jahre erfolgte mit dem Plan zur Nutzung als Hotel die entscheidende Rettung des Gebäudes. 1997–2001 wurde die Schlossanlage unter denkmalpflegerischen Gesichtspunkten, d. h. der Bewahrung ihres ursprünglichen Erscheinungsbildes, für den Betrieb eines exklusiven Vier-Sterne-Hotels mit Gastronomie, modernem Wellnessbereich, Tagungsräumen und einer Kapelle für Trauungen hergerichtet. Über 14 Millionen Euro flossen in die Sanierung. Für Feierlichkeiten stehen neben den Sälen des Schlosses (Grüner, Roter und Blauer Salon sowie der Ritterkeller) seit 2001/02 auch das Herrenhaus und das Kavaliershaus zur Verfügung, zwei längliche, sich gegenüberliegende Gebäude unweit des Schlosses. Seit 2007 betreibt die Sauske-Management GmbH die Schlossanlage. Das Schlossrestaurant trägt den klangvollen Namen „Le Château" und bietet anspruchsvollen Gästen bei stilvollem Ambiente kulinarische Genüsse auf höchstem Niveau. Dabei spielen regionale wie internationale Gerichte gleichermaßen eine Rolle. Spargel im Lachscrêpe, sautierte Jakobsmuscheln und Kalbsmedaillons mit Kardamomrahm oder Parfait der Tahitivanille deuten von der Vorspeise bis zum Dessert auf eine ideenreiche Küche hin, die dem Gast in der Auswahl der Zutaten und deren Kombination im Sinne eines kulinarischen Geschmackserlebnisses etwas Besonderes bieten will.

BURG SCHLITZ

Der Name der nördlich der Mecklenburger Seenplatte in Hohen Demzin gelegenen Burg Schlitz geht auf das dem Hochadel angehörende hessische Geschlecht der Reichsgrafen von Schlitz genannt von Görtz zurück. Nur jeweils anderthalb Stunden von Berlin und Hamburg entfernt, liegt das Landpalais mitten im Grünen und gilt als die größte klassizistische Anlage in Mecklenburg-Vorpommern bzw. als eines der bedeutendsten Gebäude des Klassizismus in Deutschland.

Der von seinem Schwiegervater Johann Eustach von Schlitz adoptierte Hans von Labes (1763–1831) wurde vom preußischen König Friedrich Wilhelm II. in den Grafenstand erhoben, war damit ebenso Graf von Schlitz genannt von Görtz und heiratete dessen Tochter Louise Caroline von Schlitz. Hans von Schlitz ließ im Jahre 1806 anstelle eines Vorgängerbaus ein Herrenhaus in klassizistischem Stil errichten. Diese als Familienresidenz gedachte dreiflügelige Anlage entstand nach Entwürfen von Otto Hirt unter der Leitung von Friedrich Adam Leiblin. Das Hauptportal des zweigeschossigen Mittelbaus – der mit einem Aussichtsturm versehen ist – wird durch einen halbrunden Anbau mit vorgelagertem Säulenaltan akzentuiert. Den Treppenaufgang flankieren zwei Löwenskulpturen von Johann Gottfried Schadow, der auch die „Quadriga" auf dem Brandenburger Tor zu Berlin schuf. Die beiden Seitentrakte sind wie auch die Verbindungsgänge dreigeschossig ausgeführt und verfügen an den Außenseiten über je einen Risalit mit Dreiecksgiebel. Die Planungen des umgebenden Parkgeländes hatte Bauherr Hans von Schlitz selbst übernommen und es im englischen Stil gestalten lassen – hier befinden sich zahlreiche Denkmäler und die 1812 errichtete neugotische Karolinenkapelle; bis 1824 war das Anwesen fertiggestellt. Wenige Jahre später ging das Gut in den Besitz des mit der Tochter des Grafen verheirateten Heinrich Graf von Bassewitz-Schlitz (1799–1861) über. Genau ein Jahrhundert danach (1931) übernahm die Mecklenburgische Landwirtschaftsgesellschaft das Anwesen und verkaufte es im Folgejahr an Emil Georg von Strauß – seinerzeit Generaldirektor der Deutschen Bank. In den 90er Jahren erfolgte die Renovierung im Sinne einer detailgetreuen Restaurierung, in die 60 Millionen Euro investiert wurden; 1999 öffnete die hochherrschaftliche Residenz als Fünf-Sterne-Schlosshotel seine Türen für die ers-

▲ *Abendlich beleuchtetes Schlosshotel Burg Schlitz*

▼ *Schlosshotel Burg Schlitz, Luftaufnahme*

ten Gäste. Diesen soll mehr das Gefühl von einem Leben im Schloss und weniger die Atmosphäre eines Hotels vermittelt werden, was durch die stilvoll-elegante und v. a. hochwertige Einrichtung mit exklusivem maßgefertigtem Mobiliar, wertvollen Beduinen- und Seidenstoffen, Originalkunstwerken u. v. a. m. gelingt. Nicht umsonst ist das Schlosshotel Burg Schlitz ein Mitgliedshaus von Relais & Châteaux – einer weltweiten Vereinigung exklusiver, individueller, privat geführter Luxushotels – und wurde im Jahr 2012 als „Hotel des Jahres“ in Deutschland ausgezeichnet. Dabei geht es in erster Linie um das besondere, unvergessliche Erlebnis, das sich dem Gast während seines Aufent-

▲ *Gourmetrestaurant im historischen Wappen-Saal*

haltes in einem einzigartigen Objekt mit anspruchsvoller Küche und einem besonderen Maß an persönlicher Zuwendung bietet. Für alle Mitglieder sind daher die fünf C verpflichtend: Caractère, Courtoisie, Calme, Charme und Cuisine. Dies wird auch von Armin und Manuela Hoeck gelebt, welche die Gebäude von Burg Schlitz und den dazugehörigen Landschaftspark im Januar 2011 erwarben und nun gemeinsam das Schlosshotel betreiben. Außergewöhnliche Kulinarik bietet das Gourmetrestaurant im Wappen-Saal. Da das Anwesen von ausgedehnten Jagdgebieten umgeben ist, spielt Wild auf der Speisekarte eine große Rolle. Der in diesem Bereich erfahrene Gast kann im privaten Revier der Burg Schlitz – eingebettet in den 180 Hektar großen Landschaftspark – sogar selbst auf Jagd gehen; dafür steht im 1848 errichteten und im Zuge der Sanierung renovierten Marstall in 35 Boxen ausreichend Platz für Pferde zur Verfügung. Darüber hinaus veranstaltet das Schloss im Oktober alljährlich Schlossjagdtage. Küchenchefin Sabine Teubler

▲◄ *Schinkel-Saal*

– seit 2009 Chef-Köchin auf der Burg – verarbeitet Hirsch oder Reh, Wildschwein, Hase oder Fasan zu köstlichen und unvergesslichen Kreationen. Der Gast genießt stilvoll angerichtete Speisen aus hochwertigen Zutaten und edlen Aromen in der einzigartigen Umgebung des historischen Wappen-Saals mit seinem neogotischen Ambiente. Durch die bunten Bleiglasfenster und die korinthischen Halbsäulen, die in

REZEPT
aus der Schlossküche

CRÉPINETTE *vom* STUBENKÜKEN

für 4 Personen

Kartoffelbaumkuchen
500 g mehlig kochende Kartoffeln, frisch gekocht
8 Eigelb
250 g weiche Butter
10 g Salz
180 g Mehl
8 Eiweiß
25 g Zucker

Spargel
500 g grüner Spargel
Salz, Zucker
Etwas Butter

Stubenküken
50 g Maiskeimhühnchenbrust ohne Haut
2 Stubenküken von je etwa 500 g
Salz, schwarzer Pfeffer aus der Mühle
50 g Sahne, gut gekühlt
2 EL fein geschnittene Kräuter, z. B. Petersilie, Schnittlauch, Thymian
100 g Schweinenetz, gewaschen und trockengetupft

Morcheln
100 g frische Morcheln, gründlich gewaschen
25 g Butter
Salz, schwarzer Pfeffer aus der Mühle
50 ml weißer Portwein
50 g Sahne

Außerdem
2 Hummer von je etwa 500 g, frisch gekocht
Kartoffelschnee mit Sahne bereitet
Geflügel-Velouté, schaumig aufgeschlagen
Jus von Geflügel

Für den Kartoffelbaumkuchen die Kartoffeln durch die Presse drücken und abkühlen lassen. Die Eigelbe mit der Butter und dem Salz schaumig rühren. Die Kartoffeln und das Mehl untermischen. Das Eiweiß mit dem Zucker schnittfest aufschlagen und unter die Kartoffelmasse heben. Ein Backblech mit Backpapier auskleiden und eine dünne Teigschicht aufstreichen. Im heißen Grill backen, bis sich eine kräftig braune Kruste bildet. Dann die nächste

Schicht auftragen, backen und so fortfahren, bis der Teig verbraucht ist. Den Kuchen abkühlen lassen und in etwa vier Zentimeter große Quadrate schneiden. **Vom Spargel** nur das untere Drittel dünn schälen. In mit Salz und Zucker gewürztem Wasser blanchieren und in Eiswasser abschrecken. Das Kochwasser aufheben. Den Spargel zum Anrichten in etwas Kochwasser und Butter erwärmen. **Für das Stubenküken** die Maishähnchenbrust in Würfel schneiden und für 30 Minuten ins Gefrierfach stellen. Die Stubenküken so auslösen, dass Brust und Keule mit der Haut zusammengehalten werden. Den jeweiligen Oberschenkelknochen herauslösen und den Unterschenkelknochen sauber putzen. Die Maishähnchenbrustwürfel mit Salz und Pfeffer würzen und samt der Sahne zu einer glatten Farce pürieren. Die Kräuter untermischen. Die Stubenküken ebenfalls mit Salz und Pfeffer würzen. Die Brust an der offenen Seite mit der Farce bestreichen und mit der Keule abdecken. Das Schweinenetz in 4 gleich große Stücke teilen und jeweils eine Stubenkükenhälfte darin einwickeln. In Öl bei nicht zu starker Hitze rundherum anbraten. Im Ofen bei 180 °C etwa 5 Minuten zu Ende braten. Bei 70 °C 10 Minuten ruhen lassen. Die gut gewaschenen **Morcheln** von den Stielen befreien und in der Butter kurz anbraten. Mit Salz und Pfeffer würzen und mit dem Portwein ablöschen. Diesen etwas einkochen lassen. Die Sahne angießen und ebenfalls leicht einkochen lassen. **Die Hummer** ausbrechen, die Schwanzstücke halbieren. Je ein halbes Schwanzstück und eine Schere mit dem Stubenküken, dem Kartoffelbaumkuchen, dem Spargel und den Morcheln anrichten. Auf den Kuchen etwas Kartoffelschnee spritzen. Mit Geflügel-Velouté garnieren und mit etwas Jus umgießen.

das Deckengewölbe überleiten, ist der Raum schon allein für sich ein absolutes Highlight, gekrönt durch die unvergleichliche Gourmetküche des Hauses, die der Gast hier genießen kann. Der Stil der saisonal angepassten Menüs ist von der französischen Küche inspiriert und mit regionalen Komponenten durchmischt. Die heimatverbundene Köchin legt dabei Wert auf frische, regionale Produkte; und so stammen die Ente auf dem Teller vom Bauern nebenan und die Kräuter aus dem Schlossgarten. Mit Schafgarbe, wildem Kerbel oder Giersch werden hier alte Rezepturen neu interpretiert. Für Wildkräuter hatte die Küchenchefin ohnehin schon immer eine Vorliebe, zu der sie in Kochkursen in der Schlossküche auch gern Auskunft gibt. Tradition und Naturbelassenheit sind zwei wesentliche Kriterien, denn schon vor mehr als 150 Jahren hat man auf Burg Schlitz Speisen serviert, deren Zutaten aus der nächsten Umgebung, also aus den umliegenden Seen und Wäldern und aus der Ostsee, stammen. Diesem Prinzip folgt Sabine Teubler auch heute. Für Feierlichkeiten und Veranstaltungen steht unter anderem der Sonnen-Saal zur Verfügung, sodass ganz nach Wunsch entweder fürstlich in größerer Runde gefeiert oder individuell privat diniert werden kann. Und auch der grandiose Schinkel-Saal, benannt nach zwei von Karl Friedrich Schinkel entworfenen Kachelöfen, steht sowohl für intime Candlelight-Dinner als auch für Hochzeitsgesellschaften oder andere Feierlichkeiten zur Verfügung, die damit zum unvergesslichen Erlebnis werden dürften.

BURG SCHÖNBURG

Burg Schönburg am Rhein – zum UNESCO-Welterbe Oberes Mittelrheintal zählend und über 500 Jahre im Besitz ein und desselben Grafengeschlechts – thront malerisch auf einer felsigen Anhöhe bei Oberwesel.

Die Höhenburg entstand in der ersten Hälfte des 12. Jahrhunderts; in einigen Quellen wird der Beginn des Burgbaus bereits für das 11. Jahrhundert oder gar noch früher angenommen. Um die Mitte des 12. Jahrhunderts ist Pfalzgraf Hermann von Stahleck auf der Burg ansässig. Der Sohn des Grafen Goswin von Stahleck († 1156) war verheiratet mit Gertrud von Schwaben, der Tochter von Herzog Friedrich I., und dadurch Schwager König Konrads III. und der Onkel von Friedrich Barbarossa. Hermann von Stahleck soll Otto II. von Rheineck aus Rivalität um die Pfalzgrafschaft bei Rhein auf der Burg ermordet haben. Ab der zweiten Hälfte des 12. Jahrhunderts verwalteten die Ritter von Schönburg die Burg unter wechselnden Lehnsherren (wie dem Erzbischof von Magdeburg, dem Kaiser oder dem Erzbischof von Trier). Die Schönburg zählt zu den Ganerbenburgen, bei denen nach dem Tod des Vaters das Erbe nicht wie meist üblich an den ältesten Sohn übergeht, sondern zu gleichen Teilen an alle Söhne. Die Familie der Schönburger verzweigte sich in mehrere Linien, die die Burg gemeinsam bewohnten und verwalteten. Durch Heiratsverbindungen und militärische Laufbahnen brachte die Familie Herzöge, Reichsgrafen, Freiherren, Earls, Dukes und Barone hervor; ein gutes Beispiel dafür ist Hermann Friedrich Reichsgraf von Schönburg – allein er vereinte alle genannten Titel in seiner Person. Auch wenn nicht alle Angehörigen der Familie auf der Burg lebten, waren es dennoch weitaus genug, und so baute man die Anlage immer weiter aus, um für alle ausreichend Platz zu schaffen, sodass

▲ *Erhaben thront Burg Schönburg über dem Rhein*

sie letztlich über mehrere separate Wohnbereiche und Wehrtürme verfügte. Im 14. Jahrhundert sollen hier zeitweise 24 Familien mit insgesamt 250 Personen gelebt haben. Damit war die Geschichte des Ortes und der Burg natürlich auch von zahlreichen Familienfehden – sowie weitreichenderen kriegerischen Auseinandersetzungen – geprägt. Das den Bau der Burg abschließende Bauelement war die 50 Meter lange, bis zu 22 Meter hohe und reichlich zweieinhalb Meter dicke Schildmauer, die die Kernburg als hohe Ringmauer schützend umgab und Anfang des 14. Jahrhunderts errichtet wurde. 1689 hatten die Franzosen der Burg im Pfälzer Erbfolgekrieg erhebliche Schäden zugefügt, und sie blieb zwei Jahrhunderte lang eine Ruine. 1719 war die Familie der Schönburger im Mannesstamm ohnehin ausgestorben. Danach folgte ein mehrfacher Besitzerwechsel, auch Prinz Albrecht von Preußen (1809–1872) war Mitte des 19. Jahrhunderts zeitweise Eigentümer der Anlage, die Ende des 19. Jahrhunderts schließlich von Thomas Jackson Oakley Rhinelander – seinerzeit erst 24 Jahre alt – käuflich erworben und auf seine Veranlassung bis 1901 nach alten Plänen in Teilen wieder aufgebaut wurde, wofür er zwei Millionen Goldmark investierte. Die Familie des Deutsch-Amerikaners stammte ursprünglich aus der Gegend um Oberwesel, seine Vorfahren waren jedoch bereits Ende des 18. Jahrhunderts in die USA ausgewandert und dort durch Immobiliengeschäfte vermögend ge-

◂ *Gobelinstube*

▲◀ *Knappenstube*

worden. Nach dem Tod Rhinelanders kaufte die Stadt Oberwesel die Burg, um sie anschließend zu verpachten. Die Pächterfamilie Hüttl ließ den südlichen Burgbereich ab 1957 zum Hotel und Restaurant „Auf Schönburg" ausbauen und betreibt dieses bis heute, inzwischen schon in dritter Generation. Die Eltern und Großeltern der heutigen Pächter haben mit Rücksicht auf den historischen Baubestand umfassende Restaurierungen vornehmen lassen, um Besuchern die Möglichkeit zu bieten, komfortabel in historischem Ambiente zu verweilen. Ursprung war einst ein kleiner, vom Ehepaar Hans und Maria Hüttl betriebener Kiosk, der kleine Gerichte und Getränke anbot. Der nördliche Teil – in den 50er Jahren des 20. Jahrhunderts wiederaufgebaut und in den 60er bis 80er Jahren durch Erweiterungen und Umbauten umgestaltet – dient dem Kolpingwerk als Begegnungsstätte (überwiegend für Jugendliche). Die von Rhinelander rekonstruierte Burgkapelle hat man 1983 in gotischen Formen restauriert. Das auffälligste Gebäude der Burg ist ein rot ver-

REZEPT
aus der Burgküche

WEISSE TOMATENSUPPE

für 4 Personen

6,6 kg Dosentomaten
2 Zwiebeln
½ Sellerie
5–6 Karotten
½ Stange Lauch
1 TL Lorbeeren
1 TL Wacholderbeeren
1 TL Piment
Salz, Zucker, Pfeffer
Tomatenmark
Oregano
2 Eiweiß
Sahne
Olivenöl

Lauch, Karotten, Sellerie und Zwiebeln grob zerkleinern und in einem großen Topf mit dem Tomatenmark anrösten. Lorbeeren, Wacholderbeeren, Piment und Tomaten dazugeben und bei geschlossenem Deckel ca. 4 Stunden köcheln lassen. Danach die Brühe passieren und abkühlen lassen. Das Eiweiß leicht aufschlagen und mit der kalten Brühe vermischen. Nun das Ganze langsam zum Kochen bringen (nicht umrühren). Wenn das Eiweiß nach oben steigt, mit einer Schaumkelle entfernen. Danach die Brühe nochmals durch ein Passiertuch geben. Nun haben wir eine Tomatenessenz. Diese kann man nun einfach mit Sahne auffüllen und mit Salz, Pfeffer und einer Prise Zucker abschmecken.

putzter und mit Fugenmalerei versehener Bau – der heute das Burghotel beherbergende Palas. Hier befand sich ursprünglich der Rittersaal, der nach Umbau zum Hotel nicht mehr existiert. Angrenzend befinden sich ein Fachwerkbau und der Bergfried, der in Erinnerung an Friedrich Barbarossa, der die Burg mehrfach besucht haben soll,

▲ *Weinprobe im Gefängnisturm*

◄ *Kaminzimmer*

▲ Ritterstube

► Blick von der Burg aus über den Rhein (Rheinterrasse)

Barbarossa-Turm genannt wird. Über die Jahrhunderte hat die Schönburg viel Prominenz gesehen, Adlige verschiedensten Ranges, weitgereiste Prinzessinnen, Herzöge usw.; und bis heute ist das Anwesen auch bei der internationalen Prominenz aus Politik und Kultur ein beliebter Anlaufpunkt für einen Besichtigungsbesuch, der auch das kulinarische Angebot nicht außen vor lässt. Gastronomisch stehen im südlichen Burgbereich – wo auch das Hotel angesiedelt ist – diverse Räumlichkeiten zur Verfügung, die sich alle durch ein ganz besonderes Flair auszeichnen. Ein Abendessen in Ritter-, Knappen- oder Gobelinstube wird für den Gast aufgrund der teilweise rot-gold gepolsterten Stühle, der holzvertäfelten Wände oder der zauberhaften Buntglasfenster, Gobelins und prächtigen Kronleuchter zu einer Reise in die Zeit der Ritter und Grafen. Die Küche des Hauses ist geprägt durch eigens entwickelte Rezepturen und frische regionale Produkte. Gänseleber mit Pflaumenchutney, Rindertatar mit Kohlrabicarpaccio oder Seezungen-Rote-Bete-Röllchen auf Blattspinat und Safranschaum sowie hausgemachtes Ingwereis sprechen ebenso wie die speziell zusammengestellten 4- oder 5-Gänge-Menüs obendrein für ein kreatives ideenreiches Speisenangebot. Ein besonderes Highlight ist die Rheinterrasse; hier kann man sich bei atemberaubender Aussicht in das Rheintal kulinarisch verwöhnen lassen.

SCHLOSS SCHWÖBBER

Zu den Höhepunkten der Weserrenaissance gehört die Architektur des Wasserschlosses Schwöbber, das von 1508/10 bis 1919 dem niedersächsischen Adelsgeschlecht derer von Münchhausen gehörte und deshalb seit 2002 im Zuge der Umnutzung zum Fünf-Sterne-Superior-Hotel den Namen Schlosshotel Münchhausen trägt. Die bezaubernde Anlage mit weitläufigem Park, Wirtschaftsgebäuden sowie einer Schlosskapelle von 1840 liegt bei Aerzen im Weserbergland, 11 Kilometer südwestlich von Hameln.

Die Symbiose aus prachtvoller Architektur und historisch bedeutender Parkanlage, vereint mit der gehobenen Gastronomie, macht den Besuch des Wasserschlosses zu einem besonderen Erlebnis. Die Sanierung des Anwesens mit seiner noch intakten wertvollen Ausstattung ist das Verdienst des Unternehmerpaares Ulla und Friedrich Popken. Das Adelsgeschlecht derer von Münchhausen wird 1183 erstmals urkundlich erwähnt. Im hohen und späten Mittelalter stellten die Münchhausen im Amt Schaumburg Burgmannen, das heißt ritterliche Hofbeamte, die beauftragt wurden, eine Burg zu bewachen und zu verteidigen. Im 16. Jahrhundert gelangte die Adelsfamilie zu Wohlstand, da sich deren Angehörige als Söldnerführer bewährten, das heißt als selbständige Militärunternehmer, die Soldaten anwarben, um diese gegen Bezahlung zeitlich befristet für ein Heer zu gewinnen, das an fürstliche Auftraggeber vermietet wurde. Dabei tat sich insbesondere Hilmar von Münchhausen (1512–1573) hervor, der durch hohen Sold und reiche Kriegsbeute großen Besitz vor allem im Schaumburger Land, dem südlich angrenzenden Weserbergland und an der Elbe erwarb. Seine Söhne, Hilmar der Jüngere (1558–1617) und Statius von Münchhausen (1555–1633), waren so in der Lage, repräsentative Schlösser zu errichten – neben Schwöbber (heute Münchhausen) auch Bevern, Wendlinghausen und Leitzkau. Ihre Verwandten der sogenannten „weißen Linie" ließen ebenso prachtvolle Herrensitze erbauen, so in Apelern, Hessisch-Oldendorf, Remeringhausen und Lauenau (Schloss Schwedesdorf). Die Adelsfamilie derer von Münchhausen ist aber vor allem durch die mehrfach verfilmten Geschichten des sogenannten Lügenbarons – Hieronymus von Münchhau-

sen – bekannt. Die köstlichen Anekdoten, deren Witz darin liegt, dass physikalische oder biologische Möglichkeiten ad absurdum geführt werden, gehen auf die Erzählungen des Hieronymus Freiherr von Münchhausen (1720–1797) zurück, einem Ururenkel des Söldnerführers Hilmar von Münchhausen, dem Erbauer von Schloss Schwöbber/Münchhausen. Als Page von Herzog Anton Ulrich von Braunschweig-Wolfenbüttel folgte Hieronymus von Münchhausen 1737 diesem in den Russisch-Österreichischen Türkenkrieg (1736–1739). Vermutlich geht die Geschichte vom berühmten „Ritt auf der Kanonenkugel" auf ein Ereignis dieses Krieges zurück, das heißt auf die Belagerung der osmanischen Krim-Festung Otschakow durch den russischen Oberbefehlshaber von Münnich. 1739 zum Fähnrich der russischen „Braunschweig-Kürassiere" und ein Jahr später zum Leutnant befördert, diente Hieronymus von Münchhausen in der Garnison von Riga und nahm am Russisch-Schwedischen Krieg (1741–1743) teil. 1750 zum Rittmeister in der Garnisonstadt Riga erhoben, kehrte er noch im selben Jahr mit seiner Frau Jacobine von Dunten ins Weserbergland zurück. Auf dem ererbten Gut in Bodenwerder an der Weser (25 Kilometer südöstlich von Schloss Schwöbber/Münchhausen) führte er das Leben eines Landedelmanns, dessen Zeitvertreib vor allem in der Jagd bestand. Zudem wurde er in seinem Freundeskreis als Erzähltalent bekannt, sodass viele Gäste nach Bodenwerder kamen, um seinen fabelhaften Geschichten zu lauschen, darunter vermutlich auch der Kasseler Museumsdirektor Rudolf Erich Raspe, der 1785 in London eine Reihe von Anekdoten und Reiseabenteuern unter Münchhausens Namen veröffentlichte und damit großen Erfolg erzielte. Schon zuvor hatte Graf Rochus Friedrich zu Lynar 1761 ohne Nennung des Urhebers Anekdoten des Barons von Münchhausen veröffentlicht. Sechzehn Geschichten erschienen 1781 im „Vademecum für lustige Leute", worüber der öffentlichkeitsscheue Hieronymus von Münchhausen allerdings wenig erfreut

▲ *Schloss Schwöbber, Frontalansicht*

◄ *Schloss Schwöbber, Seitenansicht*

▲ *Schloss Schwöbber, Luftaufnahme*

▼ *Blick auf Schloss Schwöbber in Richtung Restaurantterrasse*

war. 1783 folgte darauf sogar noch eine erweiterte zweite Auflage, und 1786 erschien das von Gottfried August Bürger verfasste Buch „Wunderbare Reisen zu Wasser und zu Lande – Feldzüge und lustige Abenteuer des Freiherrn von Münchhausen". Die Veröffentlichungen machten Hieronymus von Münchhausen zwar weltberühmt, brachten ihm aber auch den Ruf des „Lügenbarons" ein und gaben ihn – wie er es empfand – der Lächerlichkeit preis.

Die Verbindung von Schwöbber mit den Freiherren von Münchhausen beginnt im Jahr 1508, als das Bistum Hildesheim die Hälfte von Schloss und Amt Aerzen an Statius von Münchhausen (um 1460–1518, nicht zu verwechseln mit dem gleichnamigen Enkel) verpfändete. Dadurch gelangte die Familie in den Besitz von drei Meierhöfen in Schwöbber. Da der Hildesheimer Bischof neun Jahre später (1517) auch die andere Hälfte des Amtes Aerzen nicht mehr wie bis dahin Heinrich von Hardenberg, sondern ebenfalls den Münchhausen zur Pfandschaft übergab, kam es Anfang 1518 zum Kampf; Statius musste fliehen und wurde kurz vor Hildesheim von Heinrich von Hardenberg erschlagen. Statius' jüngster Sohn Hilmar von Münchhausen, der 1512 in Aerzen geboren worden war, sollte zunächst Priester werden und den

▲ *Venezianisches Zimmer*

Domherrenstuhl in Hildesheim besteigen. Er hatte jedoch ein ausgeprägtes Interesse am Kriegshandwerk und warb Söldner und Landsknechte für die Kriegsführung an, um sie kriegsführenden Mächten anzubieten, die dann hohe Preise an ihn zahlten. So kämpfte er als Feldobrist 1542 unter Herzog Heinrich von Wolfenbüttel gegen Sachsen und Hessen, 1556 bis 1558 unter König Philipp II. von Spanien in den Niederlanden gegen Frankreich und 1559 bis 1564 für Dänemark und Brandenburg gegen Schweden. Er erhielt als Söldnerführer während der Kämpfe in Holland aus der niederländischen Rentkammer jährlich 1.200 Taler, vom Markgrafen Johann von Brandenburg jährlich 500 Taler und 14.870 Taler für den Feldzug gegen die Schweden sowie Lösegeldzahlungen für gefangene Offiziere, sodass er in kurzer Zeit zu einem der reichsten Männer des Landes avancierte. Es war für ihn daher problemlos möglich, dem Braunschweiger Herzog Erich dem Jüngeren im Jahr 1557 für Schloss und Amt Aerzen als Pfandschaft auf Lebenszeit 23.686 Taler zu zahlen. Schließlich zog er mit seiner Frau Lucia, geborene von Reden (1525–1583), und vier Kindern nach Aerzen, wo weitere drei Kinder zur Welt kamen. Um seine Finanzstärke zu demonstrieren, ließ Hilmar von Münchhausen das mächtige Schloss Schwöbber – das heutige Schlosshotel Münchhausen – errichten. Dazu beauftragte er um 1566/70 den Hamelner Baumeister Cord Tönnies, der seine Qualitäten mit der Vollendung des Fürstlichen Residenzschlosses in Detmold unter Beweis gestellt hatte. Hilmar erlebte die Fertigstellung der Dreiflügelanlage nicht, da er bereits 1573 verstarb. Seine Frau Lucia sorgte allerdings dafür, dass die Baumaßnahmen weitergeführt wurden, bis sie durch Sohn Hilmar den Jüngeren (1558–1617) zum Abschluss kamen. Der Hauptflügel dürfte bis 1583, der Torflügel bis 1588 und von 1602 bis 1607 der nördliche Teichflügel erbaut worden sein. Vor dem Schloss befanden sich ursprünglich Wirtschaftsgebäude, sodass der Hof von vier Seiten umschlossen war. Über der Toreinfahrt ist bis heute das Doppelwappen der Adelsfamilie Münchhausen zu sehen, d. h. zum einen das Wappen Hilmars des Jüngeren (schwarze Linie) und das Wappen seiner Frau Dorothea (1568–1624, weiße Linie). 1668 ging Schwöbber an die Enkel Hilmars des Jüngeren, Otto I. von Münchhausen (1643–1717) und seinen Bruder Burchard, über. Seit 1690 war Otto Alleinbesitzer. Dieser legte einen Garten an, der in damaliger Zeit so berühmt war, dass er im Kupferstichwerk „Nürnbergische Hesperides" von Johann Christoph Volkamer aus dem Jahr 1714 beschrieben und abgebildet ist. Die Bekanntheit führte dazu, dass Otto I. von Münchhausen 1716 sogar den Zaren von

Rittersaal ▶

Russland, Peter den Großen, begrüßen konnte, um diesem die größte Pflanzensammlung Europas vorzuführen, zu der neben Kaffee- und Drachenbäumen auch 300 Orangenbäume und die Orangerie mit ihrer Ananaskultur zählten. Ottos gleichnamiger und wesentlich bekannterer Sohn legte 1750 auf dem Gelände schließlich einen der frühesten englischen Gärten auf dem europäischen Festland an, der Pflanzenarten aus Amerika, Indien und China umfasste; als Agrar- und Gartenautor verfasste er das sechsbändige Werk „Der Hausvater" (1764–1773). Mitte des 19. Jahrhunderts wurden die Gewächshäuser jedoch aufgegeben. 1908 brannte der Teichflügel durch einen Blitzschlag aus. Über 400 Jahre lang befand sich das Anwesen im Besitz derer von Münchhausen, bis es 1920 an den Tier- und Pflanzenzüchter Eduard Meyer (1859–1931) übergeben wurde, der den Park und den zerstörten Flügel innerhalb von zwei Jahren durch die Architekten Wangenheim und Lübke sowie den Maler Oscar Wichtendahl wiederherstellen ließ. Der Rittersaal wurde im historistischen Sinne neu gestaltet und durch einen Kamin aus dem Jahre 1606 mit dem Wappen Hilmars des Jüngeren von Münchhausen ergänzt. Nach Kriegsschäden von 1945 und einem Großbrand im Jahre 1992 befand sich das Gebäude Ende des 20. Jahrhunderts in einem vernachlässigten Zustand. Nach den Restaurierungen der Jahre von 2002 bis 2004 ist der alte Glanz jedoch wiedergewonnen. Historisches Ambiente

REZEPT
aus der Schlossküche

PULPO, LINSEN *mit* SAUERRAHM *und* ROTER BETE

für 4 Personen

1 Knoblauchzehe
2 EL je rote, gelbe und Beluga-Linsen
2 EL Bacon, fein gewürfelt
1 Schalotte
1 Rote Bete
1,5 EL Apfelessig
½ Pulpo à 2–3 kg
1 EL Fleischbrühe
½ Candy-Bete
100 g Butter
1 Zweig Rosmarin
2 EL Sauerrahm
1 Spritzer Limonensaft
100 g Schwarze Bohnen
2 Ringelblumen
1 l Fleischbrühe
1 Salzzitrone (Schale)
1,5 EL Haselnussöl

Die schwarzen Bohnen über Nacht in kaltem Wasser einweichen. Den **Pulpo** mit zwei Weißweinkorken in reichlich Wasser geben. Dann mit Salz würzen und 1 Stunde köcheln lassen. Sobald er weich ist, herausnehmen und auskühlen lassen. Nun die schleimige Haut entfernen und den Pulpo portionieren. Die Butter zerlassen und mit Salz, Rosmarin und Knoblauch aromatisieren. Den Pulpo nun in der Butter erwärmen. Die **Linsen** in der Fleischbrühe ca. 15 Minuten köcheln lassen. Die Brühe abseihen. Die Schalotte in dem Haselnussöl glasig dünsten. Nun den Essig und den Esslöffel Brühe zugeben. Den Speck rösten und auch hinzufügen. Die Schale der Salzzitrone fein würfeln und dazugeben. Die Bohnen mit etwas Knoblauch weichkochen. Nun mixen, durch ein Sieb passieren und nach und nach etwas von dem Linsenkochfond dazugeben. **Sauerrahm** mit Limonensaft und Salz würzen. Sowohl den Sauerrahm als auch die Bohnencrème in einen Spritzbeutel füllen. Die **Rote Bete** auf grobem Salz im Ofen bei 170 °C 70–80 Minuten backen, pellen und in Würfel schneiden. Mit etwas Vinaigrette von den Linsen marinieren. Die Candy-Bete roh in hauchdünne Scheiben schneiden.

◄ *Gourmet-Restaurant*

▲ *Gourmet-Restaurant*

Oenothek ▼

Salon Belvedere ▶

und stilvoller moderner Luxus wurden dabei in gelungener Kombination miteinander verbunden. Der prachtvollen Architektur der Anlage und seiner außergewöhnlichen Ausstattung angemessen ist auch die Gourmetküche des Hauses. Chefkoch Achim Schwekendiek – seit über 20 Jahren mit dem Michelin-Stern ausgezeichnet – bietet seinen Gästen Haute cuisine à la française mit mediterranen Einflüssen. Der in der Region geborene, aber in der Spitzengastronomie weit herumgekommene und mehrfach ausgezeichnete Küchenchef erwarb seine Kenntnisse zur französischen Küche direkt in Paris, was seinen Kochstil inspirierte und nachhaltig prägte. Im unvergleichlichen Renaissance-Ambiente des Restaurants sind die ausgefallenen Kreationen ein kulinarisches Erlebnis für Feinschmecker. Besondere Zutaten wie Oktopus oder Taube, ideenreich kombiniert mit seltenen Produkten wie Yuzu, Tonkabohnen und weiteren außergewöhnlichen Produkten, zeugen vom Ansinnen des Hauses bzw. des Chefkochs, unverwechselbare und einzigartige Gerichte zu erschaffen. Im Restaurant „Schlosskeller“ werden bodenständige Gerichte, allerdings auf hohem Niveau verfeinert und neu interpretiert, geboten, und im Rittersaal – Mittelpunkt des Schlosses –, dessen beeindruckende Atmosphäre geradezu sprachlos macht, können ein Kaffee, Snacks oder ein Aperitif am Feuer des historischen Kamins den Aufenthalt abrunden.

SCHLOSS SOLITUDE

Das schon allein von seiner Baugestalt und Größe her eindrucksvolle Schloss Solitude bei Stuttgart entstand in den 60er Jahren des 18. Jahrhunderts unter Herzog Carl Eugen von Württemberg, der es als repräsentatives Jagdschloss von Johann Friedrich Weyhing, dem Franzosen Philippe de La Guêpière und weiteren Baumeistern erbauen ließ.

Der Herzog selbst – der wie alle Fürsten zu dieser Zeit eine Erziehung genoss, bei der die bildenden Künste, v. a. die Architektur, eine große Rolle spielten – war federführend an den Planungen beteiligt und nahm intensiv Einfluss auf deren Ausführung. Der Name „Solitude" – französisch „Einsamkeit" – deutet auf das Ansinnen hin, das Schloss als eleganten Rückzugsort zu nutzen. An der Tordurchfahrt des Schlosses befindet sich zudem eine Inschrift, welche die Namensgebung des Schlosses inhaltlich stützt: „Loca haec tranquillitati sacra voluit carolus" – „Der Ort, den Carl der heiligen Ruhe weihte". Es sollte als prachtvolle Sommerresidenz der privaten Zerstreuung dienen, in der man – fernab von politischen Geschehnissen – auch pompöse Empfänge und prachtvolle Feste veranstalten wollte. Der Herzog war bekannt für seine überschwängliche Hofhaltung, seine Bau- und Repräsentationsfreude; seine Prunkjagden, kostspieligen Feierlichkeiten und Theateraufführungen sind legendär. All dies überstieg wohl nicht selten die finanziellen Möglichkeiten des Herzogtums, wodurch er unter anderem auch in Konflikt mit den württembergischen Landständen in Stuttgart geriet. Solitude gilt als das umfangreichste Bauunternehmen des 18. Jahrhunderts im südwestdeutschen Raum und verschlang dementsprechend viele finanzielle Mittel, was das Land an den Rand des Ruins brachte und daher für innenpolitische Spannungen sorgte. Die Konsequenz Herzog Carl Eugens (1728–1793) war, seinen Sitz frühzeitig nach Ludwigsburg zu verlegen – zum dortigen Residenzschloss hatte man eine

Allee als direkte Sichtachse angelegt, die bis heute existiert – und den Bau der Solitude von da aus voranzutreiben. Der umfangreiche Schlosskomplex besteht aus einem zentralen länglichen Hauptgebäude mit ovalem Mittelpavillon mit Tordurchfahrt und einer weitläufigen geschwungenen Doppeltreppe, die zur Beletage – dem repräsentativen Herzstück des Schlosses – führt. Das Sockelgeschoss wird von einem Arkadengang gesäumt, über dem sich die umlaufende Plattform befindet, die man über die prächtige Freitreppe erreicht. Zentrum der Beletage ist der Weiße Saal, ein prunkvoller Festsaal, in dem Carl Eugen mit seinem Hofstaat elegant ausgerichtete Feierlichkeiten, pompöse Bälle und stilvolle Empfänge veranstaltete. Das vom Hofmaler Nicolas Guibal ausgeführte Deckengemälde mit der sinnbildlichen Darstellung der Wohlfahrt des Landes Württemberg unter Herzog Carl Eugen spiegelt wie die gesamte Anlage den Repräsentationswillen des Regenten, der sich anhand der im Gemälde erscheinenden Tugenden der Milde und Weisheit als erfolgreicher Herrscher dargestellt wissen wollte, der in seinem Land für Frieden und Wohlstand sorgt. Das allegorische Programm zur Demonstration landesherrlicher Macht, die zudem durch diverse Skulpturen verdeutlicht wird, findet hier seinen Höhepunkt. In den beiden angrenzenden Flügelbauten und im Sockelgeschoss befinden sich die damals als Repräsentations- und Gesellschaftsräume sowie als Appartements für hohe Gäste genutzten Zimmer und Säle, die entsprechend dem Willen nach höfischer Repräsentation reich mit Stuck, Marmor und weiteren edlen Materialien sowie Gemälden, prunkvollen Spiegeln, kunstvollen Lackarbeiten, Seiden- und Damasttapeten und Holzschnitzereien ausgestaltet wurden. Vor der Südseite des Hauptgebäudes sind in einem weiten ovalen Bogen zwei weitere eingeschos-

▸ *Mittelbau des Hauptgebäudes mit Tordurchfahrt*

▾ *Hauptgebäude mit weitläufiger Doppeltreppe*

▲ *Blick auf Schloss Solitude (links) sowie den Cavaliersbau (rechts)*

SCHLOSS RESTAURANT

sige Flügelbauten angeordnet, die in abgewinkelten zweistöckigen Kopfbauten enden. Während sich im östlichen Flügel – dem Cavaliersbau – unter anderem die Privatgemächer des Herzogs und seiner Mätresse sowie die Schlosskapelle befanden, waren im westlichen Flügel (dem Officenbau) zum Beispiel ein Theater, eine Konditorei, eine Bildergalerie und eine Silberkammer untergebracht. Zur Anlage gehören des Weiteren noch die Kavaliershäuschen, insgesamt 20 Pavillonbauten, die im Anschluss an die seitlichen Flügelbauten angeordnet sind. Hier waren unter anderem Verwaltung, Küche und Speisesaal untergebracht. Schloss Solitude ist heute ein ureigenes Zeugnis süddeutscher Architektur der zweiten Hälfte des 18. Jahrhunderts, da es nicht von späteren Generationen umgestaltet und auch im Zweiten Weltkrieg nicht zerstört wurde, wie es leider bei vielen anderen Schlössern der Fall ist. So hat die Anlage die Jahrhunderte seit ihrem Entstehen nahezu unverändert überdauert. Das Anwesen ist ein klassisches Beispiel eines Lustschlosses im Stil des Rokoko am Übergang zum Frühklassizismus. Unmittelbar nach Fertigstellung des Schlossbaus hatte der Herzog die Karlsschule – eine Militär- und Kunstakademie – gegründet und in einem großen Gebäudekomplex nahe des Schlosses untergebracht. Sie entwickelte sich zur Allgemeinen Hochschule, die als Eliteschule vor allem für Söhne aus gehobenen Kreisen vorgesehen war. Hier wurde zum Beispiel Friedrich Schiller unterrichtet, allerdings verlegte man die Schule bereits nach wenigen Jahren (1775) nach Stuttgart. Johann Caspar Schiller, Vater des genannten Dichters, war seinerzeit Leiter der herzoglichen Hofgärten des Schlosses. Einst umgaben das Anwesen weitläufige Gartenanlagen mit kunstvollen geometrisch angelegten Beeten und Rasenflächen, Heckenlabyrinthen, Irrgärten, Pavillons, Skulpturen, Orangerien und einem See sowie weitläufigen, zu Jagdzwecken angelegten Tiergärten. Dieser aufwendige Gartenbereich wurde jedoch bereits im 19. Jahrhundert aufgegeben, die Gebäude nach und nach abgebrochen, sodass davon heute nichts mehr erhalten ist. Die Glanzzeit von Schloss Solitude war von kurzer Dauer und währte nur bis 1775, als Carl Eugen seine Residenz von Ludwigsburg wieder nach Stuttgart verlegte, Schloss Hohenheim von da an als Sommersitz diente und man Schloss Solitude nur

▼ *Festsaal „Großer Speisesaal"*

REZEPT
aus der Schlossküche

SCHWÄBISCHER ZWIEBELROSTBRATEN *mit* HANDGEMACHTEN SPÄTZLE

für 4 Personen

Spätzle-Teig
250 g Mehl (Typ 405)
4–5 Eier

Das Mehl und die Eier vermengen und mit einem Rührlöffel oder mit der Hand so lange schlagen, bis der Teig Blasen bildet. Dann den Teig mit einem Spätzlebrett und einer kurzen Palette in kochendes Salzwasser schaben oder mit einer Spätzlepresse mit ca. 30 Zentimeter Abstand zum Topf in das kochende Salzwasser pressen. Bei beiden Variationen gilt: Schwimmen die Spätzle im kochenden Wasser oben, sind sie fertig!

Rostbraten
Zwiebeln
4 gut abgelagerte Stück Rinderrücken à 220 g
Pfeffer, Salz, Salbei, Rosmarin

Zwiebeln halbieren, in dünne Ringe schneiden und in Butter sowie Öl erst glasig, dann braun braten. Rinderrücken mit gestoßenem Pfeffer, Salz und fein gehacktem Salbei würzen. Kurz in heißem Fett anbraten (je Seite ca. 2 Minuten), dann auf einem Blech im Kühlschrank ruhen lassen. Vor dem Anrichten im vorgeheizten Backofen bei 160 °C ca. 5–8 Minuten auf ein paar Rosmarinzweigen fertig garen. Auf vorgewärmten Tellern anrichten, etwas Soße darübergießen und mit den heißen Zwiebeln und etwas Rosmarin garnieren.

▲ *Restaurant*

noch gelegentlich nutzte. Anlass des letzten rauschenden Festes war 1782 der Besuch des Großfürsten Paul von Russland mit seiner Gemahlin Maria Fjodorowna, die eine Nichte Carl Eugens war. In den Folgejahren verlor das Anwesen zunehmend an Bedeutung; dennoch erfolgten zumindest die nötigen Erhaltungsmaßnahmen. Bereits im 19. Jahrhundert war Schloss Solitude jedoch als Ausflugsziel beliebt und ist unter König Karl in der zweiten Jahrhunderthälfte umfassend renoviert worden. In der zweiten Hälfte des Folgejahrhunderts – die Schlossanlage ist inzwischen der Institution der Staatlichen Schlösser und Gärten Baden-Württemberg unterstellt – erfolgten umfangreiche Restaurierungsmaßnahmen. Das Hauptgebäude ist seither für Besucher geöffnet und kann im Rahmen von Führungen durch die historischen Räumlichkeiten besichtigt werden, in den Flügelbauten ist seit 1990 die Akademie Schloss Solitude untergebracht. Die Kavaliersgebäude dienen teilweise als Wohnraum für Stipendiaten der Akademie; des Weiteren befindet sich hier ein Museum, das Werke des Bildhauers Fritz von Graevenitz ausstellt. Im Cavaliersbau ist außerdem die Schloss Solitude Gastronomie untergebracht, die unter der Leitung von Geschäftsführer und Koch Jörg Mink in historischem Ambiente kulinarische Vielfalt auf höchstem Niveau bietet. Mink gehört zu den bekanntesten Gastronomen Baden-Württembergs und verfolgt das Ziel, die landestypische Küche überregional bekannt zu machen, was ihm längst gelungen ist. Im Restaurant „Carl Eugen" erwarten die Gäste regional schwäbische und internationale Gerichte gleichermaßen, bei denen vor allem frische heimische Produkte Verwendung finden. Eine Spezialität des Hauses sind unter anderem die hausgemachten Maultaschen. Für Feierlichkeiten, Tagungen oder andere Veranstaltungen steht im gleichen Gebäude (neben kleineren Räumlichkeiten) für größere Anlässe wie zum Beispiel Hochzeiten der „Große Speisesaal" zur Verfügung, der mit seinen Kronleuchtern, Spiegeln und Stuckdekorationen einen glanzvollen Rahmen für Feste jeder Art bietet. Dafür stellt die Schlossküche eigens arrangierte Fest- bzw. Tagungsmenüs zusammen, die jeden Anlass auch kulinarisch veredeln.

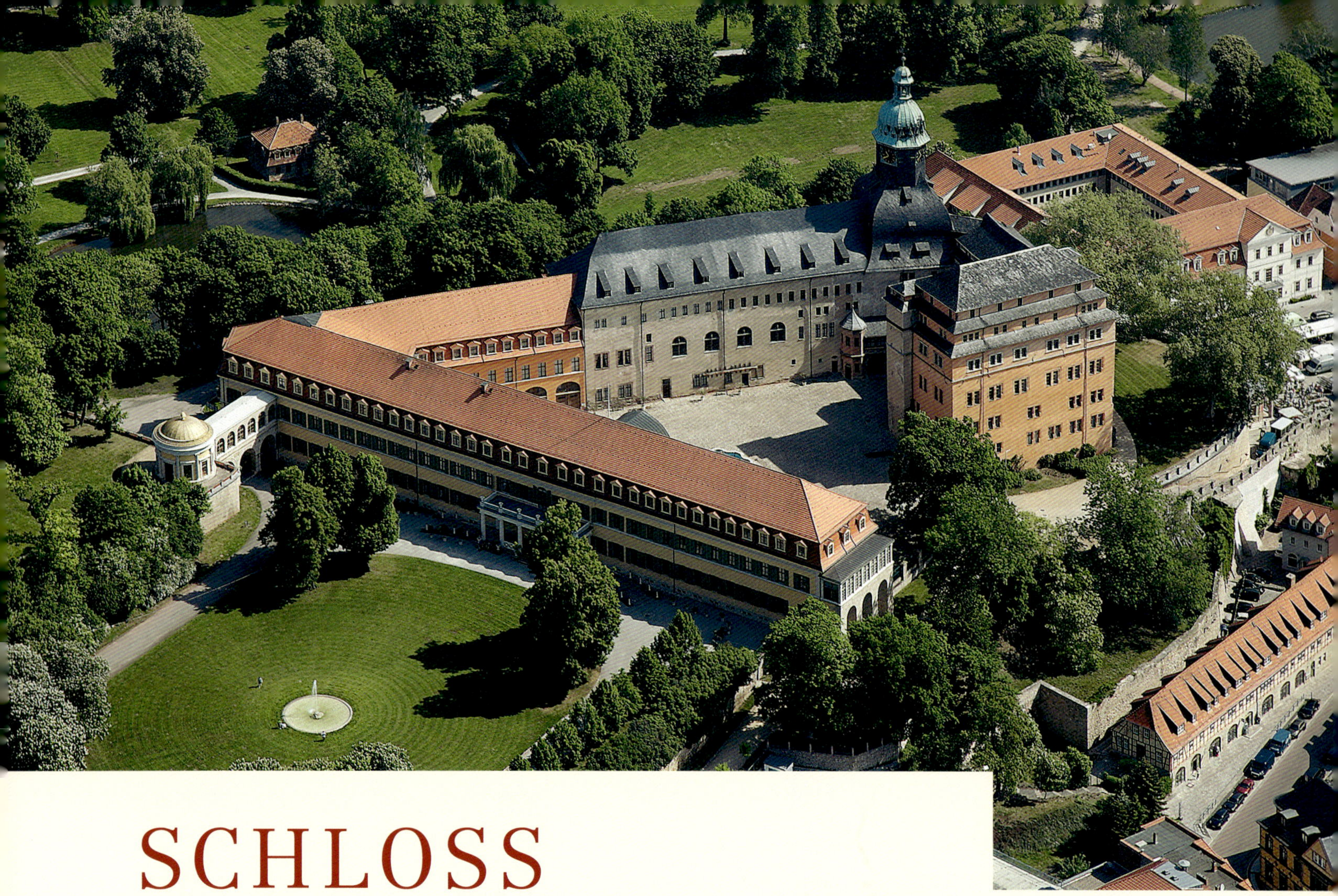

SCHLOSS SONDERSHAUSEN

Die umfangreiche Schlossanlage in der thüringischen Stadt Sondershausen – ehemalige Residenz der Grafen, ab 1697 Fürsten von Schwarzburg-Sondershausen, eine der ältesten und zeitweise mächtigsten Dynastien Thüringens – hat eine 700-jährige Geschichte vorzuweisen, ist schon allein aufgrund ihrer Größe und Gestalt ein beeindruckendes Ensemble und zählt zu den bau- und kunstgeschichtlich bedeutendsten Schlossanlagen Nordthüringens.

Heute zeigt sich die Anlage als unregelmäßige Vierflügelanlage, die Bausubstanz und historische Raumfassungen vom Mittelalter bis zum Historismus repräsentiert. Ende des 13. Jahrhunderts wird erstmalig eine Burg erwähnt, die sich im Besitz der Grafen von Hohnstein befand und um die Wende zum 14. Jahrhundert einen Wohnturm erhielt, dessen Reste bis heute im Schlossturm erhalten geblieben sind. Einzigartig ist hier das noch heute zu bestaunende Gewölbe am Wendelstein mit seinen reichen Stuckdekorationen aus dem frühen 17. Jahrhundert. Seit Mitte des 14. Jahrhunderts war die Burg im Besitz der Grafen von Schwarzburg; Graf Günther XL. (1499–1552) ließ sie nach 1533 weitestgehend abreißen und an deren Stelle anschließend ein Schloss im Stil der Renaissance mit entsprechend repräsentativer Innenausstattung errichten. Lediglich der alte Wohnturm wurde – versehen mit neuer Haube – in den Neubau miteinbezogen. Nach dem Tod Graf Günthers ging die Residenz Sondershausen an den zweiten seiner vier Söhne, an Johann Günther I. (1532–1586), der damit die Linie Schwarzburg-Sondershausen begründete. Die Umbauten und Erweiterungen der Barockzeit erfolgten v. a. unter Christian Wilhelm von Schwarzburg-Sondershausen (1647–1721), der Ende des 17. Jahrhunderts als Erster der Schwarzburger Grafen in den Reichsfürstenstand erhoben wurde. Verantwortlich für die in dieser Zeit vorgenommenen baulichen Veränderungen waren die Baumeister Valentin Ernst Henning und Johann Mützel. Der Westflügel der Anlage – in dessen Erdgeschoss sich zunächst der Marstall befand – und die Verbindung zum alten Nordflügel entstanden in den 60er Jahren des 18. Jahrhunderts unter Fürst Christian Günther (1736–1794); die verantwortlichen Architekten waren Johann Heinrich Breit und Martin Peltier. An der Hofseite des Westflügels wurde das Allianzwappen des zur Bauzeit regierenden Fürstenpaares Schwarzburg-Sondershausen/Anhalt-Bernburg angebracht. Der neue Teil des Nordflügels diente als Kutschenremise. In der Hofmitte errichtete Johann Ludwig Meil nur wenige Jahre später den Brunnen mit der Herkulesstatue. Die klassizistische Umgestaltung des Schlosses erfolgte ab 1837 unter Fürst Günther Friedrich Carl II. (1801–1889). Der Berliner Architekt Carl Scheppig – ein Schüler Schinkels – nahm den Umbau des spätbarocken Westflügels vor; darüber hinaus hat man an der Ostseite des Schlossberges den Neubau von Schlossterrasse und -treppe sowie der Schlosswache in dorischer Ordnung realisiert. 1852 wurde auf der Westseite die über einen Gang mit dem Schloss verbundene Rotunde als Zugang zum Hoftheater errichtet, das sich von 1825–1946 hier befand. Scheppig hatte durch seine Baumaßnahmen das bedeutsamste und monumentalste klassizistische Bauensemble in Thüringen geschaffen. Das heutige Erscheinungsbild der Anlage wird also zum einen durch die „alten Flügel“ geprägt, die im Kern auf die später mehrfach umgebaute Renaissanceschlossanlage zurückgehen; dazu gehören Süd- und Ostflügel mit dem Schlossturm sowie der Alte Nordflügel, in dem man Mitte des 19. Jahrhunderts (auf Geheiß der Fürstin Mathilde) das sogenannte Liebhabertheater einrichtete, das aufwendig restauriert wurde und heute durch einen Theaterverein bespielt wird. Zum anderen wird das Ensemble ergänzt durch Bauteile jüngeren Datums, d. h. West- und Neuer Nordflügel, die ursprünglich im Stil des Rokoko errichtet und später in klassizistischem Sinne umgestaltet worden waren. Mitte des 19. Jahrhunderts entstand – ebenso unter der Leitung des fürstlichen Baurates Scheppig – zwischen dem Schloss und dem bereits 1708–10 unter Fürst Christian Wilhelm von Schwarzburg-Sondershausen für höfische Vergnü-

▼ *Westflügel mit Restaurantterrasse*

gungen errichteten Achteckhaus das neue mehrteilige Marstallgebäude. Das Achteckhaus mit seinem oktogonalen Grundriss wurde ursprünglich „Karussell" genannt, da in den Fußboden des Hauses eine drehbare Holzscheibe eingelassen war, auf der sich hölzerne Pferde befanden, die während diverser Festlichkeiten der Unterhaltung dienten. Diese Konstruktion ist heute je-

▼ *Restaurant „Hofküche"*

REZEPT
aus der Schlossküche

RIB-EYE-STEAK *mit* SCHMORGEMÜSE, KAROTTENCREME *und* DRILLINGEN

für 4 Personen

4 Rib-eye-Steaks aus der Hochrippe à 200 g
400 g Drillinge (Minikartoffeln)
100 g Kirschtomaten
250 g Karotten
1 Bund Babykarotten mit Grün
1 kleines Netz Schalotten
300 ml Milch (3,5 %)
50 g Butter
50 g Butterschmalz
Salz, Pfeffer, Muskat
4 Zweige Rosmarin
1 kleine Schale Gartenkresse

Die **Rib-eye-Steaks** in einer heißen Pfanne mit Butterschmalz von jeder Seite je nach Gargrad 2–4 Minuten scharf anbraten, aus der Pfanne nehmen und warmstellen. Die **Drillinge** waschen und ca. 20 Minuten leicht köcheln lassen, abgießen und anschließend halbieren, in Butter anbraten und mit Salz und Pfeffer würzen. Für das **Karottenpüree** die Karotten schälen, in Stücke schneiden und in der Milch abgedeckt langsam weichkochen. Mit einem Stabmixer alles zu einem Püree verarbeiten und mit Salz und Muskat würzen. Die **Schalotten** schälen, halbieren und mit dem restlichen Gemüse auf einem mit Backpapier belegten Blech verteilen. Mit Alufolie abdecken und im vorgeheizten Backofen bei 160 °C (Umluft) ca. 25–30 Minuten garen!
Das Karottenpüree mittig auf einem Teller verteilen. Das noch warme Rib-eye-Steak mit Salz und Peffer würzen und darauf anrichten. Die Drillinge und das Schmorgemüse ringsherum drapieren und mit Rosmarin und Gartenkresse garnieren.

doch nicht mehr erhalten. Marstall und Achteckhaus (2003/04 saniert und restauriert) – wie auch das 1868 nordöstlich des Marstalls von Scheppig errichtete, 2002 sanierte und teilweise veränderte Wagenhaus – dienen heute der Landesmusikakademie Thüringen als Sitz bzw. als Veranstaltungsort, Konzertsaal und Verwaltungsgebäude. Damit schließt man an die jahrhundertelange Musiktradition Sondershausens an; das Loh-Orchester, das auf eine 400-jährige Geschichte zurückblicken kann, ist weit über die Grenzen Thüringens bekannt. Alljährlich finden auf dem Schlossgelände auch die Thüringer Schlossfestspiele Sondershausen statt. Das Schloss ist heute von einem 30 Hektar großen Park umgeben; den ursprünglich barocken Garten hatte man im 19. Jahrhundert dem Stil der Zeit angepasst und in einen englischen Landschaftspark umgestaltet. 1909 verstarb Fürst Karl Günther von Schwarzburg-Sondershausen, der letzte männliche Vertreter der Linie, und bis 1918 übernahm Günther Victor, Fürst von Schwarzburg Rudolstadt, die Regierung. Nach seinem Tod im Jahre 1925 bewohnte seine Frau Anna Luise die letzten zehn Jahre bis zu ihrem Ableben – d. h. bis 1951 – das Schloss. Der Galeriegang als Verbindung zwischen dem Alten Nord- und dem Südflügel wurde 1914/15 auf Wunsch des Rudolstädter Fürstenpaares angebaut. Dem Zweiten Weltkrieg – genauer gesagt einem Luftangriff im April 1945 – fiel die 1709 westlich vom Schloss errichtete Orangerie zum Opfer, und auch die Schlossanlage, v. a. der Westflügel, wurden, in Mitleidenschaft gezogen. Seit 1994 untersteht das Schloss der Stiftung Thüringer Schlösser und Gärten, die sich seither für Erhalt und Sanierung des Schlossensembles einsetzt. Dieses beherbergt unter anderem ein umfangreiches Schlossmuseum, welches neben Sonderausstellungen v. a. die im Stil diverser Epochen opulent ausgestalteten historischen Räume (Blauer Saal, Steinzimmer, Riesensaal, Schlosskapelle usw.) präsentiert, die teilweise üppige Stuckdekorationen und prächtige Malereien aufweisen. Des Weiteren umfasst das Museum eine Schwarzburger Ahnengalerie mit entsprechenden Porträts sowie eine natur- und kulturhistorische Dauerausstellung mit Abteilungen zur Ur- und Frühgeschichte, Stadt- und Landesgeschichte und zur Musikgeschichte. Prunkstück der Sammlung und in Deutschland einzigartig ist die hinter Glas präsentierte Goldene Kutsche im Louis-XIV-Stil, eine um

▲ *Restaurant „Hofküche"*

1710/15 in Paris gebaute Staatskarosse der Schwarzburger, die letztmalig Ende des 19. Jahrhunderts zur Ausfahrt genutzt wurde. Darüber hinaus sind im Schloss eine Musikschule (Carl-Schroeder-Konservatorium), eine Tanzschule sowie ein Restaurant untergebracht. Letzteres befindet sich im Westflügel der Anlage und nutzt die ehemaligen Privaträume von Fürst Karl Günther von Schwarzburg-Sondershausen. Das dem fürstlichen Ambiente nach treffend als „Hofküche" betitelte Restaurant bietet seinen Gästen eine gehobene Küche in Räumen mit herrschaftlich-elegantem Flair. Gerichte wie Samtsuppe von der weißen Zwiebel, Durocrücken auf Apfelkraut mit Kümmeljus, Tafelspitz oder geschmorte Ochsenbacken mit Vanillestampf zeugen von einer hochwertigen kreativen Küche.

BURG STAUFENBERG

Die Burg Staufenberg ist eine zwischen Marburg und Gießen gelegene Höhenburg, die sich malerisch auf dem gleichnamigen Berg erhebt. Die Vögte der Abtei Fulda, die Grafen von Ziegenhain, ließen Ende des 11./Anfang des 12. Jahrhunderts die Oberburg erbauen, um von da aus die fuldischen Besitztümer im Umkreis zu schützen.

Zeitweise war sie im Besitz von Landgraf Ludwig II. von Thüringen und Hessen, der sie 1129 an seine Tochter – Gräfin Sophie (verheiratet mit Burggraf Burkhart von Magdeburg) – weitergab; kurz darauf wurde sie allerdings an Landgraf Ludwig IV. von Thüringen und Hessen verkauft, verblieb aber auch nicht lange in dessen Besitz. Nächster Eigentümer war Berthold von Ziegenhain, der Ururenkel von Gozmar von Ziegenhain, der an der Wende vom 11. zum 12. Jahrhundert die Oberburg hatte errichten lassen. Da sich die Anlage an einer strategisch wichtigen Position zwischen Kassel und Frankfurt befand, gab es um ihren Besitz zwischen den Landgrafen von Hessen und den Grafen von Ziegenhain bzw. dem Erzbistum Mainz immer wieder erbitterte – auch kriegerische – Auseinan-

▲ *Blick auf die Unterburg mit Hotelanbau*

dersetzungen. Um 1273 soll die Burg daher im Zuge dieser Streitigkeiten erstmals zerstört worden sein. Mitte des 15. Jahrhunderts war das Geschlecht der von Ziegenhain mit dem Tod von Johann II. ausgestorben; Landgraf Ludwig I. von Hessen übernahm die Grafschaft und ließ die Burg erweitern. Anschließend wurde sie an Landgraf Philipp I. von Hessen weitergegeben und fiel nach dessen Tod 1567 an Landgraf Ludwig IV. von Hessen-Marburg. Es folgten weitere Besitzerwechsel, und nach der Zerstörung der Anlage im Dreißigjährigen Krieg blieb die Burg Ruine bzw. diente in der Folgezeit als Steinbruch. Mitte des 19. Jahrhunderts kauften die Prinzen Ludwig und Heinrich von Hessen-Darmstadt – seinerzeit Studenten in Gießen – die Anlage und ließen die vermutlich erst Anfang des 16. Jahrhunderts entstandene Unterburg nach Plänen von Hugo von Ritgen (der auch die Wartburg bei Eisenach wiederherstellte) originalgetreu restaurieren. Bis heute ist das neugotische Erscheinungsbild mit den Treppengiebeln und den zinnenbekrönten Türmen erhalten geblieben und versprüht mittelalterlich-ritterlichen Charme. Im Zweiten Weltkrieg musste die Anlage als Flüchtlingslager herhalten; sie war seinerzeit bereits Eigentum des hessischen Staates und wurde später als Hotel in-

▼ *Burgtor*

◄▲ *Unterburg*

klusive Restaurant verpachtet. Diesem Zweck dient die Unterburg bis heute, allerdings gehört sie inzwischen zur Gruppe der Privathotels von Dr. Rolf Lohbeck, während die nur als Ruine erhaltene Oberburg seit 2002 von der Staufenberger Heimatvereinigung verwaltet wird. Von ihr existieren lediglich noch die Mauerreste des gotischen Palas aus dem 13. Jahrhundert mit dem angrenzenden Eckturm. Nach den umfassenden Sanierungs- und Umbaumaßnahmen konnte das Hotel der Un-

REZEPT
aus der Burgküche

LACHSTATAR *mit* PUY-LINSEN *auf* ORANGENVINAIGRETTE

für 4 Personen

250 g frisches Lachsfilet ohne Haut
½ Bund Petersilie
2 EL Olivenöl
1 EL Zitronensaft
Salz, Pfeffer
150 g Puy-Linsen (kleine grüne Berglinsen)
2 Schalotten
1 Knoblauchzehe
1 EL Weißweinessig

Vinaigrette
2 Orangen
2 Tomaten
2 EL Olivenöl
1 EL Weißweinessig

Das **Lachsfilet** waschen, trockentupfen und in kleine Würfel schneiden. Petersilie hacken. Die Lachswürfel mit Petersilie, Olivenöl, Zitronensaft, Salz und Pfeffer abschmecken. Die **Linsen** ohne Salz bissfest kochen. Die **Orangen** schälen und das Fruchtfleisch zwischen den Trennhäuten herausschneiden, den Saft auffangen.
Die Tomaten in kochendes Wasser tauchen, zwanzig Sekunden kalt abschrecken und die Haut abziehen, halbieren und entkernen. Orangenfilets und Tomaten in feine Würfel schneiden und unter die Vinaigrette mischen. Die Schalotten und den Knoblauch schälen, in feine Würfel schneiden und mit den abgespülten Linsen mischen, mit Salz und Pfeffer, Olivenöl und Essig marinieren. Lachstatar und Linsensalat im Ring auf einen Teller schichten. Anschließend mit der Orangenvinaigrette beträufeln. Für die Dekoration etwas Rucola und Dill verwenden.

▲ *Restaurant „Ritterkeller“*

terburg im Mai 2003 seine Tore wieder für die Gäste öffnen und repräsentiert eine Kombination aus modernem Komfort und historischem Flair auf Vier-Sterne-Niveau. Das Restaurant „Ritterkeller“ bietet regionale wie auch internationale Küche mit saisonal wechselndem Angebot. Dabei erwarten den Gast klassische, aber kreativ zusammengestellte Gerichte aus hochwertigen Zutaten. Und um das Mittelaltererlebnis perfekt zu machen, können entsprechende Abende gebucht werden, zu denen bei einem deftigen ritterlichen Mahl auf Wunsch auch Gaukler, Herolde, Zauberer und Feuerschlucker auftreten. Für Feierlichkeiten oder Tagungen stehen mit dem Rittersaal und weiteren Zimmern oder Salons diverse Räumlichkeiten zur Verfügung.

▼ *Rittersaal*

SCHLOSS THURNAU

Schloss Thurnau in Oberfranken ist eines der größten Schlösser im nördlichen Bayern und blickt auf eine lange Baugeschichte zurück, die bis in das 13. Jahrhundert reicht.

Mehrere Flügel gruppieren sich um zwei Innenhöfe; mit der hoch aufragenden Kemenate, den Wehr- und Schneckentürmen fügen sie sich zu einem eindrucksvollen Ensemble. Die alle anderen Gebäude überragende Kemenate – im Kern der älteste Bauteil der Anlage – wurde seinerzeit von den Rittern von Förtsch erbaut, einem alten fränkischen Adelsgeschlecht. Ein Wasser- und ein Trockengraben sowie vermutlich zwei Wehrtürme dienten dem Schutz des Wohnbaus, den man um die Mitte des 15. Jahrhunderts um einen Archivbau und einen Wohntrakt ergänzte. Nach dem Tod von Wolf Förtsch zu Thurnau Mitte des 16. Jahrhunderts ging das Anwesen an dessen Schwiegersöhne über: Hans Friedrich von Künsberg und Hans-Georg von Giech. Seit der zweiten Hälfte des 16. Jahrhunderts waren daher zwei Familien im Besitz der Anlage, die sie unter sich aufteilten. Streitigkeiten führten allerdings schnell dazu, dass sich die Familien auf der Schlossanlage räumlich trennten. Beide hinterließen baulich ihre Spuren und erweiterten die Anlage um diverse Gebäude. Hans-Georg von Giech (1521–1613) ließ 1581–91 die Kemenate erweitern und um drei Stockwerke erhöhen sowie zwei Treppentürme und den Gebetserker anbauen. Darüber hinaus hatte er in den ersten Jahren des 17. Jahrhunderts einen nach ihm benannten Bau errichten lassen, der in den Formen der Renaissance ausgeführt worden war und Anfang des 18. Jahrhunderts noch um ein Stockwerk erhöht wurde. Er dient seit 1977 der Universität Bayreuth als Forschungsinstitut für Musiktheater. Auch die von Künsberg ergänzten im 17. Jahrhundert das Schloss um weitere Anbauten oder Umbauten bestehender Gebäude, die sich um den Unteren Schlosshof gruppieren. Die von Giech, die Ende des 17. Jahrhunderts zu Reichsgrafen erhoben worden waren, kauften den von Künsberg in der ersten Hälfte des 18. Jahrhunderts schließlich ihren Besitzanteil ab, waren somit alleinige Eigentümer und prägten Geschichte und bauliche Entwicklung des Anwesens über Jahrhunderte. Nach 1714 entstand zwischen den beiden

▸ *Blick in den Oberen Hof mit dem Hans-Georgen-Bau (links) und dem Carl-Maximilian-Bau (rechts)*

▾ *Schloss Thurnau: Kemenate (Mitte links) und hölzerner Verbindungsgang zur Laurentiuskirche (links)*

Wehrtürmen das Kutschenhaus (1781 erhöht). Cent-Turm und Weißer Turm wurden im 17./18. Jahrhundert um ein Stockwerk erhöht und mit welschen Hauben versehen. Bis 1731 erweiterte man die Anlage um den sogenannten Carl-Maximilian-Bau, der sich dem Hans-Georgen-Bau direkt gegenüber befindet und um 1800 umgestaltet wurde. Zusammen umschließen die Gebäude den Oberen Schlosshof mit dem Rokokobrunnen. Der hölzerne Gang, der Kemenate und Kirche miteinander verbindet, entstand in den Jahren um 1800 und sorgte dafür, dass die gräflichen Familienmitglieder direkt vom Schloss in die Hofloge der Kirche gelangten. Der Torbau neben der Kemenate stammte ursprünglich aus den Jahren Ende des 16. Jahrhunderts, wurde allerdings 1833 wegen eines Brandes durch einen neogotischen Neubau ersetzt. Der ursprüngliche wehrhafte Wohnbau hatte sich über die Jahrhunderte zur repräsentativen Residenzanlage gewandelt und vereint heute Elemente aus Spätromanik, Gotik, Renaissance und Barock. Erst 1938 endete die Geschichte der von Giech auf Schloss Thurnau, die im Sinne des Erhaltes ihres Anwesens bereits im 19. Jahrhundert umfangreiche Renovierungen vorgenommen hatten. Friedrich Karl Graf von Giech (1883–1938) war der letzte Bewohner seiner Familie auf dem Schloss, und da es keine direkten Nachkommen mehr gab, erbten die Freiherren Hiller von Gaertringen die Anlage, die seit den 70er Jahren des 20. Jahrhunderts umfassend restauriert wurde bzw. bis heute wird. Kutschenhaus und Marstall werden für Veranstaltungen wie die regelmäßig stattfindenden Ritteressen – die „Schlosstafeley“ –, Tagungen und private Feierlichkeiten wie z. B.

▼ *Restaurant „Sattlerei“*

REZEPT
aus der Schlossküche

THURNAUER ROULADE
von RENÉ HEINRICH

Rouladen, geschnitten
Rotisseursenf
Baconscheiben
Karotten, in Balken geschnitten
Porree, in Balken geschnitten
Gewürzgurken, in Balken geschnitten
Zwiebeln
Mittelscharfer Senf
Salz, Pfeffer, Tomatenmark
Rotwein
Fleischfaden

Rouladen mit Fleischklopfer breitklopfen. Mit Salz und Pfeffer würzen. Großflächig mit Rotisseursenf einschmieren. Einen Klecks mittelscharfen Senf dazugeben. 2 Baconscheiben pro Roulade sowie Karotten-, Lauch-, Gewürzgurkenbalken auflegen. Rouladen einrollen, zusammenbinden und mehlieren, danach in Öl anbraten und wieder aus der Pfanne nehmen. Bratenansatz großzügig mit Butter lösen. Zwiebeln dazugeben. ½ Esslöffel Tomatenmark mit anbraten. Rösten lassen, immer wieder mit Rotwein ablöschen und einreduzieren lassen (vier Mal). Großzügig mit Brühe aufgießen und aufkochen lassen. Rouladen in einen Bräter geben und mit dem Bratenfond aufgießen. Im Ofen zwischen 1,5 und 2 Stunden bei 160 °C (Umluft) schmoren lassen. Immer mal wenden. Nach Ablauf der Zeit testen, ob die Rouladen weich sind.

▲ *Küchenchef René Heinrich*

Hochzeiten genutzt; andere Teile der Anlage stehen leer, so z. B. die Kemenate, der einstige Wohnturm der Ritter von Förtsch und ältestes Gebäude des Schlosses. Hier – und im Hans-Georgen-Bau – waren seit Mitte des 19. Jahrhunderts die „Gräflich Giech'schen Familiensammlungen" untergebracht, zu denen unter anderem der Ahnensaal mit ca. 200 Familienporträts, die Bibliothek im Weißen Turm sowie in zwei weiteren Räumen, eine Naturalien- bzw. Mineraliensammlung im Wehrturm am Zwinger und eine Waffensammlung in dem Raum am hölzernen Verbindungsgang zur Kirche gehörten. Initiator dieses öffentlichen Privatmuseums war 1857 Graf Carl von Giech. Nach dem Tod des letzten Familienmitglieds der von Giech und aufgrund der Nutzung des Schlosses als Flüchtlingsunterkunft im Zweiten Weltkrieg blieb das Museum geschlossen. Durch Versteigerung und Auslagerung erlitt die Sammlung erhebliche Verluste. Die Nachfahren der von Giech – die Familie Hiller von Gaertringen – bemühen sich seit 2009 um die Rückführung der Objekte in das Schloss. Die Sammlung umfasst noch heute mehrere tausend Objekte und ist aufgrund ihrer Geschichte als eine der ältesten Schlosssammlungen in Bayern kultur- und lokalgeschichtlich von großer Bedeutung. Seit 1972 befindet sich Schloss Thurnau in der Obhut der Gräflich-Giech'schen Spitalstiftung, die sich seither für Erhalt, Instandsetzung und Nutzung des Schlosses einsetzt. In den 90er Jahren waren weitere umfangreiche Renovierungsarbeiten erfolgt; im Carl-Maximilian-Bau ist seither das Wissenschaftszentrum Thurnau e. V. untergebracht. Seit 2013 befindet sich nach den jüngsten Ausbau- und Sanierungsarbeiten im Schloss – genauer gesagt v. a. im Maximiliansbau – auch ein Hotel, das seit Ende 2014 von den Pachtern Tatiana und Matthias Hartl betrieben wird. Weitere Hotelzimmer sind inzwischen aber auch im Künsbergflügel eingerichtet worden. Pfingsten 2015 eröffnete zudem das Restaurant „Sattlerei", das sich ebenfalls im Maximiliansbau und somit im Herzen der Anlage befindet. Hier bietet Küchenchef und Koch René Heinrich v. a. eine kreative regionale Genussküche an, d. h. Speisen mit fränkischem Bezug bzw. modern interpretierte heimische Klassiker. Die von ihm kreierte „Thurnauer Roulade" hat sich bei den Gästen bereits als Lieblingsgericht durchgesetzt.

SCHLOSS TREMSBÜTTEL

Schloss Tremsbüttel befindet sich in der gleichnamigen Gemeinde im südlichen Schleswig Holstein zwischen Hamburg, Kiel und Lübeck und beherbergt ein Hotel mit gehobenem Restaurantbetrieb.

Im 13. Jahrhundert befand sich auf dem Gebiet eine Wasserburg in Form eines befestigten Wohnturms, die über die Jahrhunderte Sitz vieler Adelsfamilien war. So lebte hier zunächst die ritterliche Familie von Wedel; später hatten die Familien Tremsbüttel, Beynsflet und Heest im Herrenhaus auf dem adligen Gut ihren Wohnsitz. Im 15./16. Jahrhundert diente die Burg als Sitz der Lauenburgischen und anschließend der Schleswig-Holsteinischen Herzöge, die sie zu einem Jagdschloss ausbauen ließen. Im 17. Jahrhundert nannte die Familie Ahlefeld – ein altes holsteinisches Adelsgeschlecht – das Gut ihr Eigen, und in der zweiten Jahrhunderthälfte wurde es an Magnus von Wedderkop übergeben. Bedeutsamer ist aber die zweite Hälfte des 18. Jahrhunderts, da in dieser Zeit Graf Christian zu Stolberg-Stolberg (1748–1821) den herzoglichen Amtssitz verwaltete und das Anwesen zu kultureller Blüte führte und obendrein ein neues Herrenhaus

errichten und einen Landschaftsgarten anlegen ließ. 1780 entstand auf sein Betreiben hin ein zweigeschossiges Palais in schlichtem klassizistischem Stil. Der Übersetzer und Lyriker empfing kulturgeschichtlich bedeutsame Gäste wie z. B. den Dichter Friedrich Gottlieb Klopstock oder den Gelehrten und Schriftsteller Wilhelm von Humboldt. Für das 19. Jahrhundert ist unter den wechselnden Besitzern v. a. die großbürgerliche Familie Hasenclever erwähnenswert, da unter ihr das heutige Herrenhaus entstand, weil der Vorgängerbau vermutlich bei einem Brand im Jahre 1851 zu Schaden gekommen war. Die Familie lebte bis zum Verkauf des Anwesens aus wirtschaftlichen Gründen (also bis 1939) auf Tremsbüttel; der Unternehmer Alfred Fritz Hasenclever hatte das neue Wohngebäude von den Berliner Architekten Hans Grisebach und Georg Dinklage 1893/94 errichten lassen. Der zweigeschossige, in historistischen Formen ausgeführte Schlossbau – ein vielgestaltiger Baukörper mit Türmchen, Gauben und Ziergiebeln – verbindet Elemente des Jugendstils und der Neorenaissance. Auffälligstes Merkmal ist der Hauptturm, der die Eingangsfassade bestimmt und über ein seitlich angefügtes Ecktürmchen verfügt. Die Innengestaltung des Schlosses – Vertäfelungen, Stuck usw. – kombiniert Elemente von Renaissance und Barock mit Jugendstilmotiven. Das ursprüngliche Mobiliar ist weitestgehend erhalten geblieben oder wurde passend ergänzt. Die Hotelgeschichte des Hauses beginnt schon früh; unmittelbar nach der Hasenclever-Ära wird das Anwesen zum Schlosshotel umgewandelt

◄ *Schloss Tremsbüttel, Eingangsfassade*

▲ *Schloss Tremsbüttel, Gartenfassade*

und diente diesem Zweck seither unter verschiedenen Betreibern. Über die Jahre hat es viele berühmte Gäste – wie die Beatles oder Sophia Loren – in Empfang genommen. Heute führt die aus Hamburg stammende Familie Strathmann das Schloss – nachdem sie es 1996 erworben hatte – als exklusives Hotel mit 50 Zimmern, Gastronomie und neuem Kongresszentrum. Im Schloss befindet sich auch ein Trauzimmer, und für die anschließenden Feier-

REZEPT
aus der Schlossküche

BŒUF BOURGUIGNON *vom* BEBENSEER GALLOWAY

für 4 Personen

1,2 kg Rindfleisch (Schulter) vom Galloway-Rind
1 EL Tomatenmark
2 EL Mehl
2 Flaschen Wein, kräftiger Burgunder
Je 1 Bund Rosmarin, Thymian und Petersilie
250 g durchwachsener Speck
300 g Schalotten und kleine Zwiebeln
1 Zehe Knoblauch
300 g Möhren
300 g Sellerie
300 g kleine Champignons
30 ml Cognac
Salz, Pfeffer

Am Vortag das **Fleisch** in vier mal vier Zentimeter große Würfel schneiden und in Rotwein (Burgunder) einlegen. Dazu kommt das Gemüse, welches in ein mal ein Zentimeter große Würfel geschnitten wird.
Am nächsten Tag (nach 24 Stunden) das Ganze abgießen. Den Sud aufbewahren und das Fleisch rundherum kräftig in einem Bräter anbraten. Das Gemüse kurz dazugeben und mit anbraten, dann mit dem Tomatenmark tomatisieren. Alles mit Mehl bestäuben und bei mittlerer Hitze angehen lassen. Den Sud kurz getrennt aufkochen und gut abschäumen (geronnenes Eiweiß). Jetzt den Ansatz nach und nach mit dem Weinsud ablöschen, immer wieder etwas einkochen lassen, bis das Mehl sich aufgelöst hat. Das Ganze salzen und pfeffern sowie die Kräuter dazugeben. Ca. 1,5 bis 2 Stunden abgedeckt bei mittlerer Hitze im Ofen schmoren. Kräuterbund entfernen (Fleisch muss weich sein!). Den ausgelassenen Speck und die gebratenen Champignons mit der frisch gehackten Petersilie vermengen und zum Schluss auf das Bœuf bourguignon geben. Als Beilage eignen sich Kartoffeln in allen Zubereitungsformen oder Nudeln.

◂▴ *Restaurant „Louise"*

▲ *Barocksaal*

lichkeiten stehen diverse Räumlichkeiten wie z. B. der prachtvolle Barocksaal oder der Schloss-Salon zur Verfügung, die mit historisch-glanzvollem Ambiente für den entsprechenden Rahmen und ein unvergessliches Erlebnis sorgen. Das Restaurant „Louise" bietet für derartige Anlässe edle Menüvorschläge von gebratener Jakobsmuschel mit Pancetta, Karamellapfel und Safranschaum über geräucherte Entenbrust auf Champagner-Linsen und Mangocoulis oder Filet vom Loup de Mer mit Niçoisegemüse, Oliventapenade und römischen Nocken bis hin zu karamellisiertem Limonenparfait auf Caipirinha-Gelee. Darüber hinaus verwöhnt das Restaurant seine Gäste aber auch à la carte mit einer Kombination von regionalen Produkten und sehr außergewöhnlichen internationalen Komponenten. Die wechselnde Speisekarte präsentiert saisonale Gerichte und raffiniert verfeinerte Klassiker sowie ungewöhnliche Kreationen aus Aromen, Kräutern und ausgefallenen Elementen wie Kimchi oder Chimichurri. Ein Geschmackserlebnis der ganz besonderen Art dürfte garantiert sein.

BURG TRENDELBURG

Die circa 40 Kilometer nördlich von Kassel gelegene Burg erhebt sich auf einem Bergsporn oberhalb des Ortes Trendelburg. Sie wurde von Konrad III. von Schöneberg (1249–1311) Ende des 13. Jahrhunderts an der Kreuzung mehrerer wichtiger Handelswege erbaut.

Die Grafen von Schöneberg – ein nordhessisches Adelsgeschlecht mit ursprünglichem Sitz auf Burg Schöneberg bei Hofgeismar – waren darum bemüht, sich im Umkreis ihrer Stammburg eine Herrschaft aufzubauen, gerieten als Lehensnehmer des Erzstiftes Mainz aber in Konflikt mit den Erzbistümern Mainz und Paderborn und den Landgrafen von Hessen. Seit 1305 unterstand die Burg dem Erzbischof von Paderborn, der eine Hälfte als Lehen an den Landgrafen Heinrich I. von Hessen gab. Als Amtsleute bewohnten die Stoghusens (Stockhausen) die Anlage über einen Zeitraum von vier Generationen. Mitte des 15. Jahrhunderts war die Burg durch mehrere Großbrände in Mitleidendschaft gezogen, aber wieder erneuert worden und erhielt im Zuge dessen im Wesentlichen ihr heutiges Erscheinungsbild. Nach den Zerstörungen des Dreißigjährigen Krieges in der ersten Hälfte des 17. Jahrhunderts ließ Landgraf Karl das Hauptgebäude ausbauen und die Burg zum Jagdschloss umgestalten. Im Siebenjährigen Krieg (1756–1763) wurde die Burg von französischen Truppen belagert, konnte aber von Herzog Ferdinand V. von Braunschweig und seinen Soldaten verteidigt werden. Im 19. Jahr-

hundert geriet die Burg in Vergessenheit und diente allenfalls als Sitz des preußischen Forstamtes. Mit dem Kauf der Burg durch Oberst Adalbert von Stockhausen (Nachkomme der Stoghusens) im Jahre 1901 kam wieder Leben in das Anwesen, das nun als Wohnburg hergerichtet wurde. 1949 erfolgte der Umbau zum Burghotel mit Restaurant. Eine Außenstelle des Standesamtes der Stadt Trendelburg ist ebenso auf der Burg untergebracht, da diese natürlich einen besonderen Rahmen für Hochzeiten bietet. Seit 1996 gehört die Anlage zu den Privathotels Dr. Lohbeck. In den Folgejahren erfolgten Renovierungs- und Instandsetzungsarbeiten an Hauptgebäude und Burgmauer. 2012 ließ man den Bergfried restaurieren und mit einem Schutzdach versehen. Verließ und Folterkammer sind der Öffentlichkeit zugänglich und können besichtigt werden. Die Burg weist einen ungefähr trapezförmigen Grund-

▲▶ *Burg Trendelburg, Bergfried und Hauptbau*

REZEPT
aus der Burgküche

TATAR *und* CARPACCIO *vom* REINHARDSWÄLDER HIRSCH *mit* GETRÜFFELTER EIERSPEISE

für 4 Personen

Tatar
160 g Hirschrücken, fein gehackt
1 TL Ölivenöl
30 g Schalotten, fein gehackt
20 g Essiggurke, fein gehackt
2 Tropfen Tabasco
Salz, Pfeffer, Paprikapulver, fein gemahlen
Dijonsenf, Cayennepfeffer

Hirschrücken mit den Zutaten vermischen und abschmecken.

Carpaccio
100 g Hirschrücken in Frischhaltefolie eindrehen und einfrieren. Mit der Aufschnittmaschine hauchdünn aufschneiden.

Pesto
100 g gemischte Kräuter
2 EL Pinienkerne
1 Knoblauchzehe
200 ml Olivenöl

Alles mit dem Zauberstab mixen. Final noch 2 Esslöffel Parmesan zugeben.

Eierspeise
4 frische Eier
Salz, Pfeffer
1 TL Trüffelöl

Zutaten mischen und in einer heißen Pfanne zubereiten.

Das **Tatar** auf einer ausgestochenen Scheibe Weißbrot anrichten. **Carpaccio** mit Pesto und Olivenöl verfeinern sowie die getrüffelte **Eierspeise** daneben anrichten.

riss auf und besteht im Wesentlichen aus dem dreigeschossigen Hauptgebäude und dem angrenzenden, 40 Meter hohen Bergfried, der in die restaurierte Westmauer integriert ist und auch Rapunzelturm genannt wird; gegenüberliegend befindet sich das Haupttor, flankiert von zwei Ecktürmen, von denen einer einen Fachwerkaufsatz aufweist. Darüber hinaus verfügt die Burgmauer noch über zwei weitere Ecktürme. Das Haupt- bzw. Wohngebäude der Burg entstand zwischen dem 15. und 17. Jahrhundert; im Inneren sind noch Reste einer spätgotischen Kapelle erhalten, die heute dem Standesamt als Trauzimmer dient. Die Bezeichnung des Turmes als Rapunzelturm ist nicht zufällig, sondern bewusst gewählt, da die Deutsche Märchenstraße, die von Hanau im Kinzigtal (Geburtsort der Brüder Grimm) bis nach Bremen verläuft und die Lebensstationen der Brüder nachvollzieht, auch im Ort Trendelburg eine Station hat. Von März bis Dezember erscheint Rapunzel jeden Sonntag auf der Burg. Darüber hinaus wird passend zur Historie und dem Image als Märchenburg mit mittelalterlichen Abenden, ritterlichen Tafeleyen, Märchendinnern und -festen mit Theater und Musik, Märchenstunden und Ritterturnieren kulturell wie auch kulinarisch einiges geboten. Im Burg-

Restaurant offeriert Küchenchef Martin Lessmann seinen Gästen eine gehobene nationale wie auch internationale Küche. Tagliatelle in weißem Trüffelrahm als Hauptgang und zum Dessert Schmandmousse auf Granatapfel machen den Besuch sicherlich ebenso lohnenswert wie die Burg selbst. Die Speisekarte präsentiert hochwertige regionale Zutaten in kreativer Zusammenstellung und eleganter Kombination. Ein besonderes Highlight sind die Rittertafelabende im historischen Widukindkeller aus dem 9. Jahrhundert. Edel-rustikale Speisen, Musik und Gaukelei machen diese zu einem unvergesslichen Erlebnis.

◄► *Burg-Restaurant*

▼ *Historischer Widukindkeller*

SCHLOSS WACKERBARTH

Schloss Wackerbarth – heute Sitz des Sächsischen Staatsweingutes – ist ein inmitten von Weinbergen gelegenes Barockschloss bei Dresden, das sich im Denkmalschutzgebiet „Historische Weinberglandschaft Radebeul“ befindet.

Das auch Wackerbarths Ruh' genannte Schloss entstand zwischen 1727 und 1730 auf Geheiß von August Christoph Graf von Wackerbarth (1662–1734). Als engster Vertrauter und Berater Augusts des Starken (1670–1733, als August der I. Kurfürst von Sachsen und als August II. König von Polen) befand er sich fast 40 Jahre lang in dessen Diensten und spielte eine bedeutende Rolle. Er soll durch sein diplomatisches Geschick beim Deutschen Kaiser sogar erwirkt haben, dass die Mätresse Augusts – Anna Constantia von Brockdorff – sich ohne finanzielle Gegenleistung (wie wohl zunächst vorgesehen) Reichsgräfin von Cosel nennen durfte. Der Generalfeldmarschall und Kabinetts- bzw. Staatsminister Wackerbarth – 1705 von Kaiser Joseph I. in den Reichsgrafenstand erhoben – war ein

◄ *Blick auf das barocke Schloss mit den Weinbergen im Hintergrund*

studierter und durch vielfache Reisen gebildeter Mann, der zahlreiche Ämter innehatte und damit die Geschichte des Kurfürstentums Sachsen in hohem Maße mitgestaltete. Als Generalintendant des Oberlandbauamts und Oberinspekteur über die Militär- und Zivilbauten der Residenzstadt Dresden gilt er als „Regisseur des Dresdner Barock" und war maßgeblich am Bau einiger der wichtigsten Gebäude dieser Zeit, wie der Dresdner Frauenkirche, beteiligt. Als Gesandter weilte er regelmäßig am Wiener Hof und empfahl dabei auch den sächsischen Wein aus der Region um das heutige Radebeul (der Lößnitz). In eben dieser Gegend hatte er 1727 Land erworben, auf dem sich bereits terrassierte Steillagen befanden. Inmitten dieser Weinberge ließ er in den Folgejahren seinen Alterssitz bauen. Johann Christoph Knöffel – gefördert durch den kundigen Ingenieur und „Bauminister" Wackerbarth – war der

▲ *Blick vom Belvedere hinab zum Schloss*

▼ *Schloss Wackerbarth, Luftaufnahme*

▲▲ *Weihnachtsstimmung in der festlich beleuchteten barocken Anlage*

▼ *Barriquekeller in der Manufaktur*

ausführende Architekt und ließ zunächst ein Weinberghaus errichten. Wackerbarth ließ dieses – ebenfalls durch Knöffel – bis 1730 im Stil des Barock umbauen und einen Garten anlegen. In unmittelbarer Nähe zum barocken Herrenhaus entstanden zwei Wirtschaftsbauten, die als Küchengebäude und Weinkellerei dienten. Das achteckige Belvedere – früheres Lusthäuschen und heute beliebter Ort für Trauungen – erscheint zu guter Letzt im wahrsten Sinne des Wortes als Krönung der Anlage. Zu ihm führt – ausgehend vom Schloss, zwischen den beiden Wirtschaftsgebäuden – eine von prächtigen Eiben gesäumte Treppe, an deren oberem Ende zu beiden Seiten je eine Skulptur aufgestellt ist: Bacchus mit Hund und Venus mit Amor.

Nach dem Tod Wackerbarths im Jahr 1734 ging die Anlage zunächst an seinen Stiefsohn – Kabinettsminister Graf Joseph Anton Gabaleon von Wackerbarth-Salmour (1885–1761) –, der testamentarisch verfügen ließ, dass das Anwesen nach seinem Tod zugunsten von Dresdner Witwen und Waisen versteigert werden solle, was so auch erfolgte. Die weitere Geschichte des Anwesens ist von mehr als 20 Besitzerwechseln gekennzeichnet. Zeitweise erscheint ein gewisser Freiherr Christian Friedrich von Gregory, ein Dresdner Bankier, als Eigentümer des Schlosses, und nach 1808 (bis 1816) bzw. in den Jahren zwischen 1824 und 1846 war ein Urgroßneffe des

▲ *Gläserne Wein- und Sektmanufaktur*

Erbauers – der Historiker und Kunstsammler August Joseph Ludwig von Wackerbarth (1770–1850), der sich selbst auch als August Raugraf von Wackerbarth bezeichnete – im Besitz des Anwesens. Im Winter 1834 notierte der Raugraf hier das vermutlich älteste Glühweinrezept Deutschlands, welches 2013 in seinem Nachlass im Sächsischen Hauptstaatsarchiv in Dresden wiederentdeckt wurde. Im Laufe der Zeit diente Schloss Wackerbarth unter anderem als Knabenschule, in der z. B. die Brüder Hermann und Heinrich Brockhaus unterrichtet wurden. Einige Zeit lebte der Staatsmann Albert von Carlowitz im Schloss, wo er 1874 auch verstarb. Bis 1882 gehörte es dann dem Freiherrn Adolf von Tümpling (1842–1920), in dessen Auftrag der Baumeister Friedrich Louis Winkler den Umbau im Stil der italienischen Renaissance realisierte. Die Besitzerwechsel setzten sich fort, und in den Jahren 1916 bis 1923 wurde das Schloss im Zuge eines neuerlichen Umbaus durch den Architekten Georg Heinsius von Mayenburg bis auf wenige Abweichungen nach den Ursprungsplänen Knöffels rebarockisiert. Es erhebt sich seitdem zweigeschossig über rechteckigem Grundriss; die Fassade wird beidseitig durch einen Mittelrisalit betont, wobei dieser nur auf der dem Berg zugewandten Seite durch einen Dreiecksgiebel bekrönt ist. Rückwärtig breitet sich vor dem Bauwerk ein Wasserbecken mit Fontäne aus.

Anfang des 20. Jahrhunderts befand sich das Schloss zeitweise im Besitz der Sächsischen Staatsbank, anschließend der Dresdner Bank, und diente in den Kriegs- und Nachkriegsjahren diversen Zwecken, z. B. als Schule. In den 1950er/60er Jahren gehörte Wackerbarths Ruh' zum Volkseigenen Gut (VEG) Weinbau Radebeul, das wiederum aus der Vereinigung mehrerer sächsischer Weingüter hervorging. Durch die Übernahme weiterer Weinberge entwickelte sich das Volksweingut zu einem der größten Weinbaubetriebe entlang des Elbtals. In dieser Zeit begann man auf Schloss Wackerbarth auch mit der Sektproduktion im Tankgärverfahren; Ende der 60er Jahre entstand auf dem Gelände zu diesem Zweck eine moderne Produktionshalle. 1974–77 erfolgte die Renovierung des Schlosses und in Teilen auch des Gartens. Ende der 70er Jahre wurde die nahegelegene Sektkellerei Bussard, eine der ältesten Sektkellereien Europas, mit dem VEG Weinbau Radebeul vereint und zog mit allen Maschinen, der kompletten Belegschaft und ihrer umfangreichen Sekt-Expertise in die Räumlichkeiten von Schloss Wackerbarth um. Der erste Kellermeister der Sektkellerei Bussard, ein Monsieur Mouzon aus Reims, hatte 1836 die

▲▲ *Grüner Salon und* ▲ *Gartensaal werden regelmäßig für Veranstaltungen genutzt*

REZEPT
aus der Schlossküche

SÄCHSISCHE QUARKKEULCHEN *mit* SABAYON *vom* TRAMINER SEKT

für 4 Personen

250 g Magerquark	1 Ei
400 g Kartoffeln	1 Päckchen Vanillezucker
60 g Mehl	30 g Zucker
50 g Rosinen	1 Prise Salz
4 cl brauner Rum	100 g Butterschmalz
1/2 TL Backpulver	3 Eigelb
1/2 TL Zitronenschale	80 ml Traminer Sekt
2 EL Zucker	

Tag 1
Quark in ein Sieb mit einem Tuch geben und über Nacht abtropfen lassen. Rosinen mit Rum und etwas Wasser einweichen.

Tag 2
Kartoffeln mit Schale kochen. Die Kartoffeln pellen und noch heiß pressen. Danach ausdampfen lassen. Die kalte Kartoffelmasse mit Quark, Mehl, Zucker, Rosinen, Backpulver, Ei, Salz, Vanillezucker und Zitronenabrieb verkneten. Bei Bedarf etwas mehr Mehl dazugeben. Anschließend aus dem Teig gleich große **Quarkkeulchen** formen. Die flachen Quarkkeulchen von beiden Seiten in Butterschmalz langsam goldgelb braten. Für die **Sabayon** das Eigelb, den Zucker und den Traminer Sekt über einem Wasserbad schaumig schlagen. Die Quarkkeulchen mit feinem Zucker bestreuen und mit der Sabayon anrichten.

handwerkliche Kunst der „Méthode champenoise“ aus seiner französischen Heimat mit nach Radebeul gebracht und dort die Produktion von klassischen Flaschengärsekten aufgebaut.

Nach dem Fall der Mauer wurde Wackerbarth im Jahr 1992 vom Freistaat Sachsen übernommen. Nach der Ausgliederung des Stadtweingutes Radebeul – das als städtisches Weingut Hoflößnitz fortbestand – entstand die heutige Sächsische Staatsweingut GmbH Schloss Wackerbarth. Seit 1999 ist das Staatsweingut eine hundertprozentige Tochtergesellschaft der Sächsischen Aufbaubank. Zwischen 1999 und 2002 fanden in der gesamten Anlage umfangreiche Sanierungs- und Renovierungsarbeiten statt. Erklärtes Ziel: das barocke Ambiente erlebbar zu machen. Neben der Sanierung der historischen Bausubstanz wurde östlich der historischen Anlage in bewusst asymmetrischer Positionierung eine gläserne Wein- und Sektmanufaktur als eigenständiger Neubau errichtet. Im August 2002 öffnete Schloss Wackerbarth schließlich als Europas erstes Erlebnisweingut seine Tore erneut für alle Besucher. Heute ist es ein in Europa einzigartiges Ensemble aus barocker Schloss- und Gartenanlage, malerischer Weinberglandschaft sowie moderner Wein- und Sektmanufaktur.

Genuss wird als Teil der Geschichte des Schlosses und Teil der sächsischen Identität groß geschrieben. Das Erlebnisweingut bringt daher seinen mehr als 190 000 Gästen pro Jahr den sächsischen Wein- und Sektgenuss mit allen Sinnen näher – an einem Ort, wo schon im 18. und 19. Jahrhundert der sächsische Hof rauschende Feste feierte und sich dem Wein- und Schaumweingenuss hingab. Bei täglichen Führungen durch die Manufaktur erhalten alle Besucher einen umfangreichen Blick hinter die Kulissen der Wein- und Sektbereitung und können die Kreationen der Kellermeister anschließend verkosten. Im Schloss stehen Räumlichkeiten wie der Gartensaal, der Grüne Salon oder das Kaminzimmer sowie andere historische Säle für genussvolle Feierlichkeiten, Tagungen, Kongresse und Hochzeiten zur Verfügung oder laden zu kulinarischen Events und Kulturveranstaltungen ein.

Schloss Wackerbarth setzt konsequent auf die Klasse-statt-Masse-Strategie und überzeugt mit einer hohen Qualität, sowohl bei den Erlebnisangeboten auf dem Weingut als auch bei den eigenen Weinen und Sekten. In der Manufaktur wird nur verarbeitet, was den höchsten Ansprüchen genügt. So verzichten die Winzer in den Weinbergen bewusst auf Ertrag und brechen jeden zweiten fruchttragenden Trieb heraus. Nicht auf die Menge, sondern auf die Qualität der einzelnen Beeren kommt es an: Nur zwei Trauben pro Trieb – bei Spätlesen 1,5 Trauben pro Trieb – trägt der Weinstock.

Um ein Erlebnis der ganz besonderen Art zu schaffen, verbindet Schloss Wackerbarth viele Genuss-Facetten miteinander: Ambiente, Kultur, Wein, Sekt und natürlich auch edle Speisen. Diese werden den Gästen unweit des Schlosses im gutseigenen Restaurant gereicht, das sich in einem der historischen Wirtschaftsgebäude befindet. Wackerbarths Chefkoch präsentiert eine auf die eigenen Weine und Sekte abgestimmte gehobene sächsische Küche, kombiniert mit internationalen Einflüssen. Dabei werden regionale Rezepte mit marktfrischen Produkten modern interpretiert und durch heimische Kräuter und Gewürze verfeinert. Gerichte wie Heukäse-Blätterteigtaschen, gefüllt mit marinierten Radebeuler Blattsalaten, an konfierter Wachtelbrust mit hausgemachtem Zitronenricotta verleihen dem Ausdruck. Und wer sich nicht so recht für einen bestimmten Wein zur gewählten Speise entscheiden kann, der hat auch die Möglichkeit, eine kleine Weinprobe zu bestellen, d. h. eine Auswahl von drei auf das ausgesuchte Gericht abgestimmten Weinen.

▼ *Restaurant in einem der historischen Wirtschaftsgebäude*

SCHLOSS WALDECK

Das knapp 50 Kilometer von Kassel enfernte Schloss Waldeck – Wahrzeichen der Region – thront herrschaftlich über dem Edersee und ist allein schon wegen seiner Gestalt und Lage einen Besuch wert.

Mit der Waldecker Bergbahn kann man ausgehend von der Talstation am Ufer des Edersees einen Großteil des Weges hinauf zum Schloss zurücklegen. Die ab dem 11./12. Jahrhundert auf dem Fels errichtete Burganlage erhebt sich westlich des Ortszentrums der gleichnamigen Stadt und beherbergt heute ein Vier-Sterne-Hotel mit Restaurant, Café, Bar, Festsaal und vielen weiteren Annehmlichkeiten. Zunächst war die Burg Eigentum der Grafen von Ziegenhain bzw. der Schwalenberger, Ahnherren der Grafen von Waldeck, deren Stammsitz die Burg dann bis Mitte des 17. Jahrhunderts war. Aus der Grafschaft Waldeck ging 1625 die Grafschaft Waldeck und Pyrmont hervor. Kaiser Karl VI. erhob Graf Friedrich Anton Ulrich von Waldeck und Pyrmont (1676–1728) im Jahre 1712 in den erblichen Fürstenstand, wodurch die Grafschaft zum Fürstentum avancierte. Über die Jahrhunderte hatten die jeweiligen Eigentümer die Burg zur umfangreichen Schlossanlage erweitert und umgebaut. Die Grafen von Waldeck waren in verschiedene Linien verzweigt; so ist der nördlich gelegene zweigeschossige Bau der Anlage – der „Wildunger Flügel“ (1500–1577 errichtet) – nach einem solchen familiären Seitenstrang benannt, der seit Anfang des 16. Jahrhunderts hier wohnte. Am polygonalen Turm desselben Gebäudes sind diverse Wappen weiterer Linien der Waldecker zu finden. Ältester noch erhaltener Teil der Anlage ist der dreigeschossige, an der Wende vom 13. zum 14. Jahrhundert erbaute Bergfried – auch Archivturm genannt, da hier – im Osten des Schlosses – um die Mitte des 18. Jahrhunderts das gräfliche Archiv untergebracht war. Direkt nebenan befindet sich das Museum. Heute nicht mehr erhalten ist der bis 1734 noch existierende „Eisenbergsche Flügel“ – benannt nach dem zweiten Hauptzweig der Waldecker Grafenfamilie; stattdessen hat man hier – von der großen Terrasse im südlichen Bereich des Schlosskomplexes aus – einen herrlichen Blick über den Edersee. Nach dem Tod von Graf Wolrad I. von

Waldeck im Jahre 1475 war die Grafschaft zwischen den beiden Söhnen Philipp I. und Philipp II. aufgeteilt worden. Während Ersterer mit Waldeck-Wildungen den südlichen Teil erhielt, bekam Letzterer mit Waldeck-Eisenberg den nördlichen Teil. Nach diesen beiden Hauptlinien waren wie erwähnt zwei Flügel des Schlosses benannt worden. Im Westen, dem Bergfried gegenüber, erhebt sich neben dem Hotelkomplex der Obere Torbau – im 19. Jahrhundert als Amthaus genutzt –, durch den man den Innenhof betritt. Der achteckige spätgotische Uhrenturm entstand nach 1500. Dieser Bereich des Schlosses wurde aufgrund der Nutzung zu Hotel- und Restaurantzwecken stark umgestaltet. Nachdem die Grafen von Waldeck ihren Wohnsitz nach Arolsen verlegt hatten, diente die Burg unter anderem als Kaserne, Zuchthaus, Archiv und Forstamt. Seit 1920 gehört das Schloss zum Waldeckischen Domanialvermögen des Landkreises Waldeck-Frankenberg. Nach eingehender Renovierung eröffnete 2009 das Hotel Schloss Waldeck. Die Kombination von historischem Gemäuer und moderner Innenausstattung bzw. geschickter Beleuchtung – die das Wesen der Burg mit ihren dicken Mauern und groben Steinwänden an zentralen Punkten besonders in Szene setzt – schafft ein einzigartiges Flair. Gastronomisch wird mit dem Café und Restaurant Altane sowie dem Restaurant Alte Turmuhr einiges geboten. Während im Erstgenannten gutbürgerlich-regionale Küche vorherrscht, ist das Letztgenannte für Gäste mit gehobenem kulinarischem Anspruch vorgesehen. Dabei legt der Küchenchef Wert auf überraschend-exotische, optisch anspruchsvolle und natürlich schmackhafte Kompositionen aus erstklassigen regionalen Zutaten. Im burgeigenen Standesamt können sich heiratswillige Paare das Jawort geben, und für die anschließende Feier steht der Rittersaal zur Verfügung, der durch seine Holzvertäfelung, die Holzbalkendecke, die ritterlich anmutenden Leuchter sowie die Rüstungen und Schwerter an den Wänden einen besonderen Rahmen bietet.

▲ *Schloss Waldeck, Ansicht aus der Luft*

▼ *Restaurant Alte Turmuhr*

◄ *Rittersaal*

SCHLOSS WEITENBURG

Schloss Weitenburg liegt malerisch inmitten von Wäldern auf einer Anhöhe im Neckartal, knapp 60 Kilometer südwestlich von Stuttgart und nur 30 Kilometer von Tübingen entfernt. Bereits 1062 – so die urkundliche Erwähnung – soll hier eine Wehrburg gestanden haben, erbaut von den Herren von Weitingen.

Diese hat man über Jahrhunderte zu einem dreiflügeligen Wohnschloss erweitert, weshalb das Bauwerk heute Elemente von Barock, Renaissance und Neugotik vereint. In der ersten Hälfte des 15. Jahrhunderts ist ein gewisser Hans Pfuser Lehnsherr der Weitenburg. Er geriet in Konflikt mit Ludwig I. Graf von Württemberg, da er zwei seiner Gesandten gefangen genommen hatte. Graf Ludwig ließ daraufhin das Schloss angreifen und plündern. Im Zusammenhang mit dieser Fehde findet erstmalig ein Eigentümer – nämlich besagter Hans Pfuser – in den Quellen Erwähnung. Das Hauptgebäude der Anlage ist der dreigeschossige und mit einem Satteldach und Treppengiebeln versehene sogenannte Ehingerbau, benannt nach seinem Erbauer Jakob von Ehingen, der ihn in den 80er Jahren des 16. Jahrhunderts errichten ließ. Er entstammte einem alten schwäbischen ritteradligen Adelsgeschlecht mit Stammsitz in Ehingen im Landkreis

Tübingen. Da von Ehingen keine Kinder hatte, verkaufte er das Anwesen an den Herzog Johann Friedrich von Württemberg. Dieser gab es umgehend weiter. Mitte des 17. Jahrhunderts setzte sich die Baugeschichte des Schlosses unter dem neuen Besitzer Quirin von Hönstett fort, der das Schloss 1656 erworben hatte und dem Ehingerbau noch zwei seitliche Flügelbauten und ein prächtiges Eingangstor anbauen ließ. Im Portalgiebel sind die Initialen des Bauherren (QVH) zu erkennen. 1720 kaufte Freiherr Joseph Rupert von Raßler (historische Schreibweise mit „ß“) von Gamerschwang (1692–1770) Schloss Weitenburg, dessen Nachkommen bis heute im Besitz des Anwesens

▲ *Schloss Weitenburg, Blick in den Schlosshof in Richtung Ehingerbau*

◄ *Südlicher Seitenflügel des Schlosses*

sind. Der Vertrag, der die Kaufsumme von 43.000 rheinischen Gulden verzeichnet, befindet sich im Archiv des Schlosses. Ein Vorfahre des damaligen Käufers – Jacob Christoph Raßler – war 1681 von Kaiser Leopold I. in den Reichsfreiherrenstand erhoben worden, wodurch sich dessen Nachkommen Freiherr bzw. Freifrau/Freiin Raßler von Gamerschwang nennen durften und im täglichen Sprachgebrauch als Baron/-in bzw. Baronesse zu bezeichnen

REZEPT
aus der Schlossküche

REHRÜCKEN *in* CRUE DE CACAO *mit* NELKEN-ESSIGJUS, SELLERIEPÜREE *und* SPITZKOHL

für 4 Personen

Nelken-Essigjus
1 Schalotte, 20 g Butter, 1 EL Rapsöl, 2 Nelken, 1 Pimentkorn, 50 ml Kastanienhonig-Essig, 100 ml Spätburgunder, 250 ml Wildgrundsoße, 20 g Butter zum Bräunen, 1 TL Speisestärke, Salz und Pfeffer

Rehrücken
800 g Rehrücken, ausgelöst und pariert, 2 EL Crue de Cacao (Kakaobohnenbruch), 1 TL Kaffeebohnen, Pfeffer, 1 TL Rapsöl, 3 EL Butter

Selleriepüree
300 g geschälter Sellerie, 1 Schalotte, 20 g Butter, 200 ml Geflügelbrühe, 150 g Sahne, 1 Spritzer Zitrone, Muskatnuss, Salz und Pfeffer

Spitzkohlgemüse
300 g Spitzkohl, 40 g Butter, 40 ml Gemüsebrühe, 1 Prise Muskatnuss, 2 TL Stärke, Salz und Pfeffer

Für die Jus die Schalotten schälen und in feine Streifen schneiden, in Butter und Rapsöl goldgelb anschwitzen. Die Gewürze in einem Mörser zerreiben und zu den Schalotten geben, mitschwitzen, dann mit dem Kastanienhonig-Essig ablöschen. Diesen fast ganz verkochen lassen. Rotwein zugeben, ebenfalls zu zwei Drittel reduzieren und mit der braunen Wildgrundsoße auffüllen, alles erneut um ein Drittel einkochen. Die Butter leicht bräunen und in die kochende Soße geben. Dies gibt einen schönen nussigen Geschmack. Alles durch ein Sieb passieren und mit etwas Mondamin abbinden. Mit Salz und Pfeffer abschmecken. Den Rehrücken in vier gleich große Stücke zerteilen, Kakaobohnenbruch, Kaffeebohnen und Pfeffer im Mörser fein verreiben. Rehrücken mit Rapsöl bepinseln und die Gewürzmischung rund um das Fleisch geben.

Den Backofen zum Ruhen des Fleisches und als Tellerwärmer auf 65 °C vorheizen. Jedes Stück **Fleisch** nun zuerst straff in Frischhaltefolie und anschließend in Alufolie einpacken. An beiden

Enden wie bei einem Bonbon fest zusammendrehen. Wasser in einen ausreichend großen Topf auf 98–100 °C erhitzen, das eingepackte Fleisch hineingeben und mit einer Schaumkelle so beschweren, dass die Fleischstücke unter Wasser bleiben, um gleichmäßig etwa 8–10 Minuten zu garen, bis eine Kerntemperatur von 46–48 °C erreicht ist. Anschließend das Fleisch auspacken und im vorgeheizten Backofen ruhen lassen, bis eine Kerntemperatur von 56–58 °C erreicht ist. Die Butter in einer Pfanne zerlassen und die Rehrücken-Stücke darin von allen Seiten leicht nachbraten. Die Jus erwärmen und zusammen mit dem Fleisch servieren.

Sellerie in kleine Stücke schneiden. Die Schalotte schälen, würfeln und in Butter andünsten. Sellerie zugeben, mit Salz, Pfeffer und Muskatnuss würzen. Mit Geflügelbrühe auffüllen und zugedeckt kochen lassen, bis das Gemüse weich und die Brühe fast vollständig eingekocht ist. Sahne dazugeben und nochmals einkochen, bis es eine sämige Masse ist. In einen Küchenmixer geben und zu einem Püree mixen, eventuell noch ein paar Flocken kalte Butter einmixen.
Mit etwas Zitrone, Salz und Pfeffer abschmecken und ggf. durch ein Sieb streichen, sodass keine Klümpchen mehr vorhanden sind.

Spitzkohl waschen, vom Strunk befreien, dann feine Streifen schneiden. In Butter kurz anschwitzen, mit Brühe ablöschen und mit Salz und Pfeffer abschmecken. Zum Schluss den Spitzkohl noch mit etwas Mondamin abbinden.

waren bzw. sind. Zehn Jahre nachdem Baron Rupert von Raßler das Anwesen erworben hatte, überbaute man den Burggraben; die Wehrburg verwandelte sich damit in ein Wohnschloss. Der südliche der beiden Seitenflügel wurde im 19. Jahrhundert zusammen mit der Kapelle abgerissen und durch einen

▲ *Turmsalon* *Restaurant* ▼

Neubau im Stil der Neogotik ersetzt, der sich nicht nur farblich, sondern v. a. auch durch den zinnenbekrönten Turm und die Fassadengestaltung durch spitzbogige Maßwerkfenster stilistisch deutlich von den anderen Gebäudeteilen absetzt. 1954 eröffnete Baron Max-Richard von Rassler (sen.) – seinerzeit erst 25 Jahre alt – im Schloss, das in den Folgejahren zum Drei-Sterne-Superior-Hotel ausgebaut wurde, zunächst ein Restaurant. Dafür richtete man in der ehemaligen Burgküche den Speisesaal ein, in dem Chefkoch Markus Ginster heute seinen Gästen unter anderem regionale Spezialitäten – z. B. Wild aus eigener Jagd – serviert. Die gehobene Küche zeichnet sich durch erlesene Produkte wie Seeteufel, Trüffelpolenta oder Wachtel aus und bietet dem kulinarisch anspruchsvollen Gaumen durch außergewöhnliche Kreationen mit Champagnersoße, Kerbelschaum oder gebackenen Wiesenkräutern ein besonderes Geschmackserlebnis. Als Dessert kann man sich unter anderem für ein Holunderblütengranité mit Himbeer-Rosensorbet und weißem Schokoladenespuma entscheiden, was man so sicherlich noch nicht verzehrt hat. Seit 1998 werden im Roten Salon standesamtliche Trauungen vorgenommen; die neugotische Schlosskapelle steht für evangelische, katholische oder ökumenische Trauungen zur Verfügung. Für Feierlichkeiten können verschiedene historische Räume genutzt werden. So bieten unter anderem Ahnensaal, Hohenbergsaal und Turmsalon mit ihrem edlen historischen Ambiente eine ehrwürdig-glanzvolle Atmosphäre für private Feste.

▲ *Ehingerbau und neogotischer Turm des südlichen Seitenflügels*

▼ *Ahnensaal*

Umschlag (Titelbild): Orangerie, Fulda, Apollosaal
Vorsatzpapier: Schloss Fasanerie, Eichenzell bei Fulda, Südflügel
Frontispiz: Schloss Schwöbber (Schlosshotel Münchhausen), Rittersaal
S. 4: Schloss Johannisberg, Spätlesereiter
S. 6: Burg Schönburg und Liebfrauenkirche bei Oberwesel am Rhein
S. 8/9: Schloss Fleesensee, Luftaufnahme
Nachsatzpapier: Schloss Schwöbber (Schlosshotel Münchhausen), Seitenansicht
Umschlagrückseite: Schloss Johannisberg (links); Schloss Moritzburg (Mitte); Schloss Pillnitz, Bergpalais (rechts)

Bildnachweis

Dr. Michael Imhof, Petersberg: Titelbild, Umschlagrückseite o. l., Vorsatz und Nachsatz sowie Frontispiz, S. 4, 6, 31, 32–34, 35 o. r., 46–50, 108–115, 142 o., 154/155 o., 198, 199 o., 201, 228/229; 12.18. Fleesensee Schlosshotel GmbH: S. 8/9, 36–39; © Schloss Basthorst: S. 10, 11 o. l., 11 u., 12/13; Wikipedia: S. 11 o. r. (Niteshift (talk)), 60 (Felix König), 117 u. (Peter Schmelzle), 135 (Carsten Pietzsch), 147 o. (Brühl), 174 (Günter Seggebäing, Coesfeld), 176 u. (wesselih), 204 (Danny Smith), 244/245 (Holger Ellgaard); Gastronomie Schloss Borbeck: S. 14–17; Dorothée Baganz, Burghaun: Umschlagrückseite o. M., o. r., S. 18–21, 23 u., 24–26, 28/29, 134, 136/137, 139 u., 140/141, 162–165, 167 u.; Lingnerschloss Gastronomie Betriebs GmbH: S. 22 o., 23 o.; © Schloss Eckberg: S. 27; Edith Parzeller, Fulda: S. 30; Kulturstiftung des Hauses Hessen und Hessische Hausstiftung: S. 32/33; © Schloss Fürstlich Drehna: S. 40–45; Schlossrestaurant und -café „Die Fasanerie": S. 35 o. l.; Maritim Hotelgesellschaft, Bad Salzuflen: S. 51; Alexander Rudolph, Kletzin: S. 52–53; Matthias Richter, Bad Bevensen: S. 54/55; SchlossHOTELGedern: S. 56–59; © Schloss Haigerloch: S. 61–63, 62 o. (Christian von Boetticher); Staatliche Schlösser und Gärten Baden-Württemberg: S. 64/65 o./66 u. (Günther Bayerl), 67 o. (Julia Haseloff), 65 u., 66 o.; Heidelberger Schloss Restaurants & Events GmbH & Co. KG: S. 68; Schlosshotel Hirschhorn: S. 70–75; © Schloss Hohenkammer GmbH: S. 76–81; Schlosshotel Hohenstein: S. 82–87; © Schloss zu Hopferau: S. 88–91; © Schloss Johannisberg: S. 92–95, 96 u., 97; © Kurhaus Gastronomie, Wiesbaden: S. 96 o.; Chris Roch: S. 98, 102 u., 103; Markus Dorfmeister: S. 99 o., 102 o.; Ritterturnier Kaltenberg Veranstaltungs-GmbH: S. 99 u.; C. Wimmer: S. 100/101; Hotel Jagdschloss Kranichstein: S. 104–107; © Schloss Lehen: S. 116, 117 o., 118/119; Markus Schnitzler, Lauingen: S. 120, 122 u., 123 o.; rosengruen.de: S. 121, 128, 129 u., 130–133; Hotel Schloss Leitheim: S. 122 o.; © halbersbacher. Schlosshotel Letzlingen: S. 124–127; Schlosswirt Meseberg: S. 129 o.; © Werner Lieberknecht, Dresden: S. 138; © Wörners Schloss: S. 142 u./143; © Jagdschloss Niederwald: S. 144/145, 147 u.; Günther Goldstein, Selm-Bork: S. 148; Hanna und Franz Lauter, Nordkirchen: S. 149–153; © Bayerische Schlösserverwaltung www.schloesser.bayern.de: S. 155 u., 156–158; © Schlosswirtschaft Schwaige, Schloss Nymphenburg, München: S. 159–161; Schlosshotel Pillnitz GmbH: S. 166, 168/169; Pixacon 360° Team/Christian Leischner, Aue: S. 170–173; PhotoGraphicSmile Jeanne Wieler: S. 175, 176 o., 177–179; Schlosshotel Ralswiek: S. 180–183; Romantik Hotel Schloss Rettershof: S. 184–187; © Romantik Hotel Schloss Rheinfels: S. 188/190/191 o./192 u./193 o. (Kai Ohl), 191 u. (Patrick Federhen), 192 o. (Stefan Sobotta), 193 u. (Esther Hildebrandt), 189; Arndt Herrmann, Ribbeck: S. 194/195; Beate Wätzel, Potsdam: S. 196–197; hôtel schloss romrod: S. 199 u., 200, 202/203; Schloss Schkopau: S. 205 r./207 o. (Fotowerk BF), 205 u. l., 206; Schlosshotel Burg Schlitz, Petra Stüning: S. 208–213; Burghotel Auf Schönburg: S. 214–219; Schlosshotel Münchhausen: S. 220–225; Staatliche Schlösser und Gärten Baden-Württemberg: S. 226/227; Schloss Solitude Gastronomie: S. 231; GanzerStudios, Tanja Ganzer: S. 230; Stiftung Thüringer Schlösser und Gärten: S. 232; Adrian Liebau Gastrobild: S. 233–235; © Burg Staufenberg: S. 236–239; M. Hartl, Thurnau: S. 240–243; © Schloss Tremsbüttel: S. 246/247; © Burg Trendelburg: S. 248–251; © Schloss Wackerbarth: S. 252–257; Schloss Waldeck Hotelbetriebs GmbH & Co. KG: S. 258/259; Schloss Weitenburg, Tony Baranzato, Fa. L'Ideal: S. 260–263

Textnachweis

Dorothée Baganz: S. 7, 11–29, 36–45, 52–103, 116–219, 226–263
Michael Imhof: S. 30–35, 46–51, 104–115, 220–225

Impressum

© 2016
Michael Imhof Verlag GmbH & Co. KG
Stettiner Straße 25 | D-36100 Petersberg
Tel. 0661/2919166-0 | Fax 0661/2919166-9
info@imhof-verlag.de | www.imhof-verlag.com

Gestaltung: Vicki Schirdewahn, Michael Imhof Verlag
Reproduktion: Michael Imhof Verlag
Druck: Grafisches Centrum Cuno GmbH, Calbe

Printed in EU

ISBN 978-3-7319-0276-8

Buchempfehlung

Der deutsche Adel im 20. und 21. Jahrhundert

Hartmut Ellrich

22 x 28 cm, ca. 240 Seiten, ca. 100 Abbildungen, Hardcover
ISBN 978-3-7319-0275-1
ca. 29,95 €

Wenngleich die Weimarer Reichsverfassung 1919 die Vorrechte des Adels per Gesetz aufhob, so blieb der Adel in Deutschland bis heute eine nahezu geschlossene Gesellschaftsschicht. Den Blick auf die Geschichte der eigenen Dynastie verbinden ihre Vertreter mit einer ganz eigenen Lebenshaltung, die Außenstehenden oft befremdlich anmutet. Zwar sind viele der einstigen Residenzschlösser heute Museen, doch sind sie nur mehr leere Hüllen mit prächtiger Ausstattung und Dekoration, während sich das höfische Leben im Verborgenen abspielt. Wie groß nach wie vor das Interesse der Menschen an royalem Glanz ist, zeigte der Besuch von Königin Elisabeth II. und Prinz Philip 2015 in Deutschland. Viele hochadelige Häuser, darunter Hessen und Sachsen-Coburg und Gotha, sind mit dem englischen Königshaus verwandt, wenngleich die deutschen Adelsfamilien meist zurückgezogen und abseits der öffentlichen Wahrnehmung leben. Doch Hochzeiten und adeliger Nachwuchs werden auch hier zum Medienereignis. Der Band „Der deutsche Adel" möchte dazu einladen, die einstmals regierenden Häuser in Geschichte und Gegenwart näher kennenzulernen.